LOUIS MORIN

L'IMPRIMERIE GLORIFIÉE

ANTHOLOGIE PROFESSIONNELLE

TROYES & PARIS

MCMXXIV

Il a été tiré de ce travail

pour l'Auteur

Cinquante exemplaires numérotés

non mis dans le commerce.

L'Art Typographique.

NOUS ne pensions pas, en rassemblant jadis les pièces qui forment la présente Anthologie, qu'elles seraient un jour réunies en un volume édité avec luxe et désormais sauvées de la dispersion.

Captivé par les choses qui touchent au passé de notre ancien métier, incliné notamment vers ses souvenirs littéraires si variés, si intéressants, nous éprouvions du plaisir à les relever au cours de nos lectures, sans autre but que d'enrichir nos archives professionnelles.

Si, parfois, des projets d'utilisation se présentaient à notre esprit, car

> La folle du logis ne connaît pas d'obstacles,
> Pour combler ses désirs elle admet les miracles...

ces velléités duraient peu, tellement il paraissait invraisemblable qu'un tel recueil de vers pût voir le jour en ces temps que l'on dit prosaïques et terre à terre.

L'invraisemblable est arrivé, par le jeu d'une intelligente publicité. Prié de participer à l'élaboration d'un travail destiné au numéro de Noël 1923 du BULLETIN OFFICIEL DES MAÎTRES IMPRIMEURS DE FRANCE, et dans lequel serait présentée « l'Imprimerie glorifiée par les Écrivains français », nous fûmes tout heureux et tout fier de nous charger de cette mission, et nous nous y attelâmes avec l'entrain qu'on apporte aux tâches librement acceptées.

Voici maintenant le résultat. Puisse-t-il ne pas décevoir les illusions qu'a pu faire naître un titre prometteur !

Si le jugement public est favorable, il augmentera notre joie d'avoir rencontré cette occasion inespérée de rendre à l'Imprimerie, ainsi qu'à ses serviteurs de tout ordre, nos anciens confrères, cet hommage d'une affection que les ans n'ont point affaiblie.

L. M.

1450
1398·GUTENBERG·1468
BVLLETIN OFFICIEL
DES MAITRES IMPRIMEVRS
1796
1771·SENEFELDER·1834
BODONI
COSTER
COLINES
CRANTZ
DIDOT
DURER
ELZEVIR
ESTIEÑE
FOURNIER
GERING
GRYPHE
GUTEN
BERG
JENSON
KÖNIG
LANSTON
LORILEUX
MANUCE
MERGEN THALER
PLANTIN
RENAUDT
SENE FELDER
TOURNES
L'IMPRI MERIE
Glorifiée
par les Poètes
& par les
Littéra-
teurs
PARIS
VIe
Rue Suger,
No 7

L'IMPRIMERIE, descendant des Cieux, est accordée par Minerve et Mercure à l'Allemagne,
qui la présente à la Hollande, l'Angleterre, l'Italie, & la France, les quatre prémieres
Nations chés les quelles ce bel Art fut adopté.

La Fonderie *dirigée par* MINERVE, *de même que* l'Imprimerie.

L'Imprimerie glorifiée

LES ORIGINES : LAURENT COSTER, GUTENBERG ET SES COLLABORATEURS

IL ÉTAIT tout naturel que la littérature, qui doit à l'Imprimerie son expansion et sa pérennité, lui consacrât quelques-unes de ses meilleures pages; il était juste, notamment, que la poésie, langue des dieux et de mortels prédestinés, chantât l'« art divin » grâce auquel les œuvres de ses favoris sont répandues dans le monde entier en leur intégrité première et à jamais préservées de la destruction.

C'est que nulle découverte, depuis l'invention des lettres et de l'écriture,

> .... cet art ingénieux
> De peindre la parole et de parler aux yeux,
> Et par les traits divers de figures tracées
> Donner de la couleur et du cœur aux pensées (1),

n'a fait autant, à beaucoup près, pour la diffusion de la pensée; nulle n'a donné d'aussi grands résultats, et ce, dans toutes les branches de l'activité humaine.

Nulle, par suite, n'était plus digne d'être magnifiée.

Littérateurs et poètes, historiens et bibliophiles n'ont pas failli au pieux devoir de la reconnaissance; par centaines ils ont chanté, dans toutes les langues et dans tous les rythmes, depuis l'éloge académique et la dissertation savante jusqu'au couplet

(1) GUILLAUME DE BRÉBEUF, *La Pharsale de Lucain, ou les Guerres civiles de César et de Pompée*. Rouen et Paris, Ant. de Sommaville, 1659, p. 85.

bon enfant, l'admirable invention dont Gutenberg et ses industrieux compagnons réalisèrent la géniale mise au point.

C'est cette couronne triomphale que nous voulons tresser ici, en filial hommage à l'art que nous aimons (1).

L'entreprise n'est pas nouvelle. Le P. Placide Sprenger a trouvé dans un vieux code manuscrit de l'abbaye de Seligenstadt (Hesse) et publié en 1800, à Nuremberg, deux éloges de Gutenberg, datés tous deux de 1494, ce qui indique déjà une certaine émulation, un « mouvement » en faveur de l'inventeur. Ces documents sont les suivants :

Ad Johannen Genszfleisch, primum librorum impressorem, par Werner, professeur à Heidelberg ;

Ad Johannem Genszfleisch, impressorie artis inventorem primum, par Jean Herbst, professeur à la même université.

Même en France, à laquelle se limitera notre moisson poétique, on n'a guère attendu pour reconnaître les bienfaits de l'art nouveau. La Renaissance, qui en était née, lui a rendu justice. On en trouvera plus loin d'amples témoignages.

Les différents jubilés qui, de siècle en siècle, depuis 1540, ont célébré l'anniversaire de l'invention de l'Imprimerie, n'allèrent pas sans manifestations littéraires, et en 1740, J.-CHR. WOLFF, professeur au Gymnase ou Collège de Hambourg, pouvait publier deux gros volumes, renfermant plus de 2.400 pages, de *Monumenta Typographica* où vers et prose, le tout en latin, rivalisent d'ingéniosité pour glorifier la Typographie et en remercier les auteurs.

Un article intitulé *Les Muses et l'Imprimerie* (2), du chroniqueur technique PIERRE CUCHET, débute ainsi :

On peut supposer sans trop d'invraisemblance que si les Grecs avaient connu l'Imprimerie, ils lui auraient réservé une place dans l'Olympe;... l'Imprimerie aurait eu certainement sa part de déité dans le vaste empire de

Jupiter, qui n'aurait pu donner de meilleure auxiliaire à ses neuf filles...

Toutes les Muses ne sont-elles pas tributaires de l'Imprimerie ?

Cette idée avait été exprimée, dès le milieu du XVIe siècle, par JACQUES BOUCHET, imprimeur à Poitiers, dans un sonnet qui accompagne les œuvres du poète Jean de La Péruse (1530-1555) (1). On nous permettra de lui laisser la parure de son orthographe archaïque, parfaitement harmonisée à son style.

Je t'ai taillé, Péruse, un Tombeau éternel
Dans mon Imprimerie, et là la Muse mienne
La Muse Imprimerie a ravié (ravivé) la tienne,
Qui te font l'une et l'autre à iamais immortel.

Ton Tombeau c'est ton livre, et peu en ont de tel,
Et peu ont merité la presse Musienne
Comme toi, qui as fait d'une facile veine
Maintenant Amour dous et maintenant cruel.

Tu ne seras pressé de la charg'ante pierre :
Ton Tombeau volera parmi toute la terre,
Qu'a l'envi un chacun voudra voir et revoir.

Et j'i avois pancé graver ta Tragedie
En sanglant vermillon, signe de la furie,
Mais mon deuil n'a permis i mettre que du noir.

A son tour, CHARLES GROS (1862-1906) a développé ce thème en un sonnet dont *Les Coquelicots* de juillet 1889 ont eu la primeur :

LA MUSE IMPRIMERIE

(Bouchet, imprimeur de Jean de La Péruse)

Ce n'est pas seulement le métier où la main
Gagne le pain du jour sans que l'âme intervienne,
Et que, suivant du sort la loi quotidienne,
On prit peut-être hier pour le laisser demain.

O vieux maître Bouchet, imprimeur poitevin,
Tu valais bien qu'un peu de leur gloire te vienne,
Des Alde, des Froben, des Plantin, des Estienne,
Sentant si bien ton art et comme il est divin !

Car tu la nommes bien : « la Muse Imprimerie ».
A Mnémosyne aussi Gutenberg se marie ;
Même après Jupiter il a conquis son cœur.

Et c'est encore un art qui naît de sa conquête,
Et le bon imprimeur, frère du bon poète,
Aux neuf Muses d'antan donne encore une sœur.

---

(1) Que le lecteur ne soit pas surpris de rencontrer dans les textes reproduits ci-après, lesquels s'étagent sur plus de quatre siècles, des façons diverses d'écrire certains mots ou certains noms, celui de Gutenberg notamment. Nous avons cru devoir conserver à chaque document, sauf erreur évidente, sa physionomie propre. Tout comme le style, bien qu'à un moindre degré, l'orthographe caractérise une œuvre ; modifier celle-ci, c'est détruire la saveur de celle-là.

(2) *Archives de l'Imprimerie*, avril-mai 1894; *Fonderie Typographique*, janvier 1901

(1) *La Médée*, tragédie. Et autres diverses poésies, par feu I. de la Péruse... A Poitiers, par les De Marnefz, et Bouchetz frères. 1556.

Poète aussi, poète de plus grande envergure que son frère, GUILLAUME BOUCHET, auteur des *Serées*, a voulu dire son mot dans une autre édition de *La Médée*, de La Péruse (1). Sur le titre de cet ouvrage rarissime, en suite de la marque représentant un atelier d'imprimerie avec la double devise : « *Vitam mortuo reddo.* Je rauie (ravive) le mort », il a placé ces vers qui sont peut-être la fin d'un sonnet dont la première partie manquerait :

L'homme est forcé par la Parque, la Mort
Par les écris : mais le puissant effort
Du Temps vainqueur, les écris mesme force.

L'Impression, plus forte que pas un,
Force le Temps, qui forcçoit un chacun,
Rendant égalle aux immortelz sa force.

Ici et là, comme ailleurs, c'est la constatation que l'Imprimerie apportait l'immortalité aux œuvres jadis éphémères de la pensée : idée féconde qui soutenait, par l'enthousiasme et la foi, le courage des bons imprimeurs pour lesquels leur travail était une façon de sacerdoce intellectuel.

Le libraire français PROSPER MARCHAND, auteur d'une très savante *Histoire de l'origine et des premiers progrès de l'Imprimerie* (La Haye, 1740), avait certes trop bien étudié son sujet pour admettre du mystère dans la naissance de la Typographie ; néanmoins, tellement s'impose l'idée — mettons la sensation — qu'un pareil progrès, et si subit, dépassait l'intelligence humaine dont il devait reculer les bornes à un point insoupçonné de ses premiers admirateurs, il en fait lui aussi remonter fictivement l'origine à des dieux de l'Olympe.

Dans un fort beau frontispice dessiné par luimême (« P. M. inv. ») et qu'a gravé J. V. Schley, il montre « L'IMPRIMERIE, *descendant des Cieux, est accordée par* Minerve *et* Mercure (ses père et mère (2) *à l'*Allemagne, *qui la présente à la* Hollande, *l'*Angleterre, *l'*Italie *et la* France, *les quatre premières Nations chés les quelles ce bel Art fut adopté* ». En bas, cinq femmes de grande allure, couronne en tête et sceptre en main, personnifient les nations et présentent, sur une série

d'écussons, le portrait de leurs principaux typographes : Gutenberg, Fust et Schæffer ; Laurent Coster, Guillaume Caxton, Alde Manuce, Robert Estienne.

Sur le cartouche du titre, l'Imprimerie trône entre une casse et une presse ; à ses pieds flotte la devise : *Rerum tutissima custos* (Le plus sûr gardien des choses).

Plus loin, enfin, une magnifique tête de chapitre montre « *La* Fonderie *dirigée par* MINERVE, *de même que l'*Imprimerie ». Les nombreux ouvriers de cet atelier idéal sont autant de petits amours dont l'un apporte à la déesse une épreuve portant ces mots : *Ars Artium Conservatrix* (Art conservateur des Arts), lesquels figurent dans l'inscription placée sur la maison de Laurent Coster à Harlem.

JACQUES DELILLE fait, lui aussi, remonter à une divinité l'idée première de l'Imprimerie. Ici, ce n'est plus d'un dieu de la fable qu'il s'agit : ecclésiastique, il n'a pas voulu de ce parrainage compromettant ; ce n'est cependant pas non plus au ciel catholique qu'il est allé chercher sa divinité, mais en lui-même : c'est celle qu'il a sinon créée, du moins si bien chantée qu'elle est maintenant inséparable de son nom ; c'est *l'Imagination* (1806, chant V) : ·

A tous ces grands secrets un seul manquait encore ;
Ma divinité parle, et cet art vient d'éclore.
Avant lui, d'un seul lieu, d'un seul âge entendus,
Pour le monde et le temps les arts étaient perdus ;
Cet art conservateur en prévint la ruine.
Quand le bienfait est pur, qu'importe l'origine ?
Des vils débris du lin que le temps a détruit,
Empâtés avec art et foulés à grand bruit,
Vont sortir ces feuillets où le métal imprime
Ce que l'esprit humain conçut de plus sublime ;
Un amas de lambeaux et de sales chiffons
Eternise l'esprit des Plines, des Buffons ;
Par eux le goût circule, et, plus prompte qu'Eole,
L'instruction voyage et le sentiment vole.
Trop heureux si l'abus n'en corrompt pas le fruit !

Mais, on le sent bien, tout ceci était de la littérature ; personne ne croyait plus aux faux dieux, et par suite n'admettait leur participation dans les événements de ce monde. Sous le voile fabuleux en honneur au XVIIIe siècle, on traduisait la pensée de tous les panégyristes du début de l'Imprimerie, qui considéraient cet art comme un riche présent du Ciel.

Toutefois, il faut le reconnaître, si Dieu — le Dieu des catholiques, quand ce n'est pas tout

---

(1) *La Médée...* par I. de la Péruse. A Poitiers, par les De Marnefz et Bouchetz frères. S. d. in-4°

(2) « Mercurio Genitore Sata, ac Genitrice Minervá », dit une inscription de la même gravure. C'est un vers extrait d'une épigramme placée par Jérôme Bononius en tête de l'*Ortographia Latina Joannis Tortelli*, imprimée à Vicence en 1480.

simplement le Dieu vague des déistes et des rêveurs — si Dieu en reçoit très fréquemment l'hommage, cet hommage ne s'étend guère à ses ministres, ni à ceux qui pensent le représenter sur notre terre. La plupart des auteurs, au contraire, considèrent le nouvel art comme une arme invincible contre l'ignorance organisée, entretenue par les détenteurs du pouvoir, soit civil, soit religieux, et pour la conquête de la liberté. On le verra de reste par nos citations.

Conséquemment, l'hommage à la divinité — sorte d'obéissance à un rite littéraire — n'empêche pas que l'on glorifie surtout les hommes qui furent, en la circonstance, les truchements de la Providence.

Et, naturellement aussi, on rencontre là un écho des controverses élevées à ce sujet parmi les historiens, les villes et les nations. Les Pays-Bas et l'Allemagne, voire l'Italie ; Laurent Coster et Gutenberg, surtout, divisent les chercheurs ; et les passions locales, mesquines, fermentent autour de la question des origines de l'Imprimerie, qui n'a pas, hélas ! uni les cœurs en rapprochant les intelligences.

Bien que le cadre du présent travail soit limité aux productions de la littérature française, de langue française tout au plus, nous ne pouvons omettre de citer le pompeux éloge, en vers latins, de l'invention de l'Imprimerie que, sous le titre *De Chalcographiæ inventione poema encomiasticum*, l'Allemand JEAN ARNOLD, de Bergel, publia à Mayence même, en 1541. Ce beau poème a acquis droit de cité chez nous, car il y a été réimprimé plusieurs fois, en attendant — ce qui sans doute le gâtcrait un peu, mais aussi le vulgariserait — qu'il soit traduit dans notre langue.

La découverte de la Typographie est mise au-dessus des sept merveilles du monde ; le mérite en est sans réserve attribué à Jean Gutenberg, dont l'auteur décrit les travaux et les soucis avant que de pouvoir parvenir à son but, et la nécessité où il se vit réduit, pour aboutir, à prendre des associés, ceux-là même qui ont inspiré à LAMARTINE la réflexion suivante :

Quand Gutenberg eut livré à ses associés toute sa propriété et toute sa gloire, le nom de Gutenberg disparut : l'association absorba l'inventeur ; il ne fut bientôt plus qu'un des artisans de son propre atelier. C'est ainsi que Christophe Colomb revint enchaîné sur son propre vaisseau par son équipage à qui il avait livré un nouveau monde.

Le parallèle des deux grands hommes du xv^e

siècle, Colomb et Gutenberg, est devenu un thème commun sur lequel se sont exercés plusieurs poètes et pas mal de biographes. La suite du présent recueil en offrira des exemples.

Mais avant d'entamer la longue série des poèmes écrits à la louange de Gutenberg depuis qu'il est entré définitivement dans sa gloire reconquise, nous offrirons la première place — non la meilleure ni la plus grande — à son rival jadis heureux, aujourd'hui délaissé, mais auquel cependant il faut reconnaître des droits à notre gratitude pour l'intuition qu'il eut au moins de la solution du problème de la reproduction rapide des textes et pour les essais qu'il fit dans cette voie : nous avons nommé Laurent Coster, de Harlem.

Voici, à son sujet, une ode imitée du célèbre écrivain hollandais HENRI TOLLENS.

LAURENT KOSTER
OU L'INVENTION DE L'IMPRIMERIE

I

En dépit de Satan, du monde, le Génie,
    Fixant les yeux au ciel,
Entend et reconnaît dans la foudre qui crie,
    La voix de l'Eternel.

Soudain, il est debout ; vers le Dieu qui l'appelle,
    Il vole d'un essor ;
Et le voilà courbant une tête fidèle
    Devant un trône d'or.

Une voix retentit, grondant comme un tonnerre
    Qui déchire les monts :
« Viens — a-t-elle crié — pour éclairer la terre
    Prendre un de mes rayons ».

Le Génie obéit ; et sa main immortelle
    Qu'on vit fendre le feu,
Tressaillit, quand elle eut privé d'une étincelle
    L'auréole d'un Dieu.

Pour ne point déroger à des ordres suprêmes,
    Il franchit les amas
Des sphères, des soleils, des mondes, des systèmes,
    Plonge et plonge plus bas.

De plus près en plus près, il s'approche d'un globe
    Que ceignaient des brouillards ;
Puis, il plane un moment dans l'air qui lui dérobe
    L'objet de ses regards.

Mais, écartant la nue, il voit ces fourmilières
    Des peuples d'alentour :
« Où lancer, se dit-il, le foyer des lumières ?
    Quel cœur vaut mon amour » ?

II

Sur un globe si grand qui sous ses pieds tournoie,
    Gisait comme avili,
Un coin de terre qui, devant lui, se déploie
    Honteux de son oubli :

Car, c'est là, sur ce coin, que du sacré Génie
    Est tombé le regard ;
C'est là que du rayon d'une nouvelle vie,
    Va naître un nouvel art.

L'ange arrive, cinglant de son aile dorée,
    Superbe et radieux ;
Dans la main, il brandit l'étincelle sacrée
    Qui jaillit hors des cieux.

Elle sillonne l'air, fendant de noirs nuages
    De flamboyants éclats.
Peuples, vous avez vu la lumière des âges
    Descendre aux Pays-Bas !

Sifflez, serpents jaloux, et venez, noire Envie,
    Dégorger votre fiel :
Ses flots rebondiront en frappant ma patrie
    Que protégeait le ciel.

Silence, Nations ! car, l'histoire s'avance
    Avec sa Vérité.
Oui, Koster, dans Harlem, a reçu l'influence
    De la Divinité.

Oui, l'étincelle sainte a coulé dans sa veine,
    Son génie en brûla :
Qu'on raille le Batave, il répond à la haine :
    « L'Imprimerie est là ».

Bruxelles, octobre 1829.   CH. MORREN.
    (*Fleurs éphémères*, Bruxelles, 1843).

Une autre « *Ode à Laurent Koster*, inventeur de l'art de l'Imprimerie à Harlem en 1423 », fut écrite par un sieur HERVET (?) à l'occasion du quatrième centenaire de la découverte, soit en 1823. N'ayant pu nous la procurer, nous ne l'indiquons que pour mémoire.

Le théâtre s'est également emparé de cette figure. MÉRY, GÉRARD DE NERVAL et BERNARD LOPEZ ont écrit en collaboration et fait représenter au théâtre de la Porte Saint-Martin, le 27 décembre 1851, *L'Imagier de Harlem ou la Découverte de l'Imprimerie*, drame-légende en cinq actes et dix tableaux, prose et vers. C'est un long panégyrique de Coster considéré comme le créateur, l'auteur de la première idée ; Gutenberg, Jacob Faust et Schæffer, ses trois compagnons, conservent chacun la leur : celle de mobiliser les lettres, celle de les couler en métal, celle d'utiliser la presse pour les reproduire. L'intrigue scénique mène successivement Coster à Aix-la-Chapelle, à Paris, à Madrid, à Rome ; partout il est poursuivi par Satan qui, sous la forme de divers personnages, veut faire échouer l'invention afin de maintenir le monde dans l'ignorance, mais la femme, puis la fille de Coster le sauvent par la force de leur amour et par leur piété qui réussit à vaincre les embûches de l'ange déchu.

Cette féerie est terminée par le triomphe à Rome de l'inventeur ; détachons-en quelques vers (c'est Impéria qui parle) :

Raphaël va venir ; Dante a laissé des vers
Qui, sur l'aile du livre, instruiront l'univers !
Oui, Coster, ton flambeau perce le dernier voile,
Sépulcre du génie ! et cette même étoile
Qui conduisait les rois jusqu'à Jérusalem,
Tu l'as rendue au monde, imagier de Harlem !

Et Satan, enchaîné, conclut amèrement :

Tout soleil rayonnant a son éclipse sombre
Et tout char triomphal son insulteur dans l'ombre !

Mais, depuis lors, l'étoile de Coster a pâli ; la gloire de Gutenberg l'a éclipsée ; on a reconnu que si le premier avait — après les anciens, au surplus ! — gravé des textes en vue de leur reproduction, il ne fit en cela que préparer les voies à la véritable invention : la séparation des lettres permettant leur assemblage pour un texte quelconque et leur réutilisation pour tous autres auxquels on les voudrait employer à nouveau.

Et comme sanction — l'érudition allemande tirant peut-être sur la corde — le Flamand aurait été, à la fin du siècle dernier, descendu du piédestal sur lequel ses concitoyens l'avaient placé, pour mettre en son lieu le peintre Franz Hals.

Cette déchéance a inspiré au bon poète-typographe GEORGES NICOLAS la belle pièce que voici :

LAURENT COSTER

Au poète Raphaël Chaigneau

Quel émoi dans Harlem ! L'édilité remplace
Le vieux Laurent Coster qui parait la Grand'Place,
Et le socle imposteur, honni de tout syndic,
Va recevoir Franz Hals, qu'admirait tant Van Dyck

Jugez du temps qu'il faut — nous sommes en Hollande,
Pour réduire à néant une absurde légende.
Ce Coster, dont le nom, comme un blason sali,
Va descendre dans l'ombre et tomber en oubli
Sans qu'un cri de pitié daigne se faire entendre,
Eut le plus beau destin qu'homme ait osé prétendre.

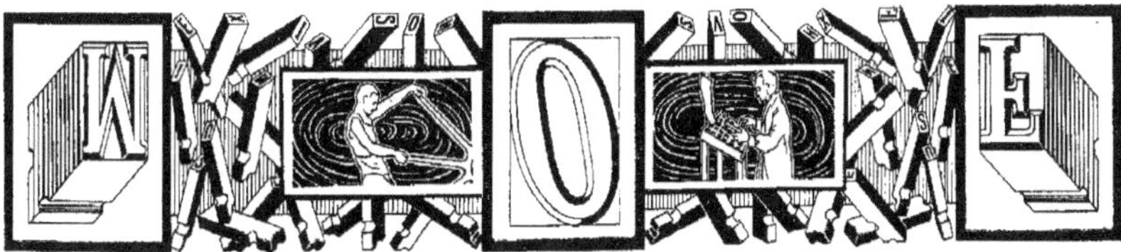

Il fut, de par le choix d'un groupe admirateur,
De l'art de Gutenberg proclamé l'inventeur !
De ses travaux, pourtant, subsistaient peu de preuves.
Il n'avait pas subi les cruelles épreuves
Du chercheur, abîmé dans son rêve aveuglant,
Et comme en une claie attaché tout sanglant ;
Il n'avait pas souffert cette horrible agonie
Du savant dont on met en doute le génie,
Qui, poursuivant, fiévreux, son labeur surhumain,
Ne sait s'il tient encor le prodige en sa main ;
Les veilles, où le front s'empreint de sueurs lentes,
N'avaient pas enflammé ses paupières brûlantes ;
Il n'avait pas senti sa raison s'ébranler,
Ni le sol qu'il foulait sous ses pas vaciller ;
Il n'avait pas vécu cette heure inspiratrice
Où tout à coup surgit l'œuvre divinatrice,
Et sa bouche, où le sang monte dans un afflux,
N'avait pas proféré le fameux : *Fiat lux* !

Il n'était pas l'élu qu'un dieu marque dans l'ombre.

Coster eut, malgré tout, des partisans sans nombre :
Ceux, jugeant au hasard — l'aveugle est leur pareil —
Et pour qui c'est vertu de nier le soleil ;
Ceux, trop vite écoutés, beaux esprits excentriques,
Dont le talent s'exerce aux thèses chimériques,
Et ceux qu'un sot orgueil excite à dénicher
Le grand homme inconnu qu'abrita leur clocher.
Alors que Gutenberg, dans un élan superbe,
En types de métal voulait couler le verbe,
Fournir à la pensée un sûr et prompt levier
Que rien en aucun temps ne ferait dévier,
Créer l'outil puissant au magique engrenage
Que les peuples instruits béniraient d'âge en âge,
Coster, encore imbu des règles d'autrefois,
Au tranchant d'un canif n'incisait que le bois.
On nous conte qu'ayant, dans la forêt prochaine,
Incrusté de dessin des écorces de chêne,
L'empreinte se transmit au papier maculé,
Et qu'à ses yeux, soudain, l'art s'était révélé !
D'aussi faibles témoins bien qu'on eût conscience,
On osa l'opposer au maître de Mayence,
Sans voir que ses essais, plus vains que malheureux,
N'avaient, après sa mort, rien laissé derrière eux.
Du moins, de Gutenberg, les disciples fidèles
De leur art en tous lieux ont semé les modèles ;
Précurseurs décisifs du culte le plus beau,
Du progrès sur leur route ont brandi le flambeau,
Et, mages du vrai Dieu qui console et délivre,
Comme un astre nouveau fait resplendir le livre...
L'imagier de Harlem, quoi qu'on lui décernât,
Mit à peine un fleuron aux pages d'un donnat !

Trois siècles ont passé sur ces débats célèbres.
Aujourd'hui la lumière a chassé les ténèbres.
Partout l'esprit de l'homme, assoiffé d'équité,
Lutte pour la justice et pour la vérité.
Il se concevait mal qu'un bourg de la Hollande
Persistât dans la foi d'une vieille légende
Qui veut qu'à la faveur d'une nuit de Noël
Un Gensfleisch, apprenti du Coster paternel,
Dérobant les poinçons prêts pour la fonderie,
A Mayence ait porté l'art de l'Imprimerie,

Et là, fier du larcin fait au maître dupé,
Ait goûté les douceurs d'un triomphe usurpé...
C'est ainsi qu'autrefois on enseignait l'histoire.
A toi seul, Gutenberg, la palme méritoire :
Règne sur les esprits, ô génie invaincu !
La légende a vécu, — mais combien trop vécu !..

GEORGES NICOLAS.
(Les Archives de l'Imprimerie, mars et avril 1896).

A Gutenberg, maintenant, tous les hommages !

Le 16 germinal an XII (6 avril 1804) la Société des Lettres et des Sciences de Mayence, alors ville française, invitait « tous les amis du bel Art d'imprimer » à concourir pour un prix destiné à récompenser « l'éloge de Jean Gensfleisch de Sorgenloch, dit Guttemberg, natif de Mayence, l'un des inventeurs de cet art immortel ».

Parmi les écrivains qui répondirent à cet appel figure JEAN-FRANÇOIS NEÉ DE LA ROCHELLE, juge de paix à La Charité-sur-Loire (Nièvre), auteur d'un important *Eloge historique de Jean Gensfleisch dit Gutenberg, premier inventeur de l'art typographique à Mayence* (Paris, D. Colas, 1811).

Le 26 décembre 1811, l'Académie des Sciences et Belles-Lettres de Montpellier écoutait la lecture d'un poème de M. AUGUSTE RIGAUD, qui le dédia à Franklin :

GUTTEMBERG
OU L'ORIGINE DE L'IMPRIMERIE

Ars artium conservatrix.

Je chante un art utile, ennemi de l'erreur,
Et de nos arts divers heureux conservateur.
Règne des préjugés, siècles de barbarie,
Vous êtes disparus grâce à l'Imprimerie !

O toi ! qui pratiquas cet art ingénieux,
Toi qui sus désarmer les tyrans et les Dieux,
Dont la vertu modeste égala le courage,
Franklin, du haut des cieux souris à mon ouvrage !

La Discorde en fureur, du sein des noirs frimas
Vomissait par torrens de farouches soldats ;
L'Europe avait fléchi sous leur glaive barbare ;
Le berceau de Platon, d'Homère et de Pindare,
La superbe cité qu'illustra Cicéron
Et que ne put sauver la vertu de Caton,
D'implacables vainqueurs sont devenus la proie,
Et le crime se livre à sa féroce joie.
L'orgueil des nations, les monumens des arts,
Mutilés, dévastés, croulent de toutes parts.

Que d'utiles secrets, que d'ouvrages sublimes,
Pour jamais, ô néant, rentrent dans tes abîmes !
Voyez-vous cet esclave, un Tacite à la main ?
De son stupide maître il va chauffer le bain.

Quoi ! de l'esprit humain les archives sacrées,
Par les flammes, grands dieux ! vont être dévorées !
Mânes de Ptolémée et de Démétrius,
Du sage Pollion, de l'heureux Lucullus,
Du fond de vos tombeaux que vos voix redoutables
Arrêtent les projets de ces hommes coupables !
Sous l'appui protecteur et des lois et des dieux
Plaçâtes-vous en vain ces dépôts précieux,
D'une âme intelligente heureuse nourriture ?

O Déesse des arts ! toi qui de la nature
Te plais à dévoiler les plus profonds secrets,
A l'homme, malgré l'homme, assure tes bienfaits !
Des sauvages du Nord l'aveugle tyrannie
Etend un voile affreux sur l'Europe avilie.

Mais que vois-je ! Tu sors de l'Olympe éclatant
Sur ton char radieux. Il part ; ton bras puissant
Saisit tes javelots, ta redoutable égide ;
Plus prompte que les vents, que la flèche rapide,
Tu viens chez les mortels combattre les erreurs,
Nous apporter les arts et de plus douces mœurs.

Quels lieux sont honorés des pas de la déesse ?
Elle revoit Athène, elle parcourt la Grèce ;
Mais la Grèce n'est plus le temple des beaux-arts.
Sous d'immenses débris elle retrouve épars
Les ouvrages divins de cent auteurs célèbres,
Inutiles flambeaux dans ces vastes ténèbres :
Portons, dit-elle, ailleurs ces restes précieux
Du feu que Prométhée osa ravir aux Dieux.
Protégeons, à mon tour, ce fameux Capitole
Que Mars n'a pu défendre. Elle dit, elle vole,
Voit Rome ; et sur ce front de douleur abattu
Elle démêle encore un reste de vertu ;
S'arrête au bord du Tibre, et de la Grèce antique
Epand, à flots pressés, la verve poétique ;
De Zeuxis en ces lieux dépose le pinceau,
Et de Pygmalion le magique ciseau.
Encor quelques instants, et je vois l'Italie
Recevant dans son sein tous les dons du génie.

Tout à coup s'arrêtant, que fais-je ? dit Pallas :
Répandons mes faveurs dans les divers climats ;
Des arts et des talens que les sources fécondes
Elèvent, à la fois, la gloire des deux mondes.
Dirigé par l'aimant, mortel, franchis les mers ;
Sur des ailes de feu fends le vague des airs ;
Vois des cieux infinis, d'innombrables étoiles ;
Perce de l'univers les mystérieux voiles.
Comme aux pieds de son maître, un tigre furieux
Recèle son courroux dans ses flancs odieux ;
Ainsi, près des mortels, la foudre étincelante
Voit sa flamme vaincue et sa rage impuissante.
Qu'un artiste, un savant, par moi-même inspiré,
Imagine, façonne et dispose à son gré
Un type ingénieux et mobile et fidèle,
Qui fixe la pensée et la rende immortelle.

Minerve, souriant à ce projet flatteur,
Jette sur Guttemberg un regard protecteur.
Solitaire et pensif, il recherche, il médite,
Et murmure souvent de l'étroite limite
Que les Dieux ont posée à l'esprit des humains.
Il voudrait, à-la-fois, tracer de mille mains
Mille écrits lumineux qui nous restent encore,
Que Vulcain peut détruire et que le temps dévore.

Le hêtre sous ses mains reçoit les traits divers
Dont Cadmus autrefois enrichit l'univers ;
Et du vélin pressé l'ingénieuse page
Offre de l'écriture une fidèle image.

Plus le génie acquiert, plus il veut conquérir.
Guttemberg entrevoit l'art qu'il va découvrir.
Tel Colomb, reculant les bornes de la terre,
Sent, sous ses pieds hardis, un nouvel hémisphère.
Occupé sans relâche à de nobles travaux,
Guttenberg est vaincu par le dieu du repos.
Couvrant la vérité du voile du mensonge,
Minerve lui prépare un prophétique songe ;
Il croit voir des enfans ardens, impétueux,
Fondre dans son asile à flots tumultueux,
Bouleversant, brisant, guidés par la folie,
Le fruit de ses travaux, conçus par son génie.
Il veut punir leur crime et venger son malheur ;
Un pouvoir inconnu s'oppose à sa fureur.
Sous les coups redoublés de la foule intraitable,
Chaque lettre isolée abandonne sa table ;
Tout respire le trouble et la confusion.
Mais quel nouveau spectacle ! ô douce illusion !
De ces types épars, ces enfans indociles
Forment ces mots sacrés : CARACTÈRES MOBILES.

Guttemberg se réveille : ah ! je le tiens, grands dieux !
Je le tiens, ce secret, l'objet de tous mes vœux.
Fille de Jupiter, ô puissante déesse !
Tes utiles bienfaits égalent ta sagesse !
Ma gloire est infinie et mon nom immortel :
Je vais te rendre grâce aux pieds de ton autel.

Ainsi jaillit cet art de sa source divine ;
Il ne démentit point sa céleste origine ;
Ingénieux, modeste en ses premiers instants,
On le vit s'élever sur les ailes du temps.
Faust, Schæffer, acquérant de nouvelles lumières,
Inventent les poinçons, coulent des caractères :
Estiennes, Ibara, Baskerville, Elzévirs,
En recherchant la gloire, augmentez nos plaisirs !
Et vous, dont les talens et la magnificence,
De chefs-d'œuvre nombreux enrichissent la France,
Didots, je vois du temps votre nom respecté,
Suivre Horace et Virgile à la postérité.

Que le Nord désormais, de ses flancs effroyables,
Laisse échapper encor des guerriers indomptables ;
Que la flamme à la main, de modernes Omar
De la destruction arborent l'étendard ;
Que d'horribles volcans, que le feu du tonnerre
Aux enfans de Japet viennent livrer la guerre ;
Un seul vaisseau, trompant leurs indignes efforts,
Dans un monde nouveau portera les trésors

Que l'Egypte jadis fit connaître à la Grèce,
Que l'Europe moderne accumule sans cesse ;
Littéraires trésors... Mais, ô soins superflus !
Le commerce enrichit l'Orénoque et l'Indus
Des bienfaits de cet art que Mayence vit naître ;
Et leurs bords étonnés ont vu soudain paraître
L'inimitable Homère et le divin Platon,
Locke, Buffon, Tacite, et Corneille et Newton.
L'homme de l'ignorance a brisé la barrière.

Quand le char du soleil a fourni sa carrière,
La nuit, la triste nuit vient régner à son tour,
Plus heureux que le Dieu qui dispense le jour,
Guttemberg, tu rendis, par un charme invincible,
Des siècles ténébreux le retour impossible.

Auguste Rigaud.
(Poésies, 1820).

Le *Dictionnaire de la Folie et de la Raison*, de J.-A.-S. Collin dit de Plancy, attirait en 1820 l'attention sur les inventeurs de l'Imprimerie, trop peu connus à son gré, trop peu appréciés surtout. Voici l'article et les vers qu'il leur consacre :

Imprimerie. — C'est la plus belle des inventions humaines, et le plus grand bienfait que l'industrie ait pu donner au monde.

L'Imprimerie seule réalisera le vœu des sages, de voir enfin toutes les sociétés d'hommes éclairées, et la barbarie reléguée dans les forêts.

On a élevé des monumens d'honneur à tous les fléaux du genre humain ; on connaît l'histoire et les noms de tous les conquérans : et Guttemberg, Fauste et Schæffer, les inventeurs de l'imprimerie, sont presque dans l'oubli...

Inscription pour un monument qu'on élèverait par souscription à la mémoire de Guttemberg, Fauste et Schæffer, inventeurs de l'Imprimerie, au quinzième siècle.

Ceux-là ne furent point d'avides conquérans.
Honneur ! gloire immortelle à leurs noms bienfaisans
Dans le palais superbe et dans l'humble chaumière ;
Pur comme le soleil, jusqu'à la fin des temps,
L'art qu'ils ont inventé portera la lumière.

Cette petite pièce se retrouve, ainsi modifiée, dans le chapitre de *L'Imprimerie* des *Chroniques de l'Industrie en Belgique* (Bruxelles, 1838) :

Honneur à ces vieux noms que nous devons bénir !
Dans le palais superbe et dans l'humble chaumière,
Pur comme le soleil, dans un long avenir,
L'art qu'ils ont inventé portera la lumière.

puis, l'auteur, ayant évolué dans le sens catholique, a ajouté à ce quatrain deux vers :

Si Satan, de nos maux l'origine première,
De ses subtils poisons ne vient pas la ternir.

dans le chapitre *Les Premiers Imprimeurs*, de ses *Légendes des Origines* (Paris-Lyon, 1846).

« Un Typographe », dont nous n'avons pas pu découvrir le nom, a publié lui aussi, en 1827, un *Eloge en vers de l'Imprimerie* (Paris, Ambr. Dupont et Cie, 24 p. in-8°) dont la forme révèle une plume exercée, une intelligence avertie et, par instants, ce je ne sais quoi qui sent l'écrivain de race. Nous trompons-nous ? Le lecteur en jugera par quelques extraits, puisqu'il nous faut renoncer à donner le texte complet de nos plus longues pièces.

Celle-là commence ainsi :

Que la plume, en long bec taillée à son revers,
Sous la main qui la guide offre des traits divers ;
Que de ces traits unis la forme et l'assemblage
De nos moindres pensers soit la fidèle image ;
Qu'ils retracent enfin ce que déjà l'esprit
Après l'avoir conçu, la parole nous dit :
Cet art, convenons-en, âme de l'industrie,
Du commerce, des lois, des rapports de la vie,
Messager de bonheur, de peine ou de plaisir,
Image du passé, règle de l'avenir,
Pour ces mêmes besoins ne pouvait plus suffire.
L'homme d'un vol rapide étendait son empire ;
Vaste dans ses projets, fécond dans ses moyens,
Lui-même chaque jour augmentait ses liens...

Après avoir parlé des manuscrits, réceptacles éphémères et insuffisants de l'écriture :

Que nous offrent, ces traits, d'empreinte ineffaçable ?
Quels garans spécieux de leur solidité ?
Quels élémens en eux contre la vétusté ?
Y trouve-t-on enfin un signe de durée ?...
Ah ! de les rabaisser loin de moi la pensée :
Moi-même de cet art j'ai chanté les bienfaits,
J'ai peint ses agrémens, j'en ai dit les effets ;
Quel trophée aujourd'hui manquerait à sa gloire ?
De la Typographie il commence l'histoire !...
Elle était dans son sein..............

l'auteur entre dans son sujet :

.... O Muse, inspire-moi ;
Plus que jamais ici je m'abandonne à toi :
Je vais chanter mon art. Le premier, dans Mayence,
Guttemberg (un mortel !) en conçut l'existence.
Ce ne furent d'abord que d'informes essais,
Que suivirent sous peu les plus brillans succès.
D'une funeste erreur secouant le prestige,
L'Allemagne bientôt accueillit le prodige :
Strasbourg, Harlem, Venise et Rome dans leur sein
Des plus rares écrits virent naître un essaim :
L'antiquité parut !... mille flots de lumière
Jaillirent à la fois sur l'Europe grossière...

. . . .
Tout fut régénéré ; tout par l'Imprimerie
Prit un nouvel essor, reçut une autre vie.

. . . .
Comment peindre en effet de la Typographie
Ce pouvoir de produire à nos regards surpris,

Dans un rapide instant, mille traits réunis ?
Que dis-je ? mille mots, une foule innombrable,
Que suit à la minute une foule semblable,
Dont l'empreinte et la forme, et l'ordre, tout enfin
Semble leur assurer un éternel destin ?...

Vient alors une description succincte des diverses opérations de l'impression et pas du tout de la composition, ce qui est étrange pour un typographe. Puis l'auteur exprime en fort bons termes son amour pour l'Imprimerie et la manière dont il conçoit qu'on l'exerce. Et il poursuit :

Pardonne à mes accents, sublime Imprimerie,
Cher soutien de mes jours, délices de ma vie ;
Peu jaloux de grands biens et sans ambition,
Vers toi je m'élançai par inclination.
Je fuyais le commerce et son esprit avide,
Un seul art de mon cœur pouvait remplir le vide ;
A le chercher dès lors j'employai mes instans :
Je te vis, tu me plus, tu reçus mes sermens.

Dire que de douceurs, quel charme irrésistible
Tu m'offris chaque jour, me serait impossible.
Je sentais par degrés ma raison se former,
Mon esprit s'embellir et mon goût s'épurer..

Plus loin, quelques conseils au sujet de l'espacement des mots :

Surtout qu'entre les mots, constante et soutenue,
L'aimable égalité frappe toujours la vue.
Combien de mots souvent pressés et confondus,
Lorsque bientôt après les mots semblent perdus !
L'isolement déplaît, la confusion blesse ;
Il est un milieu juste et qui seul intéresse ;
Alors l'œil du lecteur semble être plus flatté,
Il lit plus aisément et n'est point arrêté...

Ce n'est pas que la vie soit toute rose, pour notre auteur anonyme ; la fortune ne l'a pas comblé de ses faveurs ; mais il a pour soutien l'amour du métier qui le fait vivre, et il termine son œuvre par une déclaration optimiste :

Mais, hélas ! point de biens, partant point de noblesse ;
Le travail est mon fait, et non pas la richesse ;
Trop heureux si le jour, commencé dès la nuit,
Me laisse quelque espoir pour le jour qui le suit !
Point d'humeur, toutefois : à ma triste existence
J'oppose de mon art la douce jouissance ;
Et puisse un jour la mort, terminant mon destin,
Me surprendre au travail le composteur en main !

N'est-ce pas qu'il est dommage de ne pouvoir mettre une signature sous ces vers-là ?

L'Académie française avait mis au concours, comme sujet du prix de poésie de l'année 1829,

La Découverte de l'Imprimerie. Quarante-quatre pièces lui furent envoyées, de valeur naturellement fort inégale ; mais toutes, par le seul fait de leur éclosion, étaient autant d'hommages à la dixième Muse et aux hommes dont le génie lui avait enfin permis de naître.

Nous n'avons pas pu analyser tous ces manuscrits ; c'eût été d'ailleurs bien long et cela nous eût entraîné à des redites oiseuses. Tenons-nous-en, ainsi que l'a fait le rapporteur M. François Raynouard, aux quatre poèmes récompensés.

Voici le premier dans son entier : il le mérite. Nous avons suivi, de préférence au texte donné dès 1829 par l'Académie, celui adopté par l'auteur, M. ERNEST LEGOUVÉ, dans ses *Morts bizarres* (Paris, Fournier jeune, 1832), et dont les variantes constituaient vraisemblablement à ses yeux des améliorations.

DE L'INVENTION DE L'IMPRIMERIE

Aux accens inspirés de sa lyre puissante,
Le génie, instruisant la terre obéissante,
Plia l'homme sauvage au noble joug des lois ;
Conservés par le cœur, répétés par la voix,
Ses hymnes bienfaiteurs passèrent d'âge en âge ;
Les peuples se léguaient ce sublime héritage,
Et dans les airs charmés, ces chants mélodieux
Se prolongeaient au loin comme un écho des cieux.
Mais la reconnaissance est souvent infidèle :
Fille de la mémoire, et fragile comme elle,
La gloire, éclat d'un jour, royauté d'un instant,
Mourait comme le son meurt en se répétant.

Bientôt du papyrus les feuilles fugitives
Des trésors de l'esprit devinrent les archives ;
Mais souvent le poète à leur fragilité
Confiait en tremblant son immortalité :
Trop avare des biens qu'il avait su défendre,
Et fait pour les sauver plus que pour les répandre,
Le papyrus, bornant leur nombre et leurs bienfaits,
Du génie en Egypte enfermait les secrets :
Des prêtres de Memphis la sombre défiance
Au fond du sanctuaire exilait la science,
Lampe mystérieuse, et cachée aux mortels,
Qui brûlait solitaire à l'ombre des autels :
Tout livre était sacré, tout lecteur sacrilège ;
Des épreuves d'Isis l'inévitable piège
Effrayait les regards noblement curieux
Qui voulaient pénétrer dans les secrets des cieux :
La mort était placée au bout de la carrière ;
Il fallait, pour y voir, conquérir la lumière ;
Il fallait de ce dieu, qu'un prêtre osait cacher,
Poursuivre obstinément l'oracle, et l'arracher :
Platon forçait le temple, et d'une main hardie
Déchirant le saint voile, osait jouer sa vie ;
Mais le vulgaire obscur, dont l'œil indifférent,
Quand le jour ne vient pas, reste aveugle et l'attend.

Quel sort était le sien ? Instruit à l'ignorance,
Il traînait dans les fers une docile enfance,
Abdiquait la raison, et son zèle pieux
Faisait de ses erreurs un hommage à ses dieux.

Sur les pas de ce siècle un autre siècle arrive ;
Mais le temps marche seul. Puissante, mais captive,
La pensée, arrêtée en son rapide essor,
Aigle esclave, sentait tomber ses ailes d'or ;
Et la raison voyait pâlir sa clarté sainte,
Par les tyrans proscrite, ou par le temps éteinte.
Les peuples, leurs écrits, leurs travaux éclatans,
Couraient s'ensevelir dans l'abîme des temps ;
Plus grands, mais moins heureux qu'en cet âge où nous
[sommes,
Les peuples engloutis mouraient comme les hommes ;
L'esprit humain, brûlant d'un inutile feu,
Attendait, appelait un homme, un ange, un dieu,
Qui publiât sa gloire, et du tropique au pôle
Répandant ses trésors, donnât à sa parole
Pour âge tous les temps, pour champ tout l'univers !
Guttemberg apparaît ! Soudain, libre de fers,
Le génie immortel a repris son empire,
Et le temps désarmé passe, mais sans détruire :
Un seul homme a sauvé vingt siècles de l'oubli !
Qu'il en soit donc sauvé ! que son nom ennobli
Trouve dans tous nos vers un écho de sa gloire ;
Ses bienfaits à l'Europe ont légué sa mémoire,
Et ma muse est française en chantant l'étranger.
Un jour il travaillait, et son ciseau léger,
Sur la planche traçant des images stériles,
Façonnait ces tableaux imparfaits, mais utiles,
Heureux don de la Chine, et premier pas de l'art.

Il s'arrêtait souvent ; ses doigts, comme au hasard,
Erraient, sans achever, sur l'œuvre commencée ;
Ses yeux ardens semblaient appeler la pensée ;
Et sa main sur son front passait et repassait,
Comme pour enfanter Pallas qui l'oppressait.
Tout à coup se levant : O secret du génie,
Je t'ai trouvé, dit-il ; qu'à jamais soit bannie
Cette planche grossière, et ces traits mal formés :
Que des lettres, des mots dans le bois imprimés,
Et tout entier noircis d'une liqueur solide,
Transmettent leur empreinte au parchemin humide ;
Que sans fin reproduits, ils répandent sans fin
Ces sublimes écrits, trésors du genre humain.
Allons plus loin ; brisons cette planche immobile :
Que des mots enchaînés l'assemblage servile
Se sépare à l'instant, et qu'en cet art nouveau
Le fer succède au bois, et le moule au ciseau ;
Dans des cadres égaux, fixée et non captive,
A son tour sous mes doigts que chaque lettre arrive
Et se mêle à ses sœurs, prête à se détacher
Si pour un autre emploi ma main va la chercher.
Je l'ai trouvé !... Revive Omar et sa colère,
J'ai du dieu du savoir fait un dieu populaire ;
J'enrichis mon pays, mon siècle, l'avenir,
D'un art conservateur qui ne doit pas finir.
Naissez, guerriers, savans ; naissez, jeunes poètes !
Les annales du temps ne seront plus muettes ;
La gloire ne meurt plus, et le génie est roi !
Immortels par mon art, immortalisez-moi !

Cet art, sa nouveauté, sa puissance magique,
Effraya des esprits le zèle fanatique :
En vain, pour se placer sous la garde des cieux,
Guttemberg, préludant par des travaux pieux,
Donna la Bible sainte... A grands cris, l'ignorance
L'attaqua dans Paris, le bannit de Mayence,
Par la voix des docteurs au feu le condamna,
Et contre lui la chaire, au nom du ciel, tonna.
Ainsi tout grand bienfait en naissant fut un crime,
Tout grand génie un fou, souvent une victime ;
Et depuis Dieu qui vint, subissant notre sort,
Instruire par sa vie et sauver par sa mort,
Jusqu'aux sages mortels dont les vives lumières
Au jour de la raison ouvrirent nos paupières,
Toujours le monde, sourd à ces sublimes voix,
Eut pour ses bienfaiteurs des bûchers ou des croix.

Mais Dieu demeura Dieu : telle l'Imprimerie
De ses persécuteurs surmonta la furie,
Et poursuivant son cours, des antiques écrits
Offre au siècle nouveau les précieux débris :
De Byzance héritière, elle naît et s'avance
Entre un monde détruit, un monde qui commence ;
Et relevant l'éclat de cet âge éclipsé,
Fait marcher le présent au flambeau du passé.
De ces morts ranimés l'éloquence suprême
Révèle, en l'éclairant, ce grand siècle à lui-même,
Du besoin de penser tourmente son sommeil,
L'agite, l'inquiète et, hâtant son réveil,
Remue au fond des cœurs des puissances cachées ;
A leur repos de mort les âmes arrachées
Demandent à l'étude une immortalité,
Une route aux anciens ; toute l'antiquité
Renaît et vient former aux leçons du génie,
A travers trois mille ans, l'Europe rajeunie.
Disciples glorieux, par l'éclat de leurs vers,
Le Tasse et l'Arioste enchantent l'univers
Et ramènent l'Europe aux beaux jours de la Grèce.
Sur l'art de Guttemberg appuyant sa faiblesse,
La science agrandit son horizon borné :
Copernic, replaçant le soleil détrôné,
Le fait roi dans les cieux, fixe au centre du monde
L'immobile foyer de sa clarté féconde ;
Et notre globe tourne et de l'astre du jour,
Usurpateur déchu, s'en va grossir la cour.
Colomb découvre enfin cette terre nouvelle
Qu'il promit à la terre, et qu'un dieu lui révèle ;
Le drapeau portugais, dans son essor heureux,
Promène sur les flots son vol aventureux,
Et flétrit noblement du titre de conquêtes
L'Afrique et ses déserts, le cap et ses tempêtes :
Et cependant notre art mêle à tant de grandeur,
Protecteur ou témoin, son pouvoir créateur ;
Soutien fidèle, il prête aux libertés naissantes
L'appui de la pensée et ses armes puissantes ;
Il voit du Danemarck le décret solennel
Dégrader Christiern d'un pouvoir criminel ;
Il voit, pour son pays usurpant la couronne,
Vasa sauver un peuple en conquérant un trône ;
De ce siècle naissant universel appui,
Il attaque, il combat, il triomphe pour lui,
Et dans ce vaste corps répandu comme une âme,
L'inonde tout entier d'une féconde flamme.

Mais à cet âge seul n'est pas borné son cours.
Tout vivra par cet art, et vivra pour toujours ;
Rien ne périra plus de la raison humaine ;
De nos pensers unis l'indestructible chaîne
Grandira par le temps et partout s'étendra.
Héritier du passé, le présent léguera
Aux siècles à venir les trésors du génie,
Et l'homme marchera d'une marche infinie,
Et, se faisant meilleur, plus il se fera vieux,
D'un pas, à chaque siècle, approchera des cieux.
La science n'est plus cette clarté trop rare,
Cachée à tous les yeux, ni cette table avare
Où quelques conviés à peine étaient admis :
Tous, à ce grand banquet désormais réunis,
Nous venons y chercher le plaisir ou la gloire,
Et des maux de la vie y perdre la mémoire.

Pour les infortunés, un livre est un ami ;
Par lui, dans ses revers le captif affermi,
Voit de ses tristes jours se renouer la trame;
Au charme des beaux vers abandonnant son âme,
Il est libre, il retrouve un ciel, un horizon ;
Virgile le console, et, pleurant sur Didon,
Il oublie un moment de pleurer sur lui-même.
Un livre allège aux rois le faix du diadème ;
Un livre peut sauver plus d'un crime aux tyrans ;
Il calme tous les maux, il instruit tous les rangs ;
Le pauvre y vient apprendre à supporter sa chaîne,
L'esclave à la briser. Il anime, il entraîne,
Il enfante à la gloire et poètes et rois ;
Le guerrier, au récit des belliqueux exploits,
S'agite, tourmenté d'une noble insomnie ;
La jeune fille, émue au sort d'Iphigénie,
La plaint en l'admirant, s'attendrit, et ses pleurs
Lui disent, en coulant, que leurs âmes sont sœurs.
Que de fois, dévoré par de sombres alarmes,
Triste du souvenir d'un passé plein de larmes,
J'errai seul et pensif, redemandant aux cieux
Un père dont la gloire a fui mes jeunes yeux !
Si mes auteurs chéris frappent alors ma vue,
Malgré moi pénétré d'une joie imprévue,
Je m'arrête, et mon cœur, un moment consolé,
Redit tout bas les vers où leur cœur a parlé.
Tout un peuple d'amis à mes côtés se presse :
Fénélon par ses chants adoucit ma tristesse ;
J'écoute Montesquieu ; je consulte Boileau ;
Et cependant, perdu dans ce monde nouveau,
Je renais au bonheur ; ma douleur affaiblie
De mon cœur pas à pas se retire, et j'oublie
Quels appuis le destin au berceau m'a ravis,
Pour voir combien le ciel me laisse encor d'amis.
Douce et tendre amitié, qui n'a pas de mécompte,
Que n'altère jamais le caprice ou la honte,
Qu'affermit le malheur, et que nourrit le temps,
Amis sûrs, sans rigueur pour mes goûts inconstans,
Que je quitte et reprends, que j'appelle et repousse,
Sans que d'un jour d'oubli leur bonté se courrouce,
Prêts à m'aider encor, si dans leurs doux liens
Mon cœur veut revenir ; et toujours j'y reviens.

Mais que fais-je ? et pourquoi, dans ma joie indiscrète,
Mon luth vous parle-t-il des plaisirs du poète,
Quand l'art de Guttemberg, pour de plus grands bienfaits,

Réclame de ma voix les accens imparfaits ?
Suppléant la parole, il donne à la pensée
De l'antique forum la puissance passée,
L'érige en souveraine, et ces grands mouvemens
Changent de caractère en changeant d'instrumens.
La parole agit vite, elle surprend, enlève ;
Son œuvre en un moment et commence et s'achève,
Et des troubles créés par ce puissant moteur,
Une révolte est l'arme, un seul homme est l'auteur.
César meurt, Brutus parle, et, flétrissant sa gloire,
Le peuple, de César a maudit la mémoire :
Mais ce pouvoir est court, et ce règne est borné ;
Antoine suit Brutus : Brutus est condamné.
Plus lents à se former, plus lents à se détruire,
Tous les renversemens ou de culte ou d'empire,
Qu'amène la pensée à l'aide des écrits,
Pour passer dans les faits, passent par les esprits.
La vérité, par elle en tous lieux répandue,
Glisse, coule, s'étend, dans les cœurs s'insinue,
Pour y régner toujours, les gagne avec lenteur ;
Chaque instant vient lui faire un ami d'un lecteur ;
Le nombre se grossit, l'opinion s'enflamme,
Dans mille seins divers passe et vit la même âme ;
Et quand un peuple entier, qu'anime un seul dessein,
Se lève, et qu'à grand bruit le choc éclate enfin,
Ce tonnerre tardif, en sa course terrible,
Brise, emporte et dissout, destructeur invincible ;
Ce n'est plus une émeute et sans but et sans fruit,
Une foule aveuglée, et qu'un homme conduit :
C'est tout un siècle uni, défendant sa pensée ;
C'est l'œuvre de cent ans en un jour ramassée,
Le fruit d'un long passé plein d'un long avenir !
Gloire à l'Imprimerie ! éternel souvenir.
A toi, dont les bienfaits ont marqué la puissance !
Source de nos grandeurs, arbre fertile, immense,
Dont les parfums errans dispersés dans les airs,
De leurs germes féconds remplissent l'univers.
Au siècle de Louis, âge d'or du génie,
Tu vis s'épanouir ta fleur, la poésie ;
Et plus tard, fécondant un sol ensanglanté,
Pour nous tu fis mûrir ton fruit, la liberté !
Non cette liberté qui, de troubles nourrie,
Outrage, en ses excès, le trône et la patrie,
Mais la liberté sage, et fille de la paix.
Elle aura, grâce à toi, tous les rois pour sujets ;
Grâce à toi, notre France a fait pacte avec elle,
Et le sceau du contrat est la Charte immortelle...

Mais respecte ta gloire, et qu'à ses grands travaux
Ton art déshonoré ne mêle pas de maux.
Qu'il n'aille pas, armant l'impure calomnie,
Sur le juste opprimé verser l'ignominie ;
Qu'il ne soit ni vénal, ni faux, ni délateur ;
Qu'il repousse l'écrit dont le fiel corrupteur
Souillerait le jeune âge en sa fleur d'innocence.
Pour les coupables seuls réservant sa vengeance,
Qu'il songe, en flétrissant, qu'il flétrit pour jamais ;
Qu'il n'aille pas surtout, artisan de forfaits,
Egarer les esprits, nourrir au sein des villes
Le feu séditieux des discordes civiles ;
Et, bornant son pouvoir à sauver les Etats,
Qu'il éclaire l'Europe et ne l'embrase pas !

Ernest Legouvé.

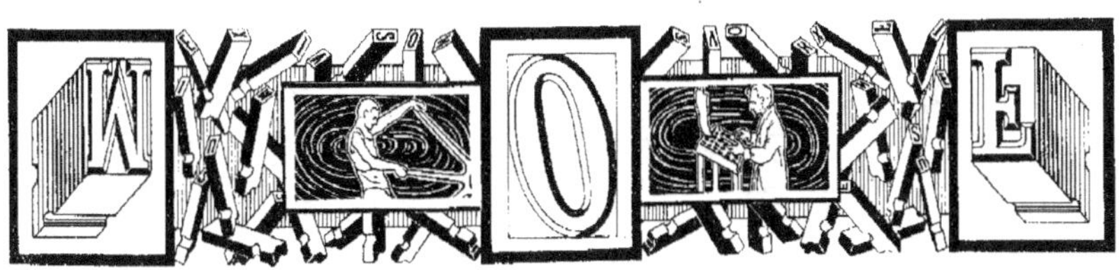

L'auteur du deuxième poème couronné, M. Pierre-Auguste Lemaire, a supposé que Gutenberg fut traduit en jugement devant le pape et devant une congrégation de cardinaux, comme accusé de magie et d'impiété. Gutenberg se défend avec noblesse et avec énergie. Voici une partie de son plaidoyer :

> J'élève ici contre la barbarie
> Un rempart éternel, l'art de l'Imprimerie.
> Voyez-vous de ce plomb, en lettres figuré,
> Le docile alphabet se ranger à mon gré ?
> En espaces égaux ce langage mobile,
> Divisant de ses rangs la symétrie habile,
> Dans un cadre de fer se lie et s'affermit ;
> Et bientôt en roulant sur l'axe qui gémit,
> Mille fois en un jour ma presse diligente
> Donne au papier muet une voix éloquente.
>
> Il dit ; et d'un seul coup le rapide instrument
> Sur le papier que foule un double mouvement,
> D'une empreinte soudaine a tracé la peinture.
> O surprise ! cet art, accusé d'imposture,
> Qui devait de l'enfer distiller les poisons,
> De la Bible a tracé les divines leçons.
>
> La voilà donc, dit-il, cette science impure :
> Ce forfait dont mon sang doit laver la souillure !
> Des veilles, des travaux sans cesse renaissants,
> Sur le bois, sur le fer, mille essais impuissants,
> Les craintes, le besoin, le chagrin solitaire,
> L'ennui, le désespoir, voilà par quel mystère
> J'ai forcé la nature à me vendre un secret.
> O toi, comme Schæffer, martyr de mon projet,
> Faust, illustre exilé, puisses-tu dans la France
> Fuir des persécuteurs l'homicide ignorance !
> Puisse vers toi le prince abaisser ses regards !
> La cour d'un roi de France est l'asile des arts.

Cette pièce est terminée ainsi :

> ...La presse a dicté ses décrets absolus ;
> Elle a dit à la nuit : tu ne règneras plus !
> Au tyran qui fondait ses droits sur son caprice :
> Ton orgueil va tomber aux pieds de la justice !
> A l'homme, dont la voix, d'accord avec son cœur,
> Jamais dans le péril n'a su trahir l'honneur :
> Parle, défends les lois ; dans tes soins politiques
> Dénonce l'artisan des misères publiques ;
> Protège la vertu que le crime poursuit,
> Et conduis au devoir le peuple mieux instruit.
> Si tu vois qu'égaré par un conseil peu sage,
> Le vaisseau de l'Etat dans des écueils s'engage,
> A l'oreille du roi porte la vérité.
> Ne crains rien ; des rigueurs le cours est limité ;
> Le pouvoir peut frapper ; mais quelle est sa victoire ?
> Il ôte des honneurs, il n'ôte pas la gloire ;
> Et ce brillant affront, qui pare un citoyen
> Sans ravir à l'Etat un éloquent soutien,
> Prouve, malgré l'affront d'une ligue infidèle,
> Que la France a toujours des enfants dignes d'elle.

L'auteur inconnu de la pièce portant le numéro 31, primée troisième, a tenté une comparaison entre les trois libérateurs de la Suisse, Guillaume Tell et ses amis, et les trois auteurs de l'Imprimerie typographique, conspirant pour la libération intellectuelle du monde. Il esquisse, à l'adresse de M. Steube, peintre d'histoire, un tableau à faire en pendant à ses conspirateurs helvétiques :

> Ici rien n'éblouit ! point d'éclat ; nul objet
> N'y révèle d'abord la grandeur du sujet ;
> C'est un appartement de gothique structure
> Que décorent à peine une vieille tenture,
> Quelque image de saints, de papes ou de rois,
> Détachée à demi des humides parois.
> Une lampe de fer, suspendue aux solives,
> Eclaire tristement trois figures pensives :
> Faust, Guttemberg, Schæffer, conspirent-ils aussi ?
> Oui ; contre l'ignorance ; et là, mieux qu'au Rütli,
> Trois hommes inconnus, sans trésors, sans armée,
> Sauront venger les droits de l'Europe opprimée.
> Qui donc les revêtit d'un semblable pouvoir ?
> L'industrie. A leurs pieds déjà l'on a pu voir
> Les alphabets gravés sur le chêne et le hêtre,
> Essais insuffisants du grand art qui va naître.
> Guttemberg cisela ces premiers rudiments,
> Par lui soumis bientôt à d'heureux changements
> Il divisa la planche, et sous sa main habile.
> La lettre s'isola pour devenir mobile.
> Plus hardi, rejetant le bois et le burin,
> Schæffer coule en relief et le plomb et l'airain ;
> Le vélin humecté sur le cadre se place ;
> Un métal cylindrique en presse la surface.
> Peintre, ce grand tableau par toi va s'animer !
> Vois-tu, brillants d'espoir, leurs regards s'enflammer ?
> Guttemberg, en tremblant, sur cette œuvre première
> Fait tomber un reflet de la pâle lumière !
> L'Imprimerie est née ! Enfin il a donc lui
> Ce jour sans fin des arts ! voilà ce point d'appui
> Qu'Archimède implorait pour remuer un monde !
> La raison désormais et puissante et féconde
> Rend la force au bon droit trop longtemps insulté.
> Le génie à son tour aura sa royauté,
> La science agrandie étend son cercle immense,
> Et de l'esprit humain l'éternité commence.

Après avoir constaté mélancoliquement que les inventeurs de l'Imprimerie n'ont pas conquis la renommée, qu'à peine connaît-on leurs traits et que le seul poète qui les ait jusque-là chantés est Colletet, le médiocre Colletet (1), lequel s'était chargé, au nom des maîtres imprimeurs de Paris, de présenter au roi Louis XIII, au renouvellement de chaque année, « un éloge de l'Imprimerie, encadré dans le panégyrique du

---

(1) Guillaume Colletet (1598-1659), plutôt que son fils François (1628-1680 environ).

monarque », l'auteur adresse, en terminant, cette apostrophe à l'Imprimerie :

Oui, j'en prends à témoin notre France nouvelle ;
Art divin, par quels traits ton pouvoir s'y révèle !
Depuis qu'un noble mot du trône descendu
Fit tomber à jamais le glaive suspendu
Qui menaçait l'essor de la pensée humaine,
Des faux docteurs en vain la foule se démène,
Et de la presse libre accusant les excès,
Prétend à chaque ouvrage attacher un procès.
Laissez aux passions le droit de manifeste ;
Bien plus que leurs clameurs leur silence est funeste ;
Le reproche captif dans notre cœur s'aigrit ;
On ne conspire plus alors que l'on écrit ;
Lorsque la presse, en paix, exhale ses murmures,
Les conspirations s'écoulent en brochures ;
Chacun défend ses droits au nom de la raison.
Ainsi l'Imprimerie éteignant le poison,
De l'état social entretient l'équilibre,
Rend sous un roi puissant le peuple heureux et libre,
Réforme les erreurs, les abus ; et parfois
Si vous rêvez l'orage au bruit de ses cent voix,
Rassurez-vous ! semblable à ces rumeurs croissantes
Qui signalent l'abord des cités florissantes.
Ce bruit n'est que l'écho de la prospérité !
C'est le bruit qu'en marchant produit la liberté !

La quatrième pièce couronnée est de M. ANNE BIGNAN ; elle a pour titre : *Épître à quelques détracteurs des lumières, sur l'Invention de l'Imprimerie.*

L'auteur s'attache d'abord à démontrer que l'Imprimerie surmontera fatalement toutes les entraves que l'on s'efforcerait d'apporter à son développement :

Lorsque des préjugés renversant la barrière,
L'esprit public s'élance et franchit la carrière,
Libre, vers l'avenir se jetant à grands pas,
Il est semblable au temps, il ne recule pas.
Pourquoi donc, du présent détracteurs inhabiles,
Quand tout marche à vos yeux, restez-vous immobiles ?
Pourquoi, criant toujours que vers la liberté
Comme un coursier sans frein le siècle est emporté,
Tramez-vous le projet de gouverner la France
Par droit de fanatisme et par droit d'ignorance ?
Vains efforts ! croyez-vous, ramenant le passé,
Réchauffer les débris d'un cadavre glacé ?
Traînards de la raison, suspendez-vous sa course ?
Voit-on l'eau d'un torrent remonter vers sa source ?
Instruisez donc la foudre à ne jamais frapper,
Le soleil à pâlir, les aigles à ramper,
Vous dont l'orgueil, forgeant une chaîne insensée,
Croit dans son vaste essor arrêter la pensée !
La pensée, une fois libre de sa prison,
Découvre à chaque pas un nouvel horizon.

Puis, s'adressant aux *détracteurs des lumières*, aux partisans attardés de l'obscurantisme, il exa-

mine et combat les griefs qu'ils opposent aux arguments des défenseurs de la liberté :

De dangereux auteurs, cet art, à vous en croire,
N'a que trop répandu la criminelle gloire !
Quels malheurs, dites-vous, n'ont-ils pas enfantés,
Ces talents par la France imprudemment vantés !
Près des bûchers éteints la torture abolie,
Des cultes opposés l'union établie,
Des chartes et des lois, voilà dans son courroux,
Les fléaux que la presse a vomis contre nous !
Tout dégénère ; ô mœurs ! ô siècle impie ! ô crime !
Ce qu'on pense on le dit, ce qu'on dit on l'imprime ;
On raisonne ; et chacun, croyant seul tout savoir,
Parle plus de ses droits, et moins de ses devoirs.
Voilà donc ces malheurs dignes qu'on les déplore !
Voilà donc ces forfaits dignes qu'on les abhorre !
Détracteurs d'un talent, en prodiges fécond,
Vous blâmez Guttemberg ! Guttemberg vous répond :
Pourquoi m'accusez-vous ? des fous comme des sages,
Quand je fais tour à tour circuler les ouvrages,
Pour combattre l'erreur, mon art la reproduit ;
Si l'ombre l'enfanta, le grand jour la détruit ;
Vainqueur des vieux abus, de la raison humaine
N'ai-je pas fécondé, reculé le domaine ?
Et conduit, tant l'exemple exerce de pouvoir !
Plus d'un heureux mortel dans les champs du savoir ?

. . . .

N'est-ce pas moi qui sais, secondant l'industrie,
D'un hémisphère à l'autre étendre la patrie ;
Par le moyen actif d'un mobile papier,
Aux trésors du commerce ouvrir le monde entier,
Propager l'évangile, et d'un Dieu qui console
Jusqu'au fond des déserts transportant la parole,
Rapprochant les autels par un vaste lien,
Changer l'esclave en homme et l'homme en citoyen ?

Comme dans la pièce précédente, comme dans toutes celles qui ont concouru, nous trouvons ici des vers en faveur de la liberté de la presse :

Venez donc ! à vos pas le siècle offre un appui,
On s'expose à tomber quand on marche sans lui.
Prêchez l'humanité, la paix, la tolérance,
Et vos voix trouveront des échos dans la France ;
Dans la France qui, libre et forte sous ses rois,
Pour guide veut leur sceptre, et pour soutien ses droits
C'est sur la vérité que le pouvoir se fonde ;
La presse est le ressort qui fait mouvoir le monde.
Par elle, dans le sein du grand corps social,
La liberté répand son mouvement vital.
Par elle, chaque jour, mille feuilles légères,
Des publics sentiments dociles messagères,
Jusques aux mains du pauvre, en leur agile essor,
Du savoir, à bas prix, font courir le trésor ;
Des petits et des grands fraternel privilège,
Le peuple la bénit, le trône la protège.

Voici maintenant une fort belle pièce que sa date (Paris, Pinard, 1829) nous fait supposer avoir été faite en vue du concours de l'Académie, et qui n'y aura pas été couronnée.

L'INVENTION DE L'IMPRIMERIE

L'Homme ne vit qu'un jour, mais son instinct sublime
Lorsque tout le détruit sans cesse le ranime ;
La tombe en vain l'appelle : irrité de son sort,
Il invente les arts, il lutte avec la mort !
Ce n'est point au cercueil que son pouvoir s'arrête ;
Il lui livre sa cendre et non pas sa conquête.
Le roi qui fait bénir le sceptre dans ses mains,
Qui demande sa gloire à l'amour des humains ;
Le guerrier dont le sang coule pour la Patrie ;
Le poète qu'inspire une cause chérie,
Qui, pour la Liberté, va mourir dans les fers,
Sans savoir quel destin attend un jour ses vers :
Le sage audacieux dont la raison profonde
Cherche la vérité pour en doter le monde ;
L'orateur dont la voix fait trembler les tyrans ;
Tous ces nobles rivaux, tous ces mortels si grands,
N'ont tous qu'un même but, un seul vœu les enflamme,
Un seul prix leur sourit aussi grand que leur âme :
Si long-temps attendu, si long-temps disputé,
Ce prix, ce noble prix, c'est l'immortalité.

Cependant à leurs vœux que de fois est ravie
Cette immortalité plus belle que la vie !
Que de noms, destinés à rester éternels,
Ne redira jamais la bouche des mortels !
Sur tant d'écrits divins, mutilés par les âges,
Le temps a-t-il assez accumulé d'outrages ?
Quelle main nous rendra ces ouvrages si beaux,
Ou perdus tout entiers, ou sauvés par lambeaux ?
L'homme, après tant d'efforts pour léguer sa mémoire,
Verra-t-il donc toujours s'anéantir sa gloire ?
Un art peut dérober sa grandeur au trépas,
La rendre indestructible... Il ne le connaît pas.

. . . .

Cet art qu'en tous les temps l'homme aurait dû connaître,
Qui frappait tous les yeux, fut des siècles à naître ;
Un seul a découvert ce que tous pouvaient voir.
Mais sur combien d'essais s'égare son espoir :
L'œil fixe, et de douleur laissant tomber sa tête,
Il semble à tout moment douter de sa conquête :
Le bois, sous le burin en lettres aminci,
Déchire le papier bizarrement noirci,
Eclate, et ces ressorts qui se meuvent ensemble
Trompent, en se brisant, la main qui les rassemble ;
Le bois n'offre aux regards qu'un trait pâle et grossier ;
Mais le plomb le remplace ; il coule dans l'acier :
Du métal qui descend, chaque goutte brûlante
En rapporte aussitôt une lettre brillante ;
Une lettre paraît, une autre au même instant
Vient chercher à son tour l'empreinte qui l'attend :
Dans un cadre de fer une main plus habile
Enchaîne sous la vis cet alphabet mobile
Dont les signes muets, disposés à l'envers,
Renaîtront mille fois en mille mots divers ;
Dans l'encre qui bientôt va leur donner une âme,
L'huile versant ses flots, épurés par la flamme,
Sans ternir du papier le tissu délicat,
Y doit fixer l'empreinte où brille son éclat ;
Tout marche : sous le marbre où Guttemberg la guide,
Entre un double carton s'étend la feuille humide,

Qui roule, arrive au but, dans un léger repos
Laisse l'encre apporter la vie à tous les mots ;
Et, cachée un moment sous le poids qui la presse,
Roule encore et revient, avec plus de vitesse,
Prouver à Guttemberg de bonheur transporté,
Que son triomphe est sûr, que l'art est inventé !

Quand un Génois fameux courait au loin sur l'onde
Pour un maître étranger chercher un nouveau monde,
Il croyait que ces bords, par lui seul découverts,
Si long-temps ignorés, manquaient à l'univers.
Sans peser son bienfait, reconnaissons sa gloire ;
Mais que plus justement Guttemberg pouvait croire,
Quand il vit ces ressorts obéir à sa main,
Que l'art qu'il découvrait manquait au genre humain !

Le peuple gémissait plongé dans l'ignorance :
Son abrutissement surpassait sa souffrance ;
Monarques et sujets, disputant de fureurs,
Également nourris de grossières erreurs,
Héritaient des forfaits, des malheurs de leurs pères,
Sans guider leurs enfans vers des jours plus prospères.
Si l'étude parfois s'échappait des couvens,
Mille voix accusaient ses disciples fervens
De suspendre à leur gré les lois de la nature,
Et contre le savoir réclamaient la torture ;
Ces bourreaux inquiets attendant leurs aveux,
Cet effroi d'un pouvoir qui flattait tant de vœux,
Tout semblait propager une vaine croyance ;
Et lorsque Guttemberg, admiré dans Mayence,
Répand sur d'autres bords, merveilleux manuscrits,
Ces livres dont l'éclat frappe les yeux surpris,
Leur suspecte beauté, leurs traits que rien n'altère,
Qui conservent toujours le même caractère,
Ces volumes parés de leurs fermoirs brillans,
Et que la même main a faits si ressemblans,
Cette ligne que suit une ligne rivale,
Se renfermant toujours dans le même intervalle,
Ces ouvrages latins, ces bibles, ces psautiers,
Comme par un seul jet reproduits tout entiers,
Éveillent les soupçons, excitent les alarmes...
Il n'en faut plus douter ! épuisant tous ses charmes,
La Magie elle-même a chargé ce vélin
De signes inventés par un esprit malin.
La voix du peuple ému, qui croit ce qu'il invente,
Au cœur des magistrats fait passer l'épouvante ;
Mais un roi, craint du peuple et redouté des grands,
Qui cherche la science au profit des tyrans,
Des juges effrayés ose encourir le blâme,
Et payant en secret, sans trembler pour son âme,
Ces livres infernaux que nul n'osait toucher,
Pour orner son palais les sauve du bûcher.

. . . .

Les livres, autrefois dans l'univers épars,
Forment tous les talens, fécondent tous les arts,
De vingt peuples divers nourrissent la pensée ;
Du despotisme en vain la fureur insensée
Voudrait, dans leur essor, enchaîner les esprits ;
Tous les fers sont brisés, tous les tyrans flétris !

Mais lorsque sur la mort l'homme obtient la victoire,
Quand le génie enfin, sûr de toute sa gloire,

Voit régner ses écrits en tous lieux répandus,
Il revient au regret de ceux qu'il a perdus.

. . . .

Et vous que, sous la main de pieux solitaires,
Immola l'ignorance au fond des monastères,
Vous n'avez point péri, sublimes écrivains ;
Rien ne détruira plus vos ouvrages divins !
Vainement la légende, un missel, des cantiques,
Usurpent le vélin de vos chefs-d'œuvre antiques ;
Nous les voyons, bravant tant de périls divers,
Renaître pour instruire et charmer l'univers.
De tous ces manuscrits l'heureuse transparence,
A des yeux attirés par une autre espérance,
Sur les feuillets étroits de l'antique vélin,
Des signes effacés révèle le dessin.
Voilà de vos écrits les vieux dépositaires !
Dans le vide brillant des premiers caractères,
L'œil poursuit chaque ligne en ses divers sentiers,
Et dans les mots absens vous trouve tout entiers !

Cette immortalité que vous aviez perdue,
Elle renaît enfin, elle vous est rendue,
Telle que le génie, en ses rêves d'orgueil,
La voyait autrefois auprès de son cercueil ;
Sur vos fronts de nouveau tout son éclat rayonne,
Vous vous la promettiez, Guttemberg vous la donne.

Le monde a de son art recueilli tous les fruits ;
Les siècles ont marché, les peuples sont instruits.
Parmi les nations, Albion, la première,
D'un pas audacieux marcha vers la lumière.
Plus grande en ses desseins, plus noble en ses travaux,
Sans jamais les flétrir surpassant ses rivaux,
La France a du talent sauvé l'indépendance ;
Que sa prospérité suffise à sa vengeance !
Pour jamais le Batave est frustré des trésors
Que l'effroi du pouvoir rejetait sur ses bords ;
La France désormais, plus sage en ses largesses,
Comme sa liberté défendra ses richesses ;
Quoi ! du sol généreux qui le voyait fleurir,
Elle eût exilé l'art qu'elle a su conquérir !
Un peuple aurait perdu sa plus belle industrie,
Le talent son pouvoir, la gloire une patrie !
L'opprimé sans défense eût étouffé ses pleurs,
Et jusque sur la tombe on eût proscrit des fleurs !
La gloire sur tes bords ne sera point punie,
France, c'est à tes rois d'affranchir le génie !

Le génie, il commande aux élémens domptés ;
Au sein des mers qu'il brave, il jette des cités ;
Il se sert de la main qui, dans l'eau frémissante,
Doit enchaîner un jour la foudre obéissante,
Pour répandre ses dons sur des peuples nouveaux
Qu'instruit déjà Franklin dans ses premiers travaux.
Partout de la pensée il brise les entraves,
Forme des citoyens où pleuraient des esclaves ;
Brave tous les dangers, franchit tous les remparts,
Aux bords les plus lointains aborde avec les arts ;
Il renverse en passant la hutte des sauvages,
Des villes qu'il fait naître il couvre leurs rivages,
Poursuit la barbarie au milieu des déserts,
Et semble en l'instruisant agrandir l'univers !

Florimond Levol.

Les hommages viennent ensuite de partout. L'humanité, consciente de sa rédemption intellectuelle et matérielle aussi, célèbre avec ensemble la Noël laïque qui lui en apporte l'espoir et le moyen.

Le 14 août 1837, la ville de Mayence matérialisait sa reconnaissance envers l'inventeur de l'Imprimerie, en lui dressant une statue qui fut fondue à Paris sur un modèle fourni par le célèbre sculpteur danois Thorwaldsen. L'inauguration fut, paraît-il, une cérémonie froide et guindée comme l'œuvre d'art qui en était l'objet.

Trois ans plus tard, le 24 juin 1840, la ville de Strasbourg élevait à son tour la belle statue, œuvre de David d'Angers, qui décore la place Gutenberg, ancien Marché aux Herbes.

Des fêtes splendides, supérieurement organisées et dont le retentissement fut immense, eurent lieu pour la circonstance, moins semble-t-il, dans le but de plaire aux étrangers venus en foule que par débordement de vitalité agissante, de satisfaction personnelle et intime. La population, admirablement unie, seconda l'administration municipale, elle-même animée par un enthousiasme convaincu.

Le 25 juin, un *cortège industriel* fit défiler sous les yeux intéressés des spectateurs les principales corporations de la ville, derrière trente-cinq chars garnis de leurs outils et attributs particuliers et de personnages en costume de travail et d'époque. Naturellement, l'Imprimerie, reine de la fête, était largement représentée dans cette reconstitution. On y voyait une *Papeterie* fonctionnant avec cuves, presse, séchoir, servis par des « ouvriers blancs comme leur ouvrage » ; une *Lithographie* tirant et distribuant à la foule le portrait de Gutenberg ; la *Reliure*, exhibant des livres de tout genre, et parmi eux la Bible de J. Mentelin 1466 ; enfin les *Imprimeurs*, montant un char pavoisé de mille drapeaux, garni de draperies roses traînantes rattachées avec des fleurs, parsemées d'écussons où brillent les noms des plus célèbres imprimeurs, portant un atelier complet où l'on compose, éprouve, corrige et tire en allemand et en français une pièce de vers due à un membre de la corporation locale, M. Paul Lehr. Les deux langues, alors, n'étaient pas ennemies.

Autour des chars, de jeunes ouvriers et ouvrières en vêtements de leur âge, des hommes, compagnons et ouvriers, en habit à queue ou en redingote et coiffés du haut de forme, attes-

21

taient par leur maintien religieusement calme l'importance qu'ils attachaient à cette glorification d'une industrie dont ils s'honoraient d'être les serviteurs.

Et ce fut l'occasion de nouvelles et nombreuses éclosions poétiques : le pays était calme, l'Europe aussi ; l'enthousiasme régnait dans le champ des idées; le travail avait alors le courage et la foi ; les cœurs étaient joyeux, les âmes chantantes... De cette atmosphère favorable sont nés des poèmes de diverses valeurs assurément, mais d'égale bonne volonté, dont nous avons retrouvé quelques-uns.

Passons sur ceux qui ne furent écrits qu'en allemand.

Passons aussi sur le *Chant séculaire* où T. MERCIER, après un hommage rendu à la Germanie, fait successivement parler des enfants, des jeunes gens, des adultes, des femmes, des vieillards ; et nous aurons, en compensation de ces phrases aux élans factices, une ode vraiment bien venue dont rien n'est à retrancher. Le lyrisme en fait valoir les idées larges où s'annonce 1848, ère de généreuses illusions que le monde moderne — avec combien de peine ! — s'efforce de traduire en réalités.

GUTTEMBERG

Aux Habitants de Strasbourg.

I

Qu'importe son lieu de naissance ?
Qu'il soit Français, qu'il soit Germain,
De la Bretagne ou de la France,
N'est-il pas fils du genre humain ?
La patrie, aux jours où nous sommes,
N'est pas dans quelques millions d'hommes :
Ce n'est plus Paris seulement ;
C'est tout ce qui pense et respire,
Immense et fraternel empire
Qui s'élargit incessamment.

O ! la patrie, urne profonde
D'où découlent les nations,
Toutes les peuplades du monde,
Toutes les générations !
Plus vaste qu'aux siècles antiques,
Pour les natures sympathiques,
Fleurs dont l'amour est le rayon,
Elle étend l'espace et les âges ;
Les deux pôles sont ses rivages,
Ses bornes, l'humain horizon.

Demandez à tous ces prophètes,
Dans des jours divers apparus,

A ces sages, à ces poètes,
Homère, Socrate, Jésus ;
Demandez-leur où leur génie
Trouvait sa mission finie,
A quels peuples ils s'arrêtaient ;
Ils répondront : l'âme qui pense,
Pour patrie a le monde immense :
Où l'homme était, la nôtre était.

II

Quand les hommes, pour se conduire,
Implorent du ciel un flambeau,
Dans les airs soudain vient à luire
Un astre splendide et nouveau.
C'est la colonne flamboyante
Qui, de la tribu haletante,
Guide les pas dans le désert ;
Ainsi, sur la terre allemande,
A son siècle qui le demande,
Apparut jadis Guttemberg.

C'était un noble d'origine,
Qui, né l'on ne sait en quel lieu,
S'en fut à la garde divine,
Rêvant toujours et parlant peu.
Riche d'un trésor de pensées,
Au prix du repos amassées,
Dans Strasbourg il entra sans bruit ;
Puis, infatigable à la tâche,
Ainsi qu'un bourgeois, sans relâche,
Il fit son travail jour et nuit.

Lorsqu'il eut appris sa science
A quelqu'un de cette cité,
Il s'en alla devers Mayence
Faire une autre société,
Semant ainsi, comme un bon père,
Un germe au sein de toute terre
En se disant : Il grandira ;
Et cette moisson, fécondée
Par le temps, bienfaisante ondée,
L'avenir la recueillera.

Tu devinas juste, ô génie !
La semence a porté son fruit :
Toujours, dans leur sainte harmonie,
Le temps marche, le progrès suit.
Ce qu'au sillon de la pensée
Confie une main exercée
Pour que Dieu le change en froment,
La pensée, éternelle mère,
Le reçoit, le couve, et la terre
Bénit un jour l'enfantement.

Tu fus cette main prévoyante,
Grand homme ! Aussi l'humanité,
Héritière reconnaissante,
Te dresse un autel mérité !
L'artiste à l'âme plébéienne,
Pour ta patrie alsacienne,
En bronze reproduit tes traits,
Honneur envié, qu'il dénie

A tout soutien de tyrannie,
A tout ennemi du progrès.

Les députés de nos provinces
Pour te fêter sont en chemin ;
Hommes du peuple, savants, princes,
Tous se dirigent vers le Rhin :
Caravane de la science,
Qui, de tous les points de la France,
Des rochers de Guillaume-Tell,
De la sérieuse Allemagne,
De Rome, de Londres, d'Espagne,
Vient aboutir à ton autel.

Ainsi, vers la terre sacrée
Où Dieu rougit le Golgotha,
L'Europe autrefois attirée,
Comme un flot se précipita.
Du fond des cités, des villages,
Pour leurs pieux pèlerinages
Partaient vieillards, femmes, enfants,
Portant, dans leur culte unanime,
Au divin tombeau de Solyme
Leurs prières et leurs présents.

Aujourd'hui, pèlerin plus sage,
Le monde reprend son bâton :
Ce n'est plus le même voyage,
C'est la même dévotion.
L'enthousiasme continue ;
De partout la foule venue,
Admire l'humble piédestal
Où, le front penché, l'œil sévère,
Tu vois s'éclairer le mystère
De ton grand secret social.

III

L'homme donc commence à comprendre
Que le bonheur, pour lui, n'est pas
Dans les capitales en cendre,
Dans le tourbillon des combats ;
Qu'entraîner un cheval de guerre
D'un bout à l'autre de la terre,
Baigner son poitrail dans le sang,
Escalader toute montagne,
Comme Attila dans la Champagne
Dessécher toute herbe en passant ;

Courir au galop sur les villes,
Semer des rois sur son chemin,
Déchirer les tables civiles,
Refaire l'empire romain ;
Comme l'aigle, épris de la foudre,
N'aimer que l'éclair de la poudre
Sortant de cent mille fusils ;
N'avoir de joie un peu profonde
Qu'à faire frissonner le monde
Au froncement de ses sourcils ;

Bâillonner la pensée humaine ;
S'asseoir à la place des lois ;

Forger pour tous la même chaîne,
Pour les peuples et pour les rois ;
Toute cette gloire menteuse,
Dont s'enivre une âme orgueilleuse,
Tout cela, bientôt emporté,
N'égale pas, pour le poète,
Une pacifique conquête
Au profit de l'humanité !

O ! Guttemberg, vieillard sublime,
Ton nom jamais ne s'éteindra.
Les tyrans iront à l'abîme,
Ton souvenir leur survivra.
Toi qui fis que l'intelligence
N'a plus de temps et de distance,
Par qui les morts ressuscités,
Quittant le linceul des fantômes,
Communiquent avec les hommes
Au sein des vivantes cités,

Tu méritais bien cette gloire ;
Car ton rôle, vieil imprimeur,
C'était la tranquille victoire
Qui rapproche du Créateur ;
Celle qui, loin de les détruire,
Sert aux hommes pour les instruire,
En les éloignant des combats :
Victoire paisible et féconde,
Plus utile au bonheur du monde
Que les duels des potentats.

IV

Oui, cette place est bien la tienne.
Debout entre deux nations,
Ta statue, œuvre citoyenne,
Fixe les populations.
Ta bouche, peu faite au sourire,
A tout instant semble leur dire :
« Peuples, cessez d'être jaloux :
Rapprochez vos mains fraternelles,
Et que le glaive des querelles
Ne se tire plus entre vous.

« Ce qui vaut mieux qu'une bataille,
C'est quand toute bouche a du pain,
Lorsque tout bras d'homme travaille
Et que chacun mange à sa faim :
Mais c'est surtout quand la science,
Planant sur toute intelligence,
Verse à tout regard sa clarté ;
Car, en tout lieu comme en tout âge,
L'ignorance fait l'esclavage,
La lumière, la liberté » !

CH. WOINEZ,

10 juin 1840.　　　　(*Les Nationales*, 1840)

M. Louis Levrault, libraire à Strasbourg, écrivit et publia pour sa part une poésie dont les trois premières strophes furent mises en musique par Neukomm, imprimées dans les

deux langues au pied du monument et chantées, disent les relations contemporaines, par toute la population.

A LA PRESSE

Strophes pour l'inauguration de la statue de Gutenberg

Presse, moteur du monde, ô levier d'Archimède !
Toi qu'en nos murs conçut Gutenberg exilé,
Fille du vieux Strasbourg, puissance à qui tout cède,
Salut ! salut au jour de ton saint jubilé !
A toi l'hommage ardent de cette immense foule...
A toi des nations l'avenir et les vœux !
A toi l'airain vivant surgi du noble moule
Où David sait pétrir les héros et les dieux !

Moderne espérance
De l'humanité,
Presse, à qui la France
Doit la liberté,
Par toi la parole
Sait briser les fers,
Tu sers de boussole
A tout l'univers !

Poursuis ta carrière
Soleil des états !
Verse la lumière
Sur tous les climats !
Foyer d'où vient luire
Tout noble penser,
Toi qui sus détruire
Tu sauras créer !

Démasquer le vice,
Combattre l'erreur ;
Défendre d'office
La vertu, l'honneur ;
Aux passions viles
Être un port fermé ;
Être un sûr asile
Pour tout opprimé.

Presse, amour du monde,
Voilà ton destin :
Que ta voix féconde
Des peuples l'hymen !
Instruisant notre ère,
Montre à l'avenir
Le pôle où la terre
Doit se rajeunir !

Gutenberg, Messie
D'un âge nouveau,
Toi, Kléber, génie
De notre drapeau,
Frères par la gloire,
A vous nos autels,
L'art, comme l'histoire,
Vous rend immortels !

Voici la pièce de M. Paul Lehr dont nous avons parlé page 21 :

A LA MÉMOIRE DE GUTENBERG

Strasbourg, aux 24, 25 et 26 juin 1840.

Entonne un chant de gloire, ô toi, cité chérie !
Prodigue à Gutenberg un encens mérité !
Il fit naître en tes murs l'art de l'Imprimerie,
La source du progrès et de la liberté.

La Force aux bras de fer, la stupide Ignorance
Enchaînaient à leur char les peuples et les rois :
Mais un homme paraît, radieux il s'avance
Et de leur joug honteux les délivre à la fois.

Il ne triomphe point par le glaive homicide :
Un alphabet mobile est l'arme du vainqueur,
Et grâce à l'Éternel, son invincible guide,
Du monde Gutenberg devient le bienfaiteur.

Par son art merveilleux il sème la lumière,
Et les livres sacrés sont partout répandus.
La docte antiquité renaît de la poussière,
Et Gutenberg lui dit : « Tu ne périras plus » !

Le peuple se réveille aux éclairs du génie ;
La sombre nuit recule et jette un cri d'effroi ;
L'intelligence brille et trône rajeunie
Sur le vieil univers qui reconnaît sa loi.

Cet immense réveil abonde en faits sublimes ;
Le genre humain retrouve enfin sa dignité ;
C'en est fait des tyrans, et pour venger leurs crimes,
La Presse les condamne à l'immortalité.

En ce jour, Gutenberg ! honneur à ta mémoire !
Ton plomb libérateur servit l'humanité ;
Le bronze de David doit proclamer ta gloire,
Et la redire encore à la postérité.

Au nom de la patrie, accueille notre hommage,
Des amis du progrès c'est le juste tribut.
Que chacun se redise, en voyant ton image :
Il voulut la lumière « et la lumière fut » !

On cite encore une *cantate* d'Auguste Lamey, « long poème tout germanique » auquel Gambs prêta le charme d'une fort belle musique; puis des poésies de J. Leser, Pfarrer Kuntz, Auguste Stœber, et d'autres encore, sans oublier *Les Casques de papier* que l'on trouvera dans un autre chapitre.

En même temps (25 juin), le théâtre de Strasbourg donnait un divertissement en un acte, mêlé de chant et de danses : *Gutenberg à Strasbourg ou l'Invention de l'Imprimerie*. On ne voit pas comment un aussi vaste et sévère sujet peut te-

nir dans un seul acte, encombré d'entrechats. Mais ce numéro montre à quel point la fête était populaire : toute la ville y participait ; du moins, s'il faut en croire le récit de M. Luchet, toute la ville démocratique et libérale, la Cité, en un mot, mais non le Gouvernement, qui s'y montra inquiet et réservé.

Le thème de ce divertissement, œuvre de MM. A.-J.-A. Gratry et Verrière, est celui-ci : Schæffer, vivant aux côtés de Gutenberg en gestation de son grand œuvre, cherche un moyen de fabriquer rapidement un grand nombre de feuilles en pâte pour une pâtisserie, ornée d'une couronne de feuillage, qu'on veut offrir au maître du logis. Il imagine de faire sécher une de ces feuilles dans le four, puis de s'en servir de moule pour former les autres. Gutenberg entend quelques mots de la conversation, saisit l'idée au vol et l'applique aussitôt à l'objet de ses recherches.

A la scène X, Gutenberg, ayant enfin réussi, est endormi ; le génie de la civilisation descend dans une gloire ; il s'arrête au-dessous des frises et prononce des paroles qui consacrent le triomphe de l'inventeur :

Oui, tu peux, Gutenberg, te livrer au repos ;
    Ta noble tâche est accomplie.
Tandis que le sommeil versera ses pavots
    Sur ta paupière appesantie,
Je vais, de l'avenir déroulant les tableaux,
    Au son d'une douce harmonie,
Évoquer devant toi les sages, les héros,
    Qu'immortalise ton génie.

. . . .

C'est une sorte d'apothéose.

Aux poésies dont l'existence nous fut révélée par diverses relations des fêtes de Strasbourg, il faut ajouter celles venues du dehors et que nous ne nous flattons pas d'avoir toutes retrouvées.

FIAT LUX

A mes Imprimeurs.

En ces temps de ténèbres... (1430-1470)

L'auteur, — historien, philosophe, ou poète, —
Cherchant à pénétrer les brumes du savoir,
Mais privé des rayons qu'aujourd'hui l'œil peut voir,
N'était guère avancé, son œuvre une fois faite.

Devant lui ne s'ouvrait qu'une route imparfaite :
Les scribes apprêtaient leur plume ; en leur coin noir
Ils piochaient, transcrivant du matin jusqu'au soir
Pendant des ans... la fin du manuscrit pour fête.

Le lecteur obtenait, par ce moyen borné,
— Au bout de quel labeur ! — un unique exemplaire.
Art pauvre. Il fallait mieux. Un chercheur acharné

D'une sainte lueur tout à coup nous éclaire.
Sous sa féerique main le travail s'accélère.
Lira qui voudra lire... Hourrah ! Le LIVRE est né !!!...

Anniversaire du 25 juin 1840 ; Gutenberg à Strasbourg.

FR. FERTIAULT.
(*Les Amoureux du Livre*, 1877).

GUTTEMBERG

Un bronze informe était devant l'artiste :
Sur son beau front passaient des traits de feu :
Dis-moi, penser, si tu veux qu'il existe,
Que dois-je en faire ? Un vase, un homme, un Dieu ?
Lors du cerveau jaillit une étincelle,
L'idée au choc debout se dévoila ;
Et Guttemberg à nos yeux se révèle :
Le bronze inerte est un Dieu ! Le voilà !!!

Tous les chefs-d'œuvre où Dieu mit sa parole
Et que couvrait la poussière du temps
Vont sous sa main reprendre une auréole :
Il nous les rend radieux, éclatants.
O vieux savant ! Poursuis ta route austère,
Marche toujours ! Tu ne peux dévier ;
Car tu trouvas, pour remuer la terre,
Ton art divin comme un puissant levier.

Vois, Guttemberg, dans sa reconnaissance,
Auprès de toi l'univers à genoux
Se disputer le lieu de ta naissance :
Il est douteux ; mais ta gloire est à nous.
Livrant l'essor à nos vastes pensées,
L'Imprimerie au monde tend les bras ;
Les nations vont s'asseoir empressées
Au grand banquet où tu les conduiras.

O toi, David, dont le ciseau nous donne
Les bienfaiteurs de notre humanité,
C'est un fleuron de plus à ta couronne.
Encore un nom pour l'immortalité !
Oui, c'est bien lui ! C'est ce regard sublime
Qui dit à tous : connaître, c'est pouvoir,
Et maintenant l'ignorance est un crime :
Malheur à ceux qui ne voudront pas voir !

LOUIS DECOTTIGNIES.
(*Poésies*, 1841).

Puis voici BÉRANGER, alors en pleine gloire. Sa qualité d'ancien typographe et les liens d'amitié qui l'unissaient à David d'Angers l'avaient fait inviter à la solennité ; il s'excusa par la chanson suivante :

GUTENBERG

A Messieurs les Strasbourgeois qui, en 1840, m'ont invité à la solennité de l'inauguration de la statue exécutée par David.

4

Air du vaudeville de *La Petite Gouvernante*.

Messieurs, pitié pour ma vieillesse !
C'est en vain que votre cité,
Glorieux berceau de la presse,
M'appelle à sa solennité !
Garder mon coin vaut mieux, ce semble,
Que, vieux et pauvre pèlerin,
M'en aller d'une voix qui tremble
Attrister les échos du Rhin.

Eh ! n'aurez-vous pas Lamartine,
Le poète qui nous ravit !
Les nobles vers qu'il vous destine (1)
De ses travaux paieront David.
Gutenberg, s'il voit sa statue,
S'il entend l'hymne harmonieux,
A sa gloire tant débattue
Pourra croire enfin dans les cieux.

Un enfant joue avec deux verres,
Et le télescope est trouvé.
Strasbourg, l'homme que tu révères
Qu'a-t-il voulu, qu'a-t-il rêvé ?
Dieu lui cria-t-il aux oreilles
Qu'il lui donnait plus qu'un métier,
Et que la lampe de ses veilles
Éclairerait le monde entier ?

Qu'espérait-il, profit ou gloire,
Quand devant l'âtre il se courbait,
Coulant le plomb d'une écritoire
Dans les moules d'un alphabet ?
Dès qu'une ligne enfin s'agence,
Il dit, ravi de l'épeler :
Victoire ! Humaine intelligence,
Va, tu ne peux plus reculer !

Quoique souvent pris de débauche,
Le monde pèse l'œuf au nid.
Ce qu'au hasard chacun ébauche,
Il le rejette ou le finit.
Lui seul parfait une pensée.
Trouve-t-elle un trône en chemin,
Dans un temple est-elle encensée :
C'est l'ouvrage du genre humain.

Quoi ! vais-je éteindre une auréole ?
Strasbourg s'est-il donc abusé ?
Non, Gutenberg est un symbole :
C'est le progrès éternisé.
De n'aller pas lui rendre hommage
Noble cité, j'ai des regrets,
Mais déjà d'un plus long voyage
Le Temps me dit : Fais les apprêts.

Encore une pièce remarquable, en dépit de ses rythmes variés, éclose à l'occasion des fêtes de Strasbourg qui furent, on le voit, favorisées par Apollon.

____

(1) M. de Lamartine devait assister à cette fête, et l'on annonçait des vers de lui à cette occasion. Ont-ils été écrits et où sont-ils ? Les relations de la fête n'en parlent pas

LA PUISSANCE
ET LES BIENFAITS DE L'IMPRIMERIE

(Chant dithyrambique).

Avant la naissance des âges,
Quand, battus d'éternels orages,
Les éléments nageaient, au hasard répandus,
Quand le feu, l'air, l'onde et la terre,
Au sein d'une implacable guerre,
Dans l'abîme effrayé se heurtaient confondus ;
Aux flots bouillants de la matière
La voix du Tout-Puissant commanda le repos ;
D'un mot, il créa la lumière,
Et l'univers formé s'élança du chaos.

Fille du ciel, ô parole féconde,
Verse à l'homme naissant la vie et la clarté !
Fais régner à jamais sur les peuples du monde
Le bonheur et la liberté !

Ainsi, quand d'épaisses ténèbres
Couvraient de leurs voiles funèbres
L'Europe féodale et ses mille tyrans,
Lorsque l'anarchie aux cent têtes
Déchaînait ses noires tempêtes
Sur le vivant chaos des peuples ignorants,
Des ombres de la barbarie
Un homme s'éleva plus puissant que les rois ;
Il enfanta l'Imprimerie,
Et le chaos s'enfuit une seconde fois,

Fille du ciel, ô parole féconde,
Verse aux peuples vieillis la vie et la clarté !
Que ton souffle divin ranime dans le monde
Le bonheur et la liberté !

Sors des profondeurs de l'âme,
Pensée aux ailes de flamme,
Prends un corps et parle aux yeux :
Que les vérités esclaves,
Brisant enfin leurs entraves,
Brillent au grand jour des cieux.

Déjà le plomb coule ;
Les lettres en foule,
Sortant de leur moule,
Vont former un sens ;
Sous la presse agile,
L'alphabet mobile
Au papier docile
Prête des accents.

Va, pars, feuille intelligente,
A ta course diligente
Tous les chemins sont ouverts ;
Conduite par la boussole,
A travers l'Océan vole,
Vole, agrandis l'Univers !

Inconstante reine,
Tu prends pour domaine
La science humaine
Et ses flots mouvants ;

26

Avec le tonnerre,
Tu tiens sous ta serre
La paix et la guerre,
Le calme et les vents.

Du vrai, messagère errante,
Ton audace conquérante
Subjugue tous les esprits,
Serais-tu le divin glaive
Qui terrasse et qui relève,
Toi qui blesse et qui guéris ?

Ministre funeste
Du courroux céleste,
Tu souffles la peste
Et tout se flétrit;
Colombe attentive,
A l'arche craintive
Tu portes l'olive,
Et le ciel sourit.

Qu'un châtiment légitime
Poursuive et frappe le crime,
Sur le trône et sous le dais ;
Mais dans la chaste demeure
Où la vertu souffre et pleure,
Ne répands que des bienfaits !

Les champs s'embellissent,
Les cités fleurissent,
Les mœurs se polissent,
A ta noble voix.
Empressés d'éclore,
Tous les arts encore
A leur douce aurore,
Naissent à la fois.

Tu réveilles l'industrie,
Tu donnes une patrie
Aux peuples régénérés ;
Comme une autre providence,
Tu fais couler l'abondance
Aux champs les plus altérés.

Fille du ciel, ô parole féconde,
Verse aux peuples nouveaux la vie et la clarté.
Que ton souffle divin propage dans le monde
Le bonheur et la liberté !

Reste hideux du Moyen âge,
Devant toi tombe l'esclavage ;
L'homme va lentement reconquérir ses droits;
Et l'on verra l'Europe libre
Asseoir en un juste équilibre
Les trois pouvoirs unis sur la base des lois.
En vain la vieille tyrannie
Voudrait aux nations forger de nouveaux fers ;
La presse affranchit le génie,
Le génie à son tour affranchit l'univers.

Fille du ciel, ô parole féconde,
Porte au delà des mers la vie et la clarté ;
Fais régner avec toi sur l'un et l'autre monde
Le bonheur et la liberté !

Victoire pure et pacifique !
O Gutenberg, ton art magique
Prodigue la lumière aux bords les plus lointains :
Maître du temps et de l'espace,
Il arrête l'instant qui passe,
Rappelle les vieux jours, et commande aux destins.
Du fleuve de l'expérience
Il grossit les trésors, dirige l'heureux cours ;
C'est lui qui dit à la science :
« Les siècles sont à toi, marche et grandis toujours » !

Fille du ciel, ô parole féconde,
Verse aux peuples divers la vie et la clarté !
Que ton souffle divin conserve dans le monde
Le bonheur et la liberté !

O presse, levier formidable,
Ne va point, d'un effort coupable,
Ebranler l'univers par d'affreux tremblements !
Dieu, dans sa sagesse profonde,
Te fit pour gouverner le monde,
Et non pour le briser sur ses vieux fondements.
Des talents garde la mémoire,
Consacre des vertus l'immortel souvenir,
Car tu dois recueillir la gloire
Pour en semer les champs de l'obscur avenir.

Fille du ciel, ô parole féconde,
Verse aux peuples futurs la vie et la clarté !
A jamais avec toi fais régner dans le monde
Le bonheur et la liberté !

(Strasbourg, 1840).   DELCASSO.

Un certain « COMTE DE BELLOY » (qui ne doit faire qu'un avec le marquis Auguste de Belloy (1815-1871), prit occasion de la cérémonie inaugurale de Strasbourg pour placer dans la bouche du comte de Saint-Germain, prototype de Cagliostro, une boutade pessimiste contre la civilisation contemporaine qu'il montre détruite comme ses devancières par une invasion de Barbares, cette fois jaunes et noirs : Sem et Cham contre Japhet : *Epître du comte de Saint-Germain sur l'inauguration de la statue de Guttemberg* (*Revue parisienne* de Balzac, 25 juillet 1840).

A la vérité, Gutenberg n'y figure, que pour subir, sans y répondre, les apostrophes du troublant prophète :

Guttenberg de Strasbourg, bâtard de Prométhée,
Ce signe où tu revis dans ta forme exaltée
Est le taureau d'airain où, nouveau Phalaris,
De tes funestes dons tu recevras le prix.
Géant, revêts enfin ton armure géante,
Revêts ce bronze étroit, prison retentissante
Où ton âme, promise aux destins des Titans,
Captive, gémira jusqu'à la fin des temps ;
Là, comme Niobé, cette orgueilleuse mère,
Tu verras le néant de ton œuvre éphémère,
Quand l'éternel oubli confondra sous tes yeux
Ces peuples que ton art crut égaler aux dieux.

Le progrès n'est qu'un mot...
. . . .

Guttenberg ! c'est alors que ta statue altière
Enfin trébuchera pour tomber la dernière.
La terre bondira sous ton lourd piédestal,
Et, confondus autour du bronze triomphal
Que t'érigea Strasbourg et que vota le monde,
Les vainqueurs danseront une infernale ronde,
Alors tes yeux verront palais, temples, bazars,
S'écrouler, et, livrés aux torches des Omars,
Les fragiles dépôts de la pensée humaine
De leur propre ruine illuminer la scène...

Cette pièce, longue de plus de trois cents vers, se termine néanmoins sur une note d'espérance. Peut-être le monde renaîtra-t-il. Mais ce n'est pas l'Imprimerie qui ranimera le flambeau de la vie intellectuelle. Si « de la Chair, l'Esprit enfin se venge », ce sera par une refonte des types humains dans le sein de la nature, après quoi se retrouvera sur la terre régénérée le type du Beau depuis longtemps disparu.

C'est du plein rêve, mais il n'est pas sans grandeur.

Indépendamment des poésies parues à Strasbourg, le centenaire de 1840 fut célébré littérairement dans plusieurs villes d'Allemagne.

Un *Album des Gutenberg-Festes, zu Hannover,* publié par le Dr W. Schroeder, renferme de nombreuses poésies allemandes ; et le *Gutenberg-Album* du Dr Henri Meyer, luxueux volume in-4° édité à Brunswick, Londres et Philadelphie, est surtout un recueil de poésies écrites en l'honneur de Gutenberg, dans les principales langues anciennes et modernes du monde entier, reproduites à l'aide de leurs caractères propres, jusques et y compris des hiéroglyphes égyptiens, avec la traduction en vers allemands en regard.

La France n'est représentée dans cet ensemble que par sept vers du poème de Legouvé et par les deux quatrains suivants :

En dépit des clameurs de l'ignorance immonde,
A l'active pensée ouvrant tous les chemins,
Il met en son pouvoir le sceptre des humains,
Et son règne éternel fait le bonheur du monde.

    Sur l'océan des découvertes,
Au souffle du génie il livre son vaisseau,
Et, voguant sur ces mers de tant d'écueils couvertes,
Ce Christophe Colomb trouve un monde nouveau.

Paris,

MOLLEVAUT (CHARLES-LOUIS), 1776-1844.

Nous avons encore trouvé, à la Bibliothèque de l'Université de Strasbourg, la pièce suivante qui paraît être de la même époque que les précédentes :

GUTENBERG
OU L'INVENTION DE L'IMPRIMERIE

L'auteur anonyme de cette intéressante pièce de vers remonte à la création du monde... et il le fait de façon qu'on lui en sait gré, tellement s'enchaînent bien les divers tableaux qu'il nous trace

Dans les déserts du ciel, quand de ses mains fécondes
Dieu fixa les soleils et fit errer les mondes ;
Quand, d'un souffle immortel pénétrant ces grands corps,
De leur vaste harmonie il régla les accords,
Et qu'il vit la nature à ses lois asservie,
Voulant donner une âme à tant d'êtres divers,
Il jeta la pensée au sein de l'univers...
. . . .

Faible et timide encor, sous des voiles discrets,
Cette fille du ciel dérobe ses attraits.
De symboles grossiers revêtant la parure,
Elle parlait aux sens, plus vive, mais moins pure...
. . . .

Mais elle était esclave ; un roi, plutôt un dieu,
Cadmus rendit l'essor à ses ailes de feu ;
Il sut prêter un corps à la voix qui s'envole,
Et, sans la captiver, colorer la parole.

Compromise par l'invasion des Barbares que suivirent les ténèbres du Moyen âge, la pensée attendait un libérateur :

Strasbourg cachait alors au sein de ses remparts
Un mortel embrasé du feu sacré des arts :
Esprit audacieux qu'irritent les obstacles,
Actif, infatigable, avide de miracles,
Nouveau fils de Japet prêt à ravir encor
Aux parvis enflammés leur céleste trésor,
C'est Gutenberg...

Celui-ci s'ouvre de ses projets à un ami, un vieillard grec, exilé de Byzance :

« Je vois peser, dit-il, sur les peuples souffrans
« La nuit de l'ignorance et le fer des tyrans :
« L'esprit humain flétri s'éteint dans l'indolence.
« Les ans chassent les ans dans un honteux silence ;
« De l'antique raison les oracles sacrés
« Dans l'abîme des temps périssent dévorés...
« Et moi, je veux, ami, si le ciel me seconde,
« Vaincre la barbarie et réformer le monde !
« Du grand art de Cadmus, par un art plus puissant,
« Je ressusciterai le pouvoir languissant.
« A la nuit du passé dérober la science,
« Des siècles recueillir la vaste expérience,

« Sauver, multiplier et répandre en tous lieux
« Les vertus, les talens, les travaux glorieux,
« Rendre aux leçons du temps leur splendeur éclipsée,
« Et pour l'éternité buriner la pensée,
« Tel est le noble espoir, dont l'ascendant vainqueur
« Entraîne malgré moi ma raison et mon cœur.
. . . . [flamme :
« N'en doutez pas, c'est Dieu qui m'inspire et m'en-
« Le bonheur des humains va jaillir de mon âme ».

A ces mots, il s'éloigne, et ce génie altier
A ses vastes projets se livre tout entier.
Sa main, novice encore, en de fécondes veilles,
D'un art mystérieux prépare les merveilles.
Il saisit son burin, il grave sur le bois
Les signes dont les traits décomposent la voix ;
Et déjà, confié à des planches fidèles,
Les mots sont disposés en lignes parallèles.
Alors, sur ces tableaux que l'encre a colorés,
Il étend des feuillets par ses soins préparés ;
La presse les comprime, et le vélin docile
Reçoit des mots gravés l'empreinte indélébile.

A ce premier travail, à ces faibles essais
Gutenberg borne-t-il sa gloire et ses bienfaits ?
Non, c'est trop peu pour lui. Ces immuables pages
N'offrent jamais à l'œil que les mêmes images.
Il veut, avec des traits semblables et divers,
Dans un cadre changeant peindre tout l'univers.

Il se remet à l'œuvre : entre ses mains habiles
Le chêne se découpe en tablettes mobiles ;
Mille carrés égaux, amincis, allongés,
L'un à l'autre pareils, devant lui sont rangés ;
Sur une extrémité chaque pièce polie
Présente les contours d'une lettre en saillie.
Artiste créateur, poursuis, que sous tes doigts
L'alphabet recommence et s'achève cent fois.
De signes confondus quel assemblage immense !
Là gît l'esprit humain sans vie et sans puissance ;
Là dorment le présent, le passé, l'avenir ;
C'est le bloc d'où bientôt Apollon doit sortir.

Le voilà résolu ce beau, ce grand problème !
Gutenberg enivré, ravi, hors de lui-même,
Appelle son ami : « Le secret est à moi,
« Je l'ai trouvé, dit-il ; viens, admire et rends-toi ».

Il commande, à l'instant chaque lettre s'avance ;
Près d'un mot qui s'achève, un autre mot commence
La phrase par degré s'allonge, s'accomplit,
Une autre lui succède, et le cadre s'emplit.
O prodige ! déjà de la Genèse antique
Le bois a reproduit le début poétique.

Ces signes avec art ensemble combinés,
Ne sont point à jamais l'un à l'autre enchaînés.
Gutenberg, déployant leur structure mobile,
D'un seul mot qu'il transforme en recompose mille.
Détruisez leur accord, changez, multipliez
Des mêmes élémens les rapports variés,
Et soudain du discours les formes innombrables
Viendront se nuancer sur vos dociles tables.

C'est un miroir mouvant qui montre tour à tour
Ou la gloire, ou l'opprobre, ou la haine, ou l'amour
C'est la déesse agile et féconde en nouvelles,
Élevant ses cent voix, ouvrant toutes ses ailes,
Éternisant l'honneur, la vertu, la beauté,
Et dans tout l'univers semant la vérité,

Cependant Gutenberg achève son ouvrage.
De lui-même étonné, sur sa première page
Il referme la presse, il la serre et son cœur
Palpite en même temps d'espoir et de terreur.
Enfin la forme s'ouvre, et déploie à leur vue
Du plus puissant des arts la merveille inconnue.
C'en est fait, Gutenberg triomphe ! — A cet aspect,
Son compagnon vaincu s'incline avec respect.
Immobile, fixé sur ce tableau magique,
Il se taisait ; mais lui, plein d'un feu prophétique,
L'air calme, l'œil au ciel et le front radieux :
« Non, tu n'abusais pas mon cœur audacieux ;

« Grand Dieu ! tu m'as fait vaincre, et mes mains fortu-
« Du monde rajeuni changent les destinées.   [nées
« Ton souffle créateur féconde mes travaux,
« Et devant moi le Temps a déposé sa faux.
« La mort, en frémissant, voit renaître l'histoire ;
« Les tyrans ont pâli ; trente siècles de gloire
« Ont tressailli de joie au fond de leur tombeau :
« Des jours de l'univers ce jour est le plus beau.
« Illustres souvenirs de Grèce et d'Ausonie,
« Merveilles des beaux arts, prodiges du génie,
« Vous ne périrez plus ! je lègue à l'avenir
« Des leçons du passé l'éternel souvenir.
« Sous le fer musulman tu peux tomber, Byzance,
« La gloire de tes arts survit à ta puissance,
« Et l'Europe, s'ouvrant à tes savants proscrits,
« De ta splendeur mourante accueille les débris ;
« Des anciens manuscrits secouons la poussière,
« Aux peuples, à grands flots, répandons la lumière ;
« Les temps sont accomplis ! tout brillant de clarté,
« Un nouveau siècle enfin sort de l'éternité :
« A son lever prochain, l'Europe semble attendre
« Le retour du soleil d'Auguste ou d'Alexandre ».

Cette floraison ne fut pas sans lendemain et
la série continue, ininterrompue, jusqu'à nos
jours.

Un poème dont le titre est cependant bien
prometteur : *La Typocratiade*, par CHARLES REY
(Nîmes, C. Durand-Belle, 1842 ; in-8º de
88 pages), ne contient qu'une longue satire des
mœurs littéraires de l'époque.

Empruntons-lui cependant quelques vers afin
d'en fixer le fond et la forme :

O Guttemberg ! que ne puis-je à ta gloire,
Forçant la voix, élever à mon gré
Dans mon chétif, prosaïque grimoire,
Un monument *perennius ære* !
Là, je voudrais que, sous ton patronage,
En types d'or fût empreinte l'image

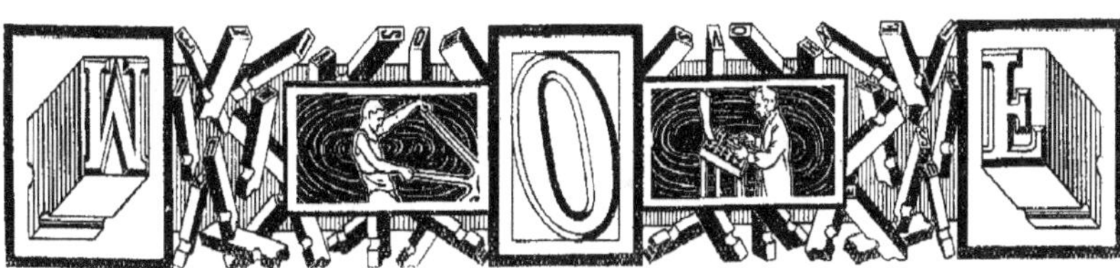

De tous les grands, de tous les beaux esprits
Dont, par ton art, les noms et les écrits,
Malgré l'enfer, passeront d'âge en âge ;
Car, s'il fallait, alors qu'ils ne sont plus,
Que le public, ainsi qu'à Vadius,
Dans nos cités leur dressât des statues,
Bientôt le marbre encombrerait les rues...

M. JULES-PIERRE BAGET (1810-1873), auteur peu connu de *Les Trois Lyres* (1842), mérite notre attention par son poème sur

GUTENBERG
INVENTEUR DE L'IMPRIMERIE

...et la lumière fut.

I

Il est des noms fameux répétés d'âge en âge,
Qui grandissent sans fin sous le saint patronage
 De la juste postérité,
Et dont l'éclat, pareil à celui de l'aurore,
Semble, aux rives du Temps, un ardent météore,
 Un phare d'immortalité.

Tel est parmi ces noms consacrés par l'histoire,
Le nom de *Gutenberg*, nom d'heureuse mémoire,
 Qui vit naître un siècle nouveau,
Et qui, premier chaînon d'époques plus célèbres,
Aux yeux du monde entier, plongé dans les ténèbres,
 Brilla soudain comme un flambeau.

II

Chose étrange ! — Parfois, à voir la barbarie,
Qui, sur l'humanité languissante et flétrie,
 Pèse comme un manteau d'airain,
On croirait qu'ici-bas, à jamais déchaînée,
L'ignorance est sa loi, son but, sa destinée,
 Et son unique souverain.

La terre alors n'est plus qu'une sanglante arène ;
L'anarchie est partout, partout la force est reine ;
 Partout la guerre a des autels ;
Et les lettres, les arts, divinités sans culte,
N'ont pas même un abri sur une plage inculte,
 Pour vivre en paix loin des mortels.

Plus de progrès ! — Le temps, arrêté dans sa course,
Semble avoir du génie exprès tari la source,
 Pour le punir de son orgueil ;
Et la société, sans foi, sans espérance,
Marche dans ce chaos, avec l'indifférence
 D'un fossoyeur sur un cercueil !...

Mais l'ère du progrès tout à coup recommence ;
Une vaste moisson sort d'une humble semence,
 Née à la voix de la raison ;
Et naguère voilé par des nuages sombres,
Un astre inattendu monte du sein des ombres,
 Et resplendit à l'horizon !

III

Voyez ! — Quand *Gutenberg* paraît, sa découverte
Illumine le monde, et la route est ouverte
 A l'essor de l'esprit humain ;
Aussitôt tout s'agite, et, statue endormie,
L'homme partout s'éveille à la lumière amie
 Qui vient d'éclairer son chemin.

Guidé par ces lueurs, il s'instruit, il explore
L'empire du passé, qui bientôt fait éclore
 Mille heureux germes d'avenir ;
Tout renaît, et l'Europe, en robe d'hyménée,
Voit enfin reverdir sa couronne fanée,
 Et s'étonne de rajeunir.

L'antiquité, long-temps oubliée, avilie,
Trouve un second berceau dans la molle Italie,
 Qui loin d'elle, hélas ! sommeillait ;
Et bientôt, grâce aux soins de sa mère adoptive,
Elle marche au grand jour dans sa beauté native,
 Qui dans l'ombre s'étiolait.

Poètes, orateurs, tous ses plus beaux génies,
De classiques accents, de pures harmonies,
 Emplissent les pays divers.
Et de ses vieux débris s'exhale un doux arome,
Que la brise apportait jadis d'Athène à Rome,
 Et qui parfumait l'Univers.

IV

Déjà tout est changé ! — L'active Imprimerie,
Levier irrésistible aux mains de l'industrie,
 A pénétré de toutes parts ;
Et les lettres, semant de nouvelles idées
Qui fleuriront un jour lentement fécondées,
 Annoncent le siècle des arts.

Partout le monde ancien, prêt à faire naufrage,
Impuissant nautonier, s'abandonne à l'orage
 Qui menace de l'engloutir ;
Et du monde moderne, encore à sa naissance,
Mais riche d'avenir et tout plein de puissance,
 La voix commence à retentir.

En moins de soixante ans, l'Europe féodale
A vu tomber ses lois, dont l'antique scandale
 Afflige encor l'humanité...
Alors l'égalité sembla vouloir renaître;
Mais, les seigneurs vaincus, il vint un nouveau maître :
 Ce maître fut la royauté !

Et ce maître, à son tour, étendant son domaine,
Ira, foulant aux pieds toute justice humaine,
 Dans sa despotique fierté,
Jusqu'à l'heure suprême où, tombant de son trône,
Il verra chanceler et rouler sa couronne
 Au souffle de la liberté !

Il nous en coûte de passer le titre V de cette belle pièce où l'auteur, changeant de rythme, adopte celui de l'ode pour énumérer les con-

quêtes successives de l'homme en cette fin du Moyen âge : la poudre, la boussole, l'Amérique.

Reprenant ensuite sa strophe du début, il en vient à Gutenberg et à sa sublime découverte :

VI

Encore un quart de siècle, — et comme la nature
Qui revêt au printemps sa plus riche parure,
    Le champ des lettres et des arts
Ouvrant, fraîche oasis, sa corbeille choisie
Aux fleurs de la peinture et de la poésie,
    Enchantera tous les regards.

Que d'ouvrages divins, enfants de doctes veilles,
Que de riants tableaux, d'imposantes merveilles,
    Captiveront tous les esprits !
On verra s'animer le marbre de Carrare,
Et du poète aimé par le duc de Ferrare
    On lira les brillants écrits.

Gutenberg ! c'est ton art qui vint sauver le monde
De l'abîme sans fond où l'ignorance immonde
    Comme un vautour le dévorait ;
C'est toi qui, lui versant la vie et la lumière,
Dieu puissant, fit marcher dans sa vigueur première
    Ce colosse qui se mourait.

Éternels maintenant, les fruits de la pensée
Pourront mûrir pour tous sur la route tracée
    Par le sauveur du genre humain.
La Presse ira porter dans toutes les contrées
Des lettres et des arts les semences sacrées,
    Fécondant tout sur son chemin.

C'est ainsi que l'abeille aventureuse, errante,
Disséminant partout la poussière odorante
    Qu'elle amasse de fleurs en fleurs,
Féconde à son insu, par un charmant mystère,
Mille plantes des champs qui lèguent à la terre
    Tout un peuple aux vives couleurs.

Plus de halte à présent ! — L'humaine caravane
Marchera désormais de savane en savane,
    Ne rêvant que progrès nouveaux,
Tantôt pleine d'audace et tantôt plus timide,
Mais élevant toujours sa vaste pyramide,
    Synthèse de tous ses travaux.

VII

Strasbourg, fière cité, généreuse patrie,
Qui reçus dans ton sein la jeune Imprimerie,
    Et qui fus son premier berceau,
Tu devais à ton fils un bronze populaire,
Pour rajeunir l'éclat du laurier séculaire
    Qui se fanait sur son tombeau.

Tu devais couronner son front d'une auréole,
Car il fit de tes murs la céleste alvéole
    Où renaquit l'antiquité ;
Il tira de l'oubli Virgile, Démosthènes,

Et dès-lors, aux vieux noms et de Rome et d'Athènes,
    On invoqua la liberté.

Mais pour diviniser cette noble statue,
Dans ce siècle d'argent où l'art se prostitue
    Au caprice du plus offrant,
Il fallait un artiste aussi pur que la gloire
Dont tu voulais enfin consacrer la mémoire
    Par un durable monument.

David, esprit fécond, chaleureux statuaire,
A ton fils adoptif ouvrit son sanctuaire
    Où tout grand homme a son autel ;
Et plein du feu sacré dont brûlait Michel-Ange,
Créant un Gutenberg avec un peu de fange,
    Le rendit deux fois immortel.

VIII

Maintenant, Gutenberg, lorsque ta renommée
Conduira dans Strasbourg, ta ville bien-aimée,
    Les enfants des peuples divers,
Dis-leur avec orgueil que notre belle France,
Effroi des royautés, terre de l'espérance,
    Veille toujours sur l'univers.

Dis-leur que son immense et belliqueux génie,
En haine des tyrans et de l'ignominie
    Qui s'attache aux persécuteurs,
Travaille chaque jour, et chaque jour milite,
Pour former au combat tous ses hommes d'élite,
    Phalange de libérateurs.

Puis montre-leur Kléber, qui près de toi s'élève,
Et dis-leur que toujours nous sommes rois du glaive,
    Mais sans dédaigneuse fierté,
Et que nos bras armés, au milieu des tempêtes,
Ne voudront désormais tenter d'autres conquêtes
    Que celle de l'égalité.

Peuples, comptez sur nous ! — Cette vieille barrière,
Qui d'un vaste avenir nous ferme la carrière,
    Nous saurons un jour la franchir ;
Car vous avez pu voir, dans nos grandes journées,
Combien il faut de temps à nos mains enchaînées
    Pour se venger et s'affranchir !

Libres aussi, vos voix de l'Europe entendues
Diront à nos soldats : « Grâces vous soient rendues,
    « Nous vous devons la liberté ».
Les nations alors, chantant leur délivrance,
Elèveront d'accord, en signe d'alliance,
    Un temple à la Fraternité.

J. Baget.

A la fin d'un très savant article sur *Les Inventeurs de l'Imprimerie en Allemagne*, on trouve une pièce de vers que nous nous reprocherions de ne pas reproduire. L'érudition et la poésie s'y marient fort agréablement, pour la plus grande gloire de Gutenberg :

A
JEAN GAENSFLEISCH DE GUTENBERG
INVENTEUR DE L'IMPRIMERIE

Écrit à Francfort-sur-le-Mein, devant le groupe en bronze de Gutenberg, Fust et Schæffer. (Août 1857).

Mort pauvre, ô Gutenberg, et sans gloire, et sans nom !
Ton destin fut celui de Christophe Colomb :
Ainsi tout inventeur coupable de génie
Doit d'abord, comme un crime, expier sa manie.
A lui l'ingrat labeur, l'abandon e dédain ;
Les découragements qui le prennent soudain
Et lui font délaisser l'œuvre déjà mûrie.
A lui les envieux, la vaine raillerie
Des enfants et des sots, ces autres vieux enfants
La pitié des savants-jurés — et triomphants :
Tout le calice enfin. Comme un autre Moïse,
Il nous aura montré quelque terre promise ;
Mais il succombera, par le destin brisé,
Sans fouler de ses pieds le sol prophétisé.
Jusqu'aux confins du port il pousse le navire,
    Puis, las d'un dernier effort, il expire.

Il descend dans la tombe où dormiront ses os...
Mais non, la tombe même est pour lui sans repos.
Il succombe aujourd'hui ; dès demain les habiles
Viendront sur ses talons, caudataires serviles :
Les Americ Vespuce, et les Fusts, les Schæffers.
Exempts de tous les maux qu'un martyr a soufferts,
Ils dépouillent le mort étendu sous sa lame,
Et, fouillant dans sa cendre, ils dérobent la flamme.
Le navire arrêté n'attend plus qu'un effort :
Le gouvernail en main, ils entrent dans le port ;
Et la foule applaudit d'une clameur immense
Les adroits héritiers du rêveur en démence.

Tel fut ton sort, Gaensfleisch. La fortune, aux yeux clos,
D'une bizarre main nous répartit ses lots ;
Le hasard, en naissant, te donna la noblesse,
Mais à ton contingent il manquait ta richesse.
Il te fallut d'abord, en tes soucis profonds,
Quérir autour de toi quelque bailleur de fonds.
De l'or pour une presse ! — « un vaisseau pour un
               |monde » !
Et son cœur fut livré à cette angoisse immonde.
Pour l'usurier trouvé, comme un larron de nuit,
Il te fallut cacher et ton nom et tout bruit.
Un Gaensfleisch, patricien, fondeur de caractère !
O noblesse, ô pudeur ! Et qu'aurait dit la Terre ?...
Oui, la Terre s'émut lorsque tu rencontras
Le moule de l'esprit au fond de ton matras.
Le Soleil, le Lion, le Phénix, la Lumière
Qu'en ses flancs ténébreux enserre la matière :
Voilà ce que cherchait, courbé sur son creuset,
L'alchimiste en haleine, agitant son soufflet.
Mais, durant cinq cents ans de sueurs et de peines
Et de feu continu, sa recherche fut vaine ;
C'est toi qui devais clore un monde suranné :
Dans tes mains, ô Gaensfleisch, le grand-œuvre était né !
Tu péris, cependant, ouvrier sans salaire ;
Seul, obscur, méconnu, déguisant ta misère

Sous les galons dorés d'un office de cour.
Mais qu'importe, à la fin, l'injustice d'un jour ?
Chaque jour que Dieu fit, depuis Job, à toute heure
Un juste meurt, et c'est pourquoi la « vertu pleure ». (1)
Le monde, cependant, accomplit son chemin
Dans l'orbite tracé par la divine main.
Que deviennent les morts, et l'âme solitaire ?
Sonde qui l'osera cet éternel mystère !
Pour moi, c'est ma foi vive et je tiens pour certain
Que tout ne sombre pas dans le naufrage humain.
Lorsque meurt un grand homme, il rend à la nature
Les éléments usés qui formaient sa structure :
Son phosphore et sa chaux, son *moi* de chair et d'os.
Mais il ne rendra pas à l'immense chaos
L'indestructible *moi* qui le fait responsable
Et n'est point un vain mot dessiné sur le sable.
Ce Moi reste debout, et la Postérité
Commence à le juger avec quelque équité
A l'heure même où l'œil, contemplant sa statue,
Voit mieux la vérité parce qu'il la voit nue.

O Gutenberg, pour toi ce jour est arrivé ;
Dans l'aride sillon ta semence a levé.
Au temps où tu vécus, l'orgueil héréditaire
N'avait d'autre idéal que le bras militaire ;
Et toi-même essuyas ses aveugles mépris :
Un coup de lance, alors, avait sur tout le prix.
Aujourd'hui la raison de chacun glorifie
Plus que l'art de tuer l'esprit qui vivifie.
Aujourd'hui le travail, moderne conquérant,
Ouvre à tous un domaine et plus noble et plus grand.
Là sont à l'horizon, qui sans cesse recule,
Les exploits théséens et les labeurs d'Hercule.
Sois content, Gutenberg, les temps sont bien changés.
Les pleurs que tu versas, tes fils les ont vengés.
Dans ton pays j'ai vu comme dans Worms et Spire,
Pareil à l'écolier que nous a peint Shakespeare (2),
De tout petits enfants marcher par les chemins,
En haillons et pieds nus, mais portant en leurs mains
L'alphabet que ton art a fait impérissable
Et qui relèvera jusqu'au plus misérable.
Leurs innocentes voix épèlent de concert
Ton nom qu'en mille échos répète l'univers.
Leurs fronts purs ont reçu comme un nouveau baptême.
Grâce à toi, Gutenberg, il n'est plus d'anathème,
Il n'est plus de gentils ; car le Peuple, à présent,
S'anoblit à son tour : Gutenberg, sois content !

A. VALLET DE VIRIVILLE,
(Revue de Paris, 1er janvier 1858).

Après l'érudit archiviste et paléographe, un simple ouvrier serrurier de Dieulefit (Drôme), LOUIS-ANTOINE GRAS, exprime en fort bons termes aussi, annonçant un esprit délicat et cultivé, son admiration pour notre héros pacifique. Sa contribution ne jure pas du tout avec la précédente.

---

(1) « Toi, Vertu, pleure si je meurs ! » (André Chénier).

(2) « ....The... school boy with his satchel
........................creeping like suail, etc. »
.....................(*As you like*, act. II, sc. VI).

GUTENBERG

A M. L. Brunier.

Noble et grand ouvrier, orgueil de ta patrie,
Des Champs-Elyséens entends-tu l'harmonie
    Qui redit ton nom aux échos ?
Entends-tu ces longs bruits ? C'est la voix de l'Histoire
Qui dit : « Peuples, debout ! Pour le voir dans sa gloire,
    « Sortez de la nuit des tombeaux » !

Sortez de vos tombeaux, fils de Rome et d'Athènes,
Virgile, Cicéron, Périclès, Démosthènes,
    Assemblez le peuple au Forum ;
Criez aux laboureurs, aux soldats, aux esclaves :
« La presse abat les murs et brise les entraves.
    « Chacun pour tous, tous pour chacun » !

Après Dieu, ton génie a créé la lumière,
Tu traças aux humains la nouvelle carrière
    Qui va du doute à l'horizon.
Tu portais l'avenir dans ta vaste pensée ;
Epouse aux flancs féconds, nous l'avons fiancée
    Jusqu'aux enfants du vieux Memnon.

Le jour que ton cerveau créa l'Imprimerie,
L'idée alors vola de patrie en patrie,
    Le monde entier fut convié
A ce vaste banquet de la famille humaine,
Pour accomplir l'amour et la loi souveraine
    De l'Homme-Dieu crucifié.

Quand l'exilé languit sous le poids de ses chaînes,
Que son sang noble et pur bouillonne dans ses veines
    Comme la lave des volcans ;
Quand une main de fer étouffe le génie,
Quand l'orgueil foule aux pieds les droits de la patrie,
    Ton œuvre est l'effroi des tyrans.

Quand l'ouvrage et le pain manquent à la misère,
Quand les Crésus du jour sont sourds à la prière
    Du vieux Lazare qui gémit ;
Quand la femme supplie et que son enfant pleure,
Quand le funèbre glas sonne la dernière heure,
    Ton œuvre est la voix qui maudit !

Quand des discours menteurs ont abusé la foule,
Qu'un tyran se cramponne à son trône qui croule,
    Et dit qu'on charge les canons,
Ta voix nous crie alors, malgré l'orage et l'ombre :
« Pour défendre vos droits ne comptez plus le nombre ;
    « Debout ! Soyez libres, marchons » !

Quand nous sommes flétris par des maîtres impies,
Quand le juste est traîné sanglant aux gémonies,
    Ton nom paraît en traits de feu ;
Quand la vertu succombe et que la foi chancelle,
Oui, ton œuvre est pour nous la céleste étincelle,
    C'est le rayon qui mène à Dieu !

        (Les Insomnies. Grenoble, 1868).

Ouvrier lui aussi, Claude Genoux (1811-1874), margeur et chansonnier, célèbre à sa fa-çon le créateur de l'industrie qui le faisait vivre et qui lui procura quelque renommée.

LE PREMIER IMPRIMEUR

Air du Travailleur et la Fée (Béranger).

Le Moyen âge expirait, et Byzance
Courbait son front sous les fiers Osmanlis :
Siècle de fer, où notre belle France
Voyait l'Anglais souiller ses fleurs de lis,
De l'Hibernie au Palus-Méotide
Régnait sans frein la Féodalité
Et, dans la nuit, la pauvre Humanité
Cherchait un port, sans boussole et sans guide.

    L'Imprimerie, aux yeux du genre humain,
    Nouveau soleil, resplendira demain !

Non loin des bords du brumeux Zuiderzée,
Au bourg d'Harlem, que ceignait le brouillard,
Dans une tour à l'étroite croisée,
Seul, dans la nuit, travaillait un vieillard.
Le corps penché sur le bois qu'il burine,
Laurent Coster, inondé de sueurs,
S'écrie : « Enfin ! Dieu bénit mes labeurs :
« L'homme égaré vers son but s'achemine !

    « L'Imprimerie, aux yeux du genre humain,
    « Nouveau soleil, resplendira demain » !

Enfants, cet homme était un grand prophète,
Un nécroman, pour ce temps reculé.
« La vieille tour attire la tempête »,
Disait le peuple, au môle rassemblé.
Il répondait : — « Je te plains ! L'ignorance,
« Comme un bandeau, te voile l'horizon.
« Je vais donner la vue à ta raison,
« Qui planera dans un espace immense !

    « L'Imprimerie, aux yeux du genre humain,
    « Nouveau soleil, resplendira demain !

« Société, je t'ai payé ma dette ;
« Pour ton bonheur, j'ai lutté cinquante ans !
« Toi qu'un baron par la peur rend muette,
« Tu vas dicter des lois aux conquérants.
« Oui ! par mon art, multipliés sans nombre,
« Les saints écrits, la science et Platon,
« Des mers du Nord aux rives de Canton
« De l'ignorance iront dissiper l'ombre !

    « L'Imprimerie, aux yeux du genre humain,
    « Nouveau soleil, resplendira demain !

« Tout, ici-bas, de tout se renouvelle !
« Tout, l'esprit même, a ses attractions !
« L'étoile éteinte, une autre se révèle !
« A Gutenberg je lègue mes rayons !
« C'est un aimant aussi que le génie.
« Lui seul et Dieu n'ont point d'hérédité !
« Viens, Gutenberg, viens, ma postérité,
« Sauver le monde en proie à l'agonie !

« L'Imprimerie, aux yeux du genre humain,
« Nouveau soleil, resplendira demain »

Quand ce chrétien à Dieu rendit son âme,
Dit Van-Ramberg, l'obscurité régnait.
L'âtre était froid, et, vacillante flamme,
Ainsi que lui, sa lampe s'éteignait.
Ce travailleur, que l'univers honore,
Sur le barreau de la presse mourut.
« Oh ! sois » ! dit-il, et la lumière fut !
La nuit passa, faisant place à l'aurore !

L'Imprimerie, aux yeux du genre humain,
Nouveau soleil, resplendira demain !

(Chants de l'Atelier).

Voici mieux : l'hommage d'un rédacteur du *Radical*, M. LEFÈVRE, déclamé au banquet de la Société typographique parisienne, en 1882. Il est regrettable que *La Typographie française* n'en ait pas achevé la publication commencée dans son numéro du 1ᵉʳ novembre. Nous donnerons, faute de mieux, un passage de cette pièce remarquable :

O vieux maître ! le jour où, relevant la tête,
Comme un soleil clément vient après la tempête
Sourire au matelot tremblant et consterné,
Tranquille, tu montras le livre nouveau-né ;
Le jour où s'élança de ton cerveau robuste,
Comme autrefois Pallas, l'Imprimerie auguste,
Savais-tu, fier esprit toujours prêt à lutter,
Quelle œuvre de géant tu venais d'enfanter ?
Voyais-tu l'avenir s'éclairer, la lumière
Déchirer lentement l'obscurité première...
Et les peuples nouveaux, conscients de leurs droits,
D'un geste souverain mettre en fuite les rois !
Non ! ton rêve était moindre et cependant immense !

. . . .

De GABRIEL RICOME, poète-typographe fécond et courageux, mais qui ne voulait même pas s'essayer à faire œuvre d'artiste, quelques vers seulement à citer, dans une œuvre cependant touffue. Il fait preuve, à tout le moins, d'aspirations élevées.

Gutenberg, inventant l'art de l'Imprimerie,
Mit à néant la Nuit en créant la Clarté ;
Nous devons seconder cet immortel génie.
Il a créé le Livre : à nous d'en profiter !
A nous de nous instruire et de nous faire libres !
A nous de réveiller dans tous les cœurs des fibres
Qui, pour l'amour du Bien, sachent tout affronter !

. . . .

(Le Groupe Gutenberg (1888), dans *Joies et Douleurs).*

L'Exposition de 1889 fournit à M. DE MOYECQUE l'occasion de retracer l'invention de l'Imprimerie et son développement dans un assez long poème qu'illuminent par endroits d'éloquents témoignages de sentiments religieux et d'amour filial. On y rencontre aussi la comparaison, devenue classique, entre Gutenberg et Colomb.

GUTEMBERG ET L'IMPRIMERIE

O livres ! Conseillers intimes de nos veilles,
Combien n'avez-vous pas inspiré de merveilles,
Eclairé doucement et consolé de cœurs,
Par vos savants récits, vos arguments vainqueurs !
Divine vérité, si souvent méconnue,
Dans ta simplicité, dans ta majesté nue,
Bible de l'univers, code auguste, éternel,
Que le Lévite porte et baise sur l'autel,
C'est toi qui tout d'abord est sorti de la presse,
Pour ravir Gutemberg dans sa soif de sagesse !

Il faut un porte-voix aux oracles de Dieu,
Comme aux hardis marins dispersés en tout lieu.
Admirable dessein, politique profonde,
Dieu fait naître Colomb pour découvrir un monde,
Et lui porter la presse, instrument du savoir,
Echo du monde ancien, et des lois du devoir
Qu'il fallait révéler au nouvel hémisphère,
Pareil dans l'abandon à l'enfant du mystère,
Au moment opportun où, pauvre homme ignoré,
Jehan de Gutemberg, par lui-même inspiré,
Invente le semoir de la parole sainte,
Au cloître d'Arbogaste, antique et noble enceinte.
La distance et le temps à ses yeux ne sont rien.
Il choisit deux héros pour accomplir le bien :
L'un à Gênes est né ; l'autre sort de Mayence,
Pour tes sages desseins, divine Providence.

. . . .

Heureux qui garde l'art de bien penser, bien dire !
La presse a pour objet d'éclairer et d'instruire.
L'éloquent Abailard attirait par milliers
A ses doctes leçons les jeunes écoliers.
Bernard de Tiercelin et l'Ange de l'École
Ont ravi l'Occident par leur sainte parole ;
Mais que peut l'orateur, eût-il voix de Stentor,
Jointe au profond savoir de Saint Jean bouche d'or ?
Quelle étroite portée a toute voix humaine !
L'apôtre est promptement fatigué dans la plaine,
Et la troupe des Douze est, en se séparant,
Un groupe décimé demain, même expirant.
Son action divine est bien miraculeuse ;
Mais la Presse, en ce siècle, est certes merveilleuse.
Elle franchit les monts et la plaine des mers,
Les steppes de l'Asie et ses brûlants déserts.

Femme de cour instruite et veuve enchanteresse,
Sévigné, par son style, a ravi la noblesse.
Un doux essaim d'amis, Provençaux et Bretons,
Ecoutait, chez Grignan, ses nombreux feuilletons,
Aimable causerie, au siècle de nos gloires,
Qui garde l'intérêt des plus fameux mémoires.
Quel naturel exquis ! Quel cœur ! Quelle raison !
Mais ce cercle n'avait qu'un petit horizon
Où la voix d'une mère ou ses lettres charmantes
Trouvaient un prompt écho dans des âmes aimantes.

Ses mots les plus piquants, ses paroles du cœur
Sont relus désormais partout avec bonheur.
N'éclipse-t-elle pas les femmes de la Fronde ?
Elle a conquis l'amour et l'estime du monde ;
Mais le Journal aussi garde l'art de causer,
De peindre un siècle entier, de tout vulgariser.

Il arrache le peuple à ses plaisirs lubriques,
A l'égoïsme étroit des nations antiques,
Aux préjugés de caste injustes, monstrueux,
Et signale les faits importants, curieux.
N'est-on pas étonné des presses cylindriques
Qui versent des torrents d'écrits scientifiques,
Du rouleau qui saisit le blanc papier de lin,
Le couvre, en un moment, du type le plus fin,
L'illustre de croquis qui ravivent la joie,
Et fort adroitement, le satine et le ploie ?

Marinoni se montre, ainsi que fut Jacquard,
Un vrai transformateur bienfaisant de son art,
Les engins en progrès, en progression lente,
Paraissent posséder la force intelligente !
S'il est vrai que l'esprit ubiquiste, éternel,
Puisse voir, d'outre-tombe, encor l'exil mortel,
Et d'un regard d'amour, mêlé de pitié tendre,
Suivre l'homme ici-bas et daigne y condescendre ;
Quelle admiration et quel étonnement,
A quitter un seul jour la paix du firmament,
Doit aux élus charmés inspirer la patrie,
    Dans ses merveilles d'industrie !

Des pieds nus imprimés sur des sables mouvants,
Moules grossiers qu'efface un caprice des vents,
Au saule où par l'amour, deux lettres enlacées
Annonçaient à Harlem deux âmes fiancées,
Fragile inscription que Koster amoureux
Gardait avec l'espoir d'être bientôt heureux,
Aucun observateur, dans la suite des âges,
Voulant multiplier les manuscrits des sages,
N'avait pu découvrir un rapide moyen
D'en donner la copie exacte au genre humain.

Un jour qu'il découpait sa planche humide encore
De la sève féconde ou des pleurs de l'aurore,
Pour faire un souvenir cher à tout cœur aimant,
Koster mit sa sculpture avec soin, prudemment,
Dans un pli de vélin, puis dans certaine armoire.
Le contact produisit un imprévu grimoire,
Résultat important. Voyant le lendemain
Le doux chiffre imprimé sur le vieux parchemin,
Il conçut son projet de stéréotypie,
Pour servir à l'école et dans une œuvre pie.

Une planche gravée enduite d'un beau noir,
Enrichit d'écriteaux les murs et tout tiroir.
Sans doute il était loin, dans son amour fébrile,
D'imaginer alors un alphabet mobile ;
Mais Gutemberg, conduit par la main du Seigneur,
Piéton humble, exilé, doux et calme rêveur,
Entre et reste frappé de surprise à sa porte ;
Sur les panneaux gravés son regard se reporte…

De ces deux jeunes gens, l'un était amoureux,
L'autre étranger, pensif, attristé, malheureux :
Quand les bons sentiments exercent leur puissance,
    Les cœurs font vite connaissance.
Le pèlerin semblait curieux, mais très bon ;
Le sacristain offrit la bière et le jambon,
Fort prisés en Hollande, où maintenant on fume
On ignorait Nicot et la pipe d'écume.
On devine le reste, à ce coup de hasard,
Amenant Gutemberg ni trop tôt, ni trop tard,
Chez un humble officier d'une église proprette,
Qui sculptait par amour de quelque bergerette.
Gutemberg, qui portait et couvait en chemin
Le projet de servir Dieu dans le genre humain,
Se crut son protégé dans les jours de souffrance.
Quels baumes l'amitié, le travail, l'espérance !…

Il revint aussi grave et moins triste à Strasbourg.
L'univers ignorait l'étendard des Habsbourg
Encor dans le néant ; mais bientôt l'Allemagne
Allait voir dans son sein, non pas un Charlemagne,
Mais le triomphateur de Pavie et d'Anvers,
L'ennemi des Français dans leurs plus grands revers,
Charles-Quint, plein d'orgueil dans sa haine insensée.
Mais Gutemberg donnant l'essor à la pensée,
Au peuple le savoir par son invention,
A conquis plus de gloire attachée à son nom
Que bien des conquérants qui ne savaient pas lire,
Et n'avaient qu'un seul art, celui de tout détruire.

Il est déçu, trompé, proscrit et malheureux ;
Mais le ciel lui réserve un amour généreux.
Il n'osait demander sa noble fiancée ;
Elle apprend qu'il est pauvre ; elle accourt empressée…
Elle lui fut toujours fidèle en ses malheurs.
Quelle fatalité s'attache aux novateurs !
Dieu ne prévoit-il pas leurs tristes destinées ?
Colomb porta des fers dans ses vieilles années.
Révélateur du monde et de trésors nouveaux,
Il ne trouva la paix qu'aux portes des tombeaux.

Dolet, jeune savant, a l'honneur du martyre ;
On dit cet innocent dangereux pour l'Empire.
Robert Etienne est-il un esprit indompté ?
Qu'a-t-il donc fait au Prince, à l'Université ?
Maladroit despotisme, abus d'hiérarchies,
En voulant les sauver, tu perds les monarchies !
Mais laissons à Didot à parler de son art,
Tant de livres fameux attirent le regard.

. . . .

Ah ! pourquoi LAMARTINE n'a-t-il pas découvert Gutenberg dès sa jeunesse et ne lui a-t-il pas consacré quelques pages de ses vers inspirés, au lieu de la biographie que l'on connaît, simple chapitre d'une série commencée comme une tâche payée d'avance et bâclée au petit bonheur ? Certes, le poète se révèle quand même dans cette étude, mais un tel sujet méritait mieux d'un tel écrivain. On en devait attendre un hymne triomphal. C'est à lui qu'il appartenait

de faire sentir au monde attentif, d'imposer même aux incrédules, à force d'art et de génie, l'influence du Ciel dans l'invention de Strasbourg. Nous y aurions cru tous, au moins un instant ! Il ne l'a pas fait, c'est tant pis. Contentons-nous donc de ce qu'il a bien voulu nous offrir.

GUTENBERG

L'imprimerie est le télescope de l'âme.

De même que cet instrument d'optique, appelé *télescope*, rapproche de l'œil, en les grossissant, tous les objets de la création, les atomes et les astres même de l'univers visible, de même l'Imprimerie rapproche et met en communication immédiate, continue, perpétuelle, la pensée de l'homme isolé avec toutes les pensées du monde invisible, dans le passé, dans le présent et dans l'avenir. On a dit que les chemins de fer et la vapeur supprimaient la distance ; on peut dire que l'Imprimerie a supprimé le temps. Grâce à elle, nous sommes tous contemporains. Je converse avec Homère et Cicéron : les Homères et les Cicérons des siècles à naître converseront avec nous ; en sorte qu'on peut hésiter à prononcer si une *presse* n'est pas autant un véritable *sens* intellectuel, révélé à l'homme par Gutenberg, qu'une *machine* matérielle : car il en sort sans doute du papier, de l'encre, des caractères, des chiffres, des lettres qui tombent sous les sens ; mais il en sort en même temps de la pensée, du sentiment, de la morale, de la religion, c'est-à-dire une portion de l'âme du genre humain.

. . . .

Lamartine esquisse ensuite à grands traits l'histoire de l'écriture, il parle des manuscrits et démontre combien insuffisant était ce moyen de communication intellectuelle ; puis il reprend :

...il y avait de grands vides et de longs silences dans l'entretien de l'esprit humain avec lui-même. Les progrès de la vérité, de la science, des lettres, des arts, de la politique étaient lents et suspendus pendant de longues périodes.

Tel était encore, en 1400, l'état de la parole humaine. Il fallait une révolution de la mécanique pour préparer les innombrables révolutions de la pensée que la Providence se réservait d'accomplir dans le genre humain par la main d'un mécanicien obscur ; et ce qu'il y a de remarquable, c'est que ce mécanicien, comme s'il eût été prophétiquement inspiré par la Providence, n'opéra pas ce prodige par hasard ou par cupidité, comme tant d'autres inventeurs : non, il l'opéra par piété et avec la passion simple de la conscience pressentie de ce qu'il voulait accomplir. Il se dit, dès ses plus tendres années : « Dieu souffre dans les multitudes d'âmes auxquelles sa parole sacrée ne peut pas descendre; la vérité religieuse est captive dans un petit nombre de manuscrits qui gardent le trésor commun, au lieu de le répandre ; brisons le sceau qui scelle les choses saintes, donnons des ailes à la vérité, et qu'elle aille chercher par la parole, non plus écrite à

grands frais par la main qui se lasse, mais multipliée comme l'air par une machine infatigable, toute âme venant en ce monde ! »

Cet homme, qui se disait à lui-même ces belles paroles, et qui se posait ce problème pour le résoudre ou pour mourir à la peine, c'était GUTENBERG...

Nous aurions aimé à citer, du chantre des *Méditations*, au lieu de cette page presque froide, quelqu'un de ces magnifiques poèmes que le Livre transmettra aux hommes tant qu'il y aura des hommes. Rien n'eût été trop beau pour chanter l'Imprimerie et glorifier son inventeur ! Lamartine s'est arrêté à une esquisse biographique dont voici la fin, ou presque :

La parole par le procédé perfectionné de Gutenberg sera redevenue, par la matière, aussi immatérielle que quand elle était seulement pensée ; mais cette pensée sera devenue universelle en jaillissant d'une intelligence ou d'une volonté d'homme ! L'esprit se trouble d'admiration devant les conséquences futures de ces inventions et devant ce règne prochain de l'idée par la parole. Gutenberg a spiritualisé le monde...

Canalis omnium scientiarum est typographia (La science de l'Imprimerie est le canal de toutes les autres sciences). C'est ainsi que M. PAUL HECQUET DE MAROUZE commence une curieuse *Histoire de l'Imprimerie* (Paris, veuve Bouchard-Huzard, 1861 ; 32 p. in-8) comportant seulement deux chapitres : « Invention par Gutenberg » et « Examen des machines à composer » — l'alpha et l'oméga de la question. A la suite se trouve une pièce de vers *A Gutenberg* qu'il suffira de citer pour être quitte envers son auteur. Il faut cependant savoir gré à ce « noble typographe » (c'est lui qui le dit) des sentiments d'admiration et de pitié qu'il manifeste à l'adresse de Gutenberg, et des sages conseils qu'il prodigue aux « glorieux enfants de la typographie » au nombre desquels il se compte. L'enthousiasme, la passion, excellents générateurs du travail, sont trop rares aujourd'hui pour qu'il y ait lieu d'en sourire, même lorsqu'ils s'expriment gauchement.

C. DEMEUSE, du vieux Cercle Pigalle, chantant *Le Travail* (1872), n'oublie pas Gutenberg dans son hymne où l'inventeur de l'Imprimerie vient à la suite de l'inventeur de la poudre,

D'un ténébreux esprit, conception funeste !...
    Mais le ciel sourit à son tour :
L'enfer vomit Bacon, la clémence céleste
    A Guttemberg donne le jour...

Guttemberg ! avec lui, la légende s'envole
Et l'histoire s'écrit pour les siècles futurs :
De l'humaine sagesse il grave la parole
Et la lumière brille aux horizons obscurs.
Sous sa main la pensée prend enfin une forme,
Un corps ; l'œil étonné, dans ses mille détours
La suit et la commente. Ardente, multiforme,
C'est en vain qu'elle cherche à s'envoler toujours ;
Sur le vélin un homme a su fixer son âme,
Tenace, patient, sur sa casse incliné,
Guttemberg, l'ouvrier qu'un zèle ardent enflamme,
Touche enfin à son but, et le Livre était né !...

Dès lors, le saint Travail était maître du monde ;
Comme un torrent de lave il s'étend, il inonde
    D'un flot toujours incandescent
Les abîmes sans fond où, dans la nuit et l'ombre,
Croupissaient l'Ignorance à l'œil hagard et sombre,
    Le Vice abject et menaçant.

Le penseur voit son œuvre au grand jour discutée,
Aux lointains horizons sa parole est portée,
    Vibrante au sein des éléments.
L'historien aux fils dit les combats des pères
Et stimule en leurs cœurs les ardentes colères
    Comme aussi les grands dévoûments.

Au livre encor, le peuple épelle son histoire,
Le passé, le présent, tous ses titres de gloire,
    Parchemins de l'humanité ;
Pas à pas, il apprend sur les pages écrites
Ce qu'ont coûté de sang ces victoires maudites,
    Étapes de la Liberté !

. . . .

Le chansonnier EUGÈNE BAILLET (1829-1906), un ancien ouvrier bijoutier qui s'était créé des relations et des amitiés dans le prolétariat intellectuel typographique, a écrit sur *Gutenberg* une chanson qui est demeurée gravée dans quelques mémoires fidèles. Nous la reproduisons nonobstant l'hérésie historique qui en dépare le premier couplet. Ah ! la rime est femme : elle a parfois des exigences fatales !

GUTENBERG

A mon ami Junius Joyeux,
directeur du Siècle Typographique (juillet 1890).

Voyez cet homme à la figure austère ;
Son front pâli retombe dans ses mains.
Il sent qu'en lui resplendit la lumière
Qui va bientôt éclairer les humains.
Cet artisan, rêvant des lois nouvelles,
C'est Gutenberg, l'imprimeur de Harlem.
Comme autrefois l'enfant de Bethléem,
A la pensée il va donner des ailes.
    Citoyen de l'humanité,
    Gutenberg n'a pas de patrie.
    Nous lui devons l'Imprimerie ;
    Nous lui devons la liberté !

En ce temps-là, seuls les grands de la terre
Pouvaient connaître, écrits sur parchemin,
Les chants sacrés, les vers du vieil Homère
Que les savants écrivaient à la main.
Cent ans plus tard, on commençait à lire :
C'est une lampe au milieu de la nuit.
Place à Voltaire ! Au rayon qu'il produit,
Rousseau s'éveille et d'Alembert s'inspire !
    Citoyen de l'humanité, etc...

Entendez-vous ? C'est le bruit des machines.
Une heure encor, le papier parlera.
Dans les hameaux, les cités, les usines,
Le rail de fer partout l'emportera.
Vieux Gutenberg, ton œuvre est bien trempée :
Elle défie et le temps et les rois.
Au peuple un jour elle apprendra ses droits ;
Le Livre alors devra vaincre l'Epée.
    Citoyen de l'humanité, etc...

Petit enfant, sur les bancs de l'école,
Apprends le nom de ce grand bienfaiteur.
Apprends comment, pour semer la parole,
Il s'est montré noble et vaillant lutteur.
Et si plus tard, artiste ou prolétaire,
Tu veux au monde être utile à ton tour,
Rappelle-toi le courage et l'amour
De l'imprimeur au grand nom populaire.
    Citoyen de l'humanité,
    Gutenberg n'a pas de patrie.
    Nous lui devons l'Imprimerie ;
    Nous lui devons la liberté !

Il en est de même d'un poème de M. HENRI JAGOT (1890), mis en musique par M. Gustave Mouchet, édité par la Société des Typographes d'Angers et exécuté pour la première fois en 1891, sous la direction de Francis Thibaudeau, alors qu'il ne songeait ni au croquis-calque, ni aux origines de *La Lettre d'imprimerie*.

Il aimait déjà son métier, et nous imaginons avec quelle conviction il devait faire enlever les vers de Jagot, dont la diversité de mesure poétique rend la lecture tout d'abord difficile, mais qui prennent à l'exécution une largeur, une signification magnifiques.

HYMNE A GUTENBERG

Le monde gémissait dans l'ombre et la misère,
Un sombre désespoir courbait l'humanité,
Lorsque Jean Gutenberg apporta sur la terre
    Le bonheur avec la clarté.
    Dans la nuit de l'antique monde,
    Eclairant soudain le ciel noir,
    Sa forte main, sa main féconde,
    Dressa le flambeau du savoir.
    Alors les hommes se levèrent,
Ils se prirent les mains et, marchant réunis,
En se reconnaissant tous ensemble crièrent :
« Les temps sont arrivés, nos malheurs sont finis » !

Oui, Gutenberg délivra nos ancêtres
En inventant son métier glorieux.
La presse, enfants, a fait tomber les maîtres,
Par elle du passé l'homme est victorieux.
Pour se guider dans sa marche incertaine,
Le peuple juif aimé de Dieu
Voyait briller au lointain dans la plaine
L'immense colonne de feu.
Nous possédons le Livre,
Le Livre, ce trésor que tu nous as donné ;
Le Livre enivre,
Le Livre, ami de l'humble et de l'infortuné.
Le Livre est un trésor que tu nous as donné.

De Gutenberg bénissons la mémoire,
Il fut plus grand que les heureux soldats ;
Nous devons préférer sa gloire
A celle qu'on rencontre au milieu des combats
Gloire à Gutenberg!

Nul besoin de musique pour vibrer avec
GEORGES NICOLAS. Sa poésie chante, son verbe
enchante ; sa ferveur — un vieux mot dont le
sens comme la réalité sont presque perdus — est
communicative ; il met toute son âme dans ce
qu'il écrit, et l'âme était grande sous la modeste
blouse du vieux « pigeur » !

HOMMAGE A GUTENBERG

Gutenberg, à ton nom tous les fronts se découvrent.
Les hommes, que la nuit rivait à son linceul,
Devinant que par toi des cieux nouveaux s'entr'ouvrent,
Te vénèrent comme un aïeul!

On sait de quel trésor tu dotas le vieux monde,
Quel outil merveilleux est sorti de ta main.
L'œuvre que tu conçus fut puissante et féconde,
Puisqu'elle est le levier de tout progrès humain.

Découverte sublime où seul tu dois prétendre,
Que Mentel et Coster t'ont disputée en vain ;
Le grand mot de Paul II se fait toujours entendre
Qui la baptisa « l'art divin »!

C'est l'art qui, par le jeu d'un alphabet mobile,
Va fixer pour jamais en un moule vivant
La pensée, et donner la forme indélébile
Aux rêves du poète, aux calculs du savant.

C'est l'art qui, du passé venant éclairer l'ombre,
Produira les chefs-d'œuvre éclatant de beauté,
Et fera resplendir sur l'humanité sombre
L'aurore de la liberté !

Le savoir va cesser d'être l'acquis d'un moine
Qui, cloîtré dans ses murs, le réservait aux grands ;
L'esprit humain va voir doubler son patrimoine
Par ce bienfait : le Livre, ouvert aux ignorants.

La « Bible » — *fiat lux !* — paraît aux yeux des hommes.
Au plus pur des foyers s'alluma le flambeau.
Mais bientôt sa clarté se répand où nous sommes :
Homère va luire, aussi beau.

Cicéron va dicter l'amitié, la concorde ;
Tacite flétrira les faux Césars vainqueurs ;
Augustin et Thomas crieront : miséricorde ;
Ovide et Théocrite enchanteront les cœurs !

Le livre est le fanal qui projette sa flamme
Sur les temps abolis et les dogmes rivaux
Des héros disparus il ressuscite l'âme
Pour en enfanter de nouveaux !

Le Livre où, par exemple, un Dante a mis sa griffe
Marque de traits de feu le crime et les douleurs ;
Il a la majesté du juge et du pontife
Qui punit les méchants ou sacre les meilleurs.

Le Livre, sous sa forme élégante et fragile,
Est plus durable encor que le marbre et l'airain ;
On s'entretient par lui d'Horace ou de Virgile
Comme on fait d'un contemporain.

Tel livre est un sanglot, tel autre est un sarcasme
A la barbe d'un roi qui fut tendre... et cruel,
Rabelais, le moqueur, met son enthousiasme,
Et cet éclat de rire a nom « Pantagruel ».

Reliquaire d'amour ou guide libertaire,
Le livre à qui l'entend parle un verbe de feu ;
Au pouvoir d'un Hugo, d'un Gœthe ou d'un Voltaire,
Le livre est l'emblème d'un Dieu !

De ses grands artisans il faut qu'on s'entretienne.
Il en est dont la gloire au loin sut retentir :
Schæffer, Alde, Elzévir, Jenson, Froben, Estienne,
Gryphe, Plantin, Didot — et Dolet, ce martyr !

Gutenberg n'a créé ni l'art ni la science,
Mais la science et l'art lui doivent leur essor :
L'instrument qui les sert, fruit de sa patience,
Vieux de cinq siècles, vit encor.

Il vit pour soutenir l'effort de la pensée,
Il vit pour protéger les chefs-d'œuvre à venir,
Il vit pour élargir la tâche commencée,
Il vit pour féconder les champs de l'avenir !

La source où puise ainsi la caravane humaine
Et qui malgré ses maux l'empêche de faillir,
Cette source de bien, d'amour et non de haine,
C'est ta main qui la fit jaillir.

Mais l'homme ayant rompu le joug de l'ignorance,
Son désir de savoir n'est que plus irrité.
Captif de tant d'erreurs il veut la délivrance..
Qui guidera ses pas vers l'âpre vérité ?

A l'esprit des chercheurs que de routes ouvertes !
L'humanité progresse et vise à l'infini...
L'art s'est renouvelé : comptez ses découvertes,
De Stanhope à Marinoni !

L'univers transformé, libre de toute entrave,
C'est l'homme, esclave errant, sorti de son enfer ;
C'est tout fléau dompté, c'est l'Etna sans sa lave,
C'est l'âge d'or futur : ton rêve, ô Gutenberg !

Si haut que soit ce rêve, et si lointaine encore
Que semble l'utopie, il nous plaît d'y courir :
Le jour qui luit sur nous n'est qu'une pâle aurore ;
    L'Eden, à nos fils, doit s'ouvrir !

Certes, des temps viendront où, las des mêmes chaînes,
Las de leurs longs combats, las de leur cruauté,
Les peuples s'uniront et, sous l'ombre des chênes,
Partageront le pain de la fraternité...

C'est qu'alors, Gutenberg, ton œuvre de lumière,
Multipliant l'éclat que nous entrevoyons,
Sur le monde affranchi, sur la nature entière
    Aura versé tous ses rayons !

Humble barde émané de la foule inconnue
Qui chaque jour bénit ton rôle initial,
J'apporte à ton autel qui monte vers la nue
La pierre que lui doit tout sculpteur d'idéal.

GEORGES NICOLAS.

(*Étrennes de* 1901. Paris, Paul Lemaire).

Plus près de nous encore, JEAN CANORA ciselait pour une matinée de l'Orphelinat du Livre, à Montrouge près Paris, 14 juin 1903, une fort belle pièce :

Quand il eut assemblé sous ses doigts frémissants
Le mobile alphabet des nouveaux caractères,
Et, maître d'un secret de l'inerte matière,
Ainsi que le héros dresse son front puissant,
L'ancêtre vénéré par notre amour pieux,
Jusqu'au soir où la mort emplit d'ombre ses yeux,
Connut l'ingratitude et parfois la misère.
Mais, le premier de nous, il sentit tressaillir,
En son cœur enivré par la splendeur de vivre,
Le légitime orgueil d'avoir créé le Livre
Qui donnerait la terre aux races à venir...

Puis c'est l'évocation des progrès accomplis par

... les feuillets épars à travers les cités
Tel que le grain qu'on verse aux sillons de la plaine...

C'est enfin un appel en faveur du maintien du groupe familial, même privé de son chef, et de la fidélité à la profession de celui-ci :

Vos filles, en berçant l'automne de votre âge,
Attendront chastement l'heure d'un grand amour,
Et vos fils assemblés, par l'exemple et l'image
Apprendront l'art sacré du Livre, afin qu'un jour,
Penchés sur le grand cœur de la presse qui vibre,
Ainsi qu'elle vibra sous les doigts paternels,
Ils en fassent jaillir, d'un geste solennel,
A l'aube de demain, la loi des peuples libres !

Pour quelle raison *La Typographie française*, d'où sont extraits les passages ci-dessus (1er juillet 1903), n'a-t-elle pas tout publié, comme elle le faisait espérer. Nous savons bien qu'on n'y aime pas les vers, surtout quand il y en a beaucoup ; pourtant, une belle page de littérature, bien pensée, bien écrite comme celle-là, n'est pas à dédaigner pour la défense d'une idée. Tout le monde n'est pas rebelle aux suggestions de l'art !

Un ancêtre de notre corporation, M. ANTONIUS ADAM (1837-1921), ancien typographe devenu directeur d'imprimerie à Paris et décédé il y a quelques années, a écrit l'hymne suivant à l'honneur de Gutenberg :

A M. René Billoux.

C'était la nuit partout. Un voile épais, très sombre,
Enveloppait le peuple encor revêtu d'ombre ;
Le seigneur féodal domptait le terrien,
Pour lui bête de somme, un ilote, un vaurien ;
En haut, le suzerain faisant la guerre aux princes,
Ajoutant à leur fief de nouvelles provinces ;
En bas, le misérable au pouvoir des méchants,
Pour subsister broutant l'herbe maigre des champs,
Vaquant péniblement aux travaux de la terre,
Les cieux étant témoins d'une horrible misère !
Le maître et l'esclave : obéir ou le carcan,
Ou subir le forfait de la vente à l'encan.

C'en est fait. Oh ! la nuit est vraiment trop profonde :
L'étoile Invention va transformer le monde !

Dans un coin de couvent, peu riche et travaillant,
Un homme est là qui peine encore que vaillant ;
Il cherche le fin mot d'une « neuve industrie » :
On la dit « merveilleuse » et « pleine de magie » !
Il médite. Ses nuits, calmes ou sans sommeil,
Il les passe à créer un outil sans pareil.
Ah ! sa pensée ardente en son cerveau s'active,
Son âme voyant clair et s'anime et s'avive,
Son front d'abord pensif s'éclaire hardiment,
Il a trouvé le mot qui faisait son tourment.

Cet homme vient, dès lors, s'établir à Mayence ;
Après tant de labeur, il a pris confiance,
Et de tâtonnements et d'efforts inouïs,
Sort l'œuvre novatrice à ses yeux éblouis !
Bientôt sa presse en bois et tous ses caractères
Servent pour imprimer des livres salutaires :
Il édite Donnat, même Saint-Augustin,
Toute la fine fleur du grand pays latin ;
Cicéron, puis Horace et le tendre Virgile,
Forment, dès le début, la semence fertile.
Alors, tout enivré de son invention,
Dans son cœur éprouvant la forte émotion,
L'homme qui tant de fois eut son âme meurtrie,
Dit simplement ceci : « Gloire à l'Imprimerie » !

39

Inventeur de cet art, ayant atteint le but,
Il ajoute aussitôt : « *Et la Lumière fut* » !

Jeune seigneur Typo, cet être, un gentilhomme,
Fut, parmi les plus forts, l'un de ceux qu'on renomme,
Et l'on vit ce spectacle inouï de grandeur,
Qui jamais n'atteignit une telle splendeur :

Jupiter et les Dieux en congrès s'assemblèrent,
Ce Strasbourgeois d'en bas, en haut ils le haussèrent,
Et dans les cieux bleus de l'Olympe entr'ouvert
Les Muses prirent place autour de Gutenberg.
Apollon, dieu des Arts, prend alors la parole ;
Il dit : « O Gutenberg, tu remplis un beau rôle,
Les humains béniront ta belle invention,
Renfermant la science avec l'instruction ;
Et Socrate et Platon, Aristote, Épictète,
Grâce à cet art puissant dont tu fis la conquête,
Seront lus à jamais par tous les citoyens,
Depuis le grand seigneur jusques aux plébéiens ;
Désormais les tyrans craindront l'Imprimerie,
Dévoilant leurs méfaits, leurs dols, leur barbarie ;
Et les Muses ayant inspiré maints auteurs,
Les voilà dénonçant les mystificateurs,
Et, comme Juvénal, de leur plume hardie,
Fouettant les vains rhéteurs jouant la comédie,
Ceux qui trompent le peuple en imposant leurs lois,
Qui n'ont, à leur actif, que perfides exploits.
Tu vois, ô Gutenberg ! combien ton œuvre est belle :
Prends place, parmi nous, à la gloire éternelle !
Jupiter, notre maître et souverain seigneur,
Te décerne, à l'instant, un beau titre d'honneur,
Car, dans ce congrès même, où l'on te glorifie,
Il va te sacrer Roi de la Typographie » !

Le Dieu des Arts se tut. Des applaudissements
L'Olympe en recueillit les doux frémissements ;
Debout, l'aréopage, en son ardeur sincère,
Proclama Gutenberg un très grand caractère,
Et les Muses alors — comme pour un guerrier —
Couronnèrent son front de l'immortel laurier !

ANTONIUS ADAM.

Paris, le 25 février 1914.

Toutes proportions gardées, la poésie dramatique, le théâtre, pour l'appeler par son nom vulgaire, n'est pas moins riche que la poésie lyrique en œuvres ayant l'Imprimerie pour objet, même en œuvres sérieuses.

Nous ne pouvons songer à les publier, ni même à les analyser toutes ; beaucoup, d'ailleurs, sont des affabulations plus ou moins réussies, plus ou moins heureuses de l'invention de Gutenberg ; l'intrigue n'en apprendrait rien et n'ajouterait guère de fleurs à notre corbeille. Leur énumération, toutefois, contribuera à enrichir cette dernière. Mettons que ce sera du feuillage autour des tiges inflorescentes, de la verdure pour accompagner les couleurs et les faire mieux ressortir.

Guttemberg et Fauste ou la Première imprimerie, comédie anecdotique en cinq actes et en prose. On n'en connaît que le manuscrit, sans nom d'auteur, du commencement du XIXe siècle.

Gutenberg à Strasbourg ou l'Invention de l'Imprimerie, divertissement en un acte, mêlé de chant et de danses, pour l'inauguration de la statue de Gutenberg. Représenté pour la première fois sur le théâtre de Strasbourg le 25 juin 1840.

L'Imagier de Harlem, par MÉRY, GÉRARD DE NERVAL et BERNARD LOPEZ (1851), dont nous avons parlé page 11.

Gutenberg, poème (dialogué) en un acte en vers.

Gutenberg, drame, par J.-B.-AUGUSTIN HAPDÉ, demeuré manuscrit et sans doute non représenté.

Les Sorciers du cloître Saint-Benoît, épisode dramatique en trois actes et six tableaux, par V.-EUGÈNE GAUTHIER, représenté par des typographes parisiens, sur le théâtre Saint-Marcel, le 24 décembre 1856.

Gutenberg, drame en cinq actes et en vers, par EDOUARD FOURNIER, représenté à l'Odéon le 8 avril 1869.

Tirons-en ce « raccourci » de l'invention sublime (acte II, p. 58) :

Ce que le Stagyrite (Aristote) en s'amusant cherchait,
Je l'ai. Ce qu'il rêvait comme un miracle arrive
Pour le livre : il naîtra sans plume qui l'écrive.
Je taille lettre à lettre, et découpe en plein bois
Des alphabets nombreux, et quand tous, sous mes doigts,
Triés, groupés, rangés avec un ordre habile,
Ont aligné des mots dans un cadre immobile,
Je les pose, noirs d'encre, ou rouges de carmin,
Sous le papier humide ou le blanc parchemin.
La vis, qui saisit tout de sa robuste étreinte,
Se serre, et le feuillet pressé reçoit l'empreinte.
L'effort renouvelé renouvelle l'effet,
Une page suit l'autre, et le volume est fait...

Gutenberg, drame historique en cinq actes et en prose, par Mme LOUIS FIGUIER, imprimé en 1869, non représenté.

Gutenberg, pièce historique en cinq actes et en prose, par M. LOUIS FIGUIER, représentée à Strasbourg en 1886.
C'est la même pièce que la précédente, mais modifiée en maints endroits.

Les Étapes de Gutenberg, comédie en quatre actes avec chants, pour jeunes gens, par LOUIS LERICHE (Louis-Philippe Reichel), imprimée en 1889.

Jean Kerver, drame en trois actes, en vers, par OLIVIER DE GOURCUFF, imprimé en 1898, non représenté.

L'Imprimerie a également inspiré des romanciers, mais aucun d'eux n'a choisi Gutenberg pour principal sujet : c'est à d'autres chapitres que les œuvres de cette nature seront signalées.

(2)

ÉLOGES DE L'IMPRIMERIE

SI, des écrivains qui ont voulu spécialement honorer les inventeurs de l'Imprimerie, nous passons à ceux qui ont chanté l'Imprimerie elle-même, le champ est aussi riche, la mine aussi féconde, l'écrin également rempli de bijoux précieux.

Ecoutons ce qu'en disait déjà, au XVe siècle, un poète contemporain, JEAN MOLINET (*De la récollection des merveilles advenues en notre temps*) :

> J'ai veu grand'multitude
> De livres imprimez,
> Pour tirer en estude
> Povres mal argentez.
> Par ces nouvelles modes
> Aura maint escolier,
> Décrets, bibles et codes
> Sans grand argent bailler.

C'est, en effet, de la clarté pour tout le monde, c'est la possibilité de s'instruire étendue à la généralité des hommes, c'est le soleil qui se lève sur le monde !

Et ce chapitre du *Bref discours de l'excellence et dignité de l'homme*, par PIERRE BOAYSTUAU, publié en 1558 :

LOUANGE DE L'IMPRIMERIE

Entre tous les trophées de générosité de noz maieurs et ancestres, ie ne trouve rien qui se puisse esgaler à l'admirable invention, utilité et dignité de l'imprimerie, laquelle surmonte tout ce que l'antiquité a peu concevoir et imaginer d'excellent, attendu qu'elle conserve et garde toutes les conceptions de noz âmes. C'est la trésorière qui immortalize les monumens de noz espritz, et éternise de siècle en siècle, et quasi enfante, et produit en lumière les fruictz de noz labeurs. Et combien qu'on puisse adiouster quelque chose à tous autres arts et inventions humaines, ceste cy seule a fait son entrée avec tel heur et perfection en ce monde, qu'on n'y peut adiouster ou diminuer quelque chose qui ne la rende défectueuse et difforme. Ses effectz sont si miraculeux et exécutez avec telle célérité et diligence, qu'un homme seul en un iour naturel formera plus de charactères, que le plus prompt escrivain ne pourra escrire de la plume en deux ans. Mais qui ne s'estonnera de la barbarie et misère des anciens ? lesquels (ainsi que Strabo escrit de Situ orbis) premièrement escrivoyent en cendre, puis après en escorces d'arbres, puis après en pierres, puis après ès fueilles de laurier, puis en lames de plomb, suyvamment en parchemin, finalement en papyer. Et ainsi qu'ilz estoyent variables en leur manière d'escrire, ainsi usoyent ils de divers instrumens : car sur les pierres ils escrivoyent avec le fer : sur les feuilles avec pinceaux : sur la cendre, avec le doigt : sur les escorces, avec cousteaux : sur le parchemin, avec cannes : sur le papier, avec plumes. Et leur ancre premièrement estoit liqueur de poisson que nous appellons Seiche ; après on le feist de ius de meures, après de suye de cheminée, après avec du vermillon, après de galles, gomme et coupperose. Ce que i'ay voulu descrire un peu prolixement, afin de faire cognoistre de quel labeur et barbarie nous a relevez cest Alemant, duquel faict mention Polidore, lequel l'an mil quatre cens cinquante et trois, inuenta la façon d'imprimer (1).

HENRI II ESTIENNE a rassemblé au début de sa *Plainte de la Typographie, contre quelques Imprimeurs sans Lettres, qui lui ont causé le mépris où elle est tombée* (*Artis Typographicæ querimonia*, 1569), les meilleurs des qualificatifs attribués à l'Imprimerie par ses thuriféraires :

> Moi qui autrefois étois honorée comme descendue du ciel, regardée comme une Divinité, mise au rang des sept merveilles du monde, comptée pour la dixième Muse, qualifiée les délices du genre humain, l'amour et les conplaisances des Dieux; hélas ! sans gloire, sans honneur, je traîne une vie misérable, si encore elle peut mériter le nom de vie. Maintenant je consume, à travers mille opprobres, ce qui me reste de souffle, survivant ainsi à ma gloire.

Le reste du poème n'est qu'un ample développement de son titre. La Typographie s'y défend des crimes dont on l'accuse, crimes commis envers les auteurs par des imprimeurs sans science, sans conscience, qui en donnent des éditions fautives.

La Fatalité semble d'ailleurs avoir voulu s'acharner, ici, sur notre malheureuse profession. Si les vers latins d'Estienne sont « d'une

---

(1) L'idée de la prodigieuse multiplication des textes par l'Imprimerie, comparée du jour à l'année, a été plusieurs fois exprimée, dès le XVe siècle, par des poètes latins. On cite JEAN-ANTOINE CAMPANUS (1427-1477) qui l'inséra dans un sixain mis au bas d'un Tacite imprimé par Ulrich Hahn (Udalricus Gallus), en 1470; LAURENT VALLA (1406-1457); et aussi un certain APRUTMUS, mentionné dans une prétendue « Prophétie d'un moine anglais sur l'Imprimerie », publiée par la *Revue britannique* de février 1827, d'après un document soi-disant conservé au British Museum, où on ne le connaît pas, raison pour laquelle nous n'avons pas cru devoir le reproduire.

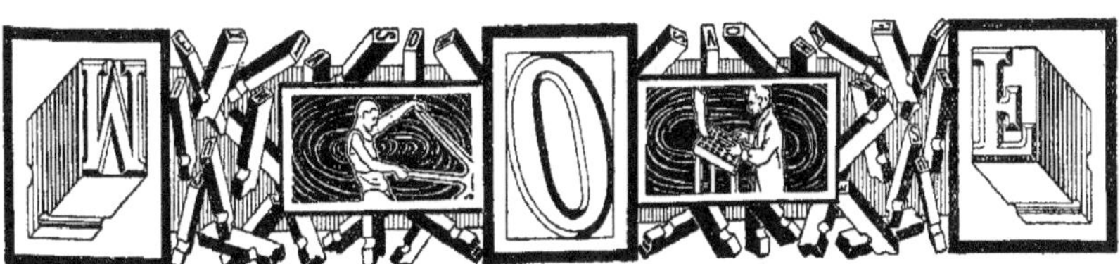

grande pureté », la traduction qu'en a faite Lottin l'aîné est inélégante et défectueuse, sinon infidèle, et ainsi le translateur donne une fois de plus raison à l'auteur, encourt lui-même ses reproches.

Une réédition du poème et de sa traduction largement améliorée a été préparée nous ne savons par qui ; nous en possédons le projet, qui ne paraît pas avoir été utilisé pour cette fin cependant souhaitable. Mais qui s'occupe, aujourd'hui, d'éditer des textes latins ?

Courte, mais fort expressive dans sa concision, l'appréciation qu'ESTIENNE BINET, l'auteur de l'*Essay des Merveilles de la Nature* (Rouen, Romain de Beauvais, 1621), a placée en tête de son chapitre « Du faict de l'Imprimerie » :

On ne sçauroit dire l'obligation que le monde a, tant à celuy qui a inuenté ceste façon d'imprimer à la Chine, qu'à celuy qui de là nous l'a porté en Europe, ou bien l'a inuenté de sa teste.

Le maître-typographe de Saint-Omer, MARTIN-DOMINIQUE FERTEL, dans *La Science pratique de l'Imprimerie*, publiée en 1723, présentée avec un nouveau titre en 1741 (cette dernière édition pour ainsi dire inconnue), et où il se montre aussi bon praticien que novateur avisé, voulant joindre un exemple à sa démonstration de la disposition des acrostiches, en a profité pour y aller, lui aussi, de son hommage poétique :

Ces auteurs si fameux, tant vantés dans l'Histoire,
A qui leurs beaux écrits ont acquis tant de gloire ;

Sans l'habile inventeur de cet ART merveilleux,
Comme eux, on les voiroit dans un oubli honteux,
Inconnus des mortels, séchant dans la poussière
Et jamais on n'eut vû leurs œuvres en lumière.
Nous n'aurions point sans LUI, Sacy, ni Montfaucon,
Calmet, Fleury, Godeau, ni le Père Syrmond,
Et tant d'autres encor, dont les sçavants Ouvrages,

Des mortels respectés, vivront dans tous les âges :
Et l'on verroit encor, sans cette invention,

L'ignorance régner dans toute Nation.
Jamais, sans ce bel ART, éternisant leurs veilles,
Mille Auteurs n'eussent fait paroître leurs merveilles;
Pourrai-je donc assez dignement t'exalter,
Riche inventeur d'un Art qu'on ne peut trop vanter ?
Je voudrois bien t'offrir l'Encens que tu mérites,
Mais pour te bien louer mes forces sont petites,
Et dans ce haut éclat où tu te viens offrir,
Remuant les Lauriers, je crains de les flétrir:
Je me trompe après tout, par toi la Providence,
Elle-même aux mortels donna cette Science.

VOLTAIRE, qui a tant fait gémir la presse — et aussi, hélas ! les imprimeurs et les libraires — s'est montré peu reconnaissant envers un art auquel il doit l'immortalité. A peine avons-nous pu relever quelques passages dans son œuvre immense, et encore le premier est-il extrait d'une pièce sur *La Police sous Louis XIV* qui lui aurait été attribuée à tort et serait du poète LAMARE, mort en 1742 ou 1746.

Plus loin la presse roule, et notre œil étonné
Y voit un plomb mobile en lettre façonné,
Mieux que chez les Chinois, sur des feuilles légères
Tracer un monument d'immortels caractères.

. . . .

Il ne gagnera pas les bonnes grâces de nos confrères, même les mieux disposés à son égard, par ces autres vers, qui sont bien de lui, cette fois, extraits d'une *Épître au roi de la Chine sur son recueil de vers qu'il a fait imprimer* (1771) :

Tu sais (car l'univers est plein de nos querelles)
Quels débats inhumains, quelles guerres cruelles,
Occupent tous les mois l'infatigable main
Des sales héritiers d'Estienne et de Plantin.
Cent rames de journaux, des rats fatale proie,
Sont le champ de bataille où le sort se déploie.

. . . .

Il remonte enfin de quelques cadratins dans notre estime, grâce à son *Épître au roi de Danemark, Christian VII, sur la Liberté de la Presse accordée dans tous ses états* (1771), où il a dépeint le rôle de l'Imprimerie :

Hélas ! dans un Etat l'art de l'Imprimerie
Ne fut en aucun temps fatal à la patrie.

De l'auguste raison les sombres ennemis
Se plaignent quelquefois de l'inventeur utile
Qui fondit en métal un alphabet mobile,
L'arrangea sur la presse, et sut multiplier
Tout ce que notre esprit peut transmettre au papier.
« Cet art, disait Boyer (1), a troublé des familles ;
Il a trop raffiné les garçons et les filles ».
Je le veux ; mais aussi quels biens n'a-t-il pas faits ?
Tout peuple, excepté Rome, a senti ses bienfaits.
Avant qu'un Allemand trouvât l'Imprimerie,
Dans quel cloaque affreux barbotait ma patrie !

. . . .

Rois, qui brisa les fers dont vous étiez chargés ?
Qui put vous affranchir de vos vains préjugés ?
Quelle main, favorable à vos grandeurs suprêmes,
A du triple bandeau vengé cent diadèmes ?

-----

(1) BOYER, théatin, évêque de Mirepoix, disait toujours que l'Imprimerie avait fait un mal effroyable et que, depuis qu'il y avait des livres, les filles savaient plus de sottises à dix ans qu'elles n'en avaient su auparavant à vingt.

Qui, du fond de son puits tirant la Vérité,
A su donner une âme au public hébété ?
Les livres ont tout fait ; et, quoi qu'on puisse dire,
Rois, vous n'avez régné que lorsqu'on a su lire.

C'est bien dit. Mais pourquoi faut-il que cela manque d'émotion, qu'on ne sente pas une âme au bout de la plume !

Devrons-nous donc préférer, à l'œuvre du grand écrivain du XVIIIᵉ siècle, le poème qu'un modeste rimeur son contemporain, et qui paraît être du métier à la façon dont il en manie les termes spéciaux, J.-B.-G. GILLET, a consacré à *L'Imprimerie, poème* (Paris, imp. P.-G. Le Mercier, 1765) ? Que nos lecteurs en jugent :

L'auteur, dont la « Muse pacifique » s'était

Éprise d'un beau feu pour l'art typographique,

s'est donné pour tâche de rassembler en un seul les deux poèmes de MM. Hérissant Jeune et Thiboust analysés ci-après. De l'un, il traduit la description de « la manœuvre industrieuse » de l'Imprimerie : c'est le côté technique ; de l'autre il s'inspire pour étudier l'origine et les progrès de notre profession et signaler les hommes célèbres qui y ont excellé : c'est l'Histoire, agrémentée ici d'un peu de Fable, comme l'exigeait la poésie d'alors.

C'est à Minerve, en effet, qu'il attribue, dans un long préambule, le mérite d'avoir révélé à Gutenberg, ravi en songe, le moyen de résoudre le problème de la reproduction rapide et sûre de l'écriture.

Transporté aux cimes du Parnasse, dans l'idéal palais des Muses, il y voit l'essence de tous les Arts et ses regards curieux en contemplent les chefs-d'œuvre passés, présents et à venir. Parmi ces derniers, plus particulièrement

Frappé de l'appareil de la Typographie,
Il en voit la beauté et la rare industrie.
Sous de mobiles corps, artistement placés,
De ses premières lois les préceptes tracés
Sont à ses yeux confus montrés par la Déesse ;
Et de ses doigts divins l'incomparable adresse
Etale au même instant mille tableaux pareils.
. . . .

Une telle vision ne demeure pas infructueuse dans le cerveau du vieux chercheur. Il travaille à la réaliser, et c'est bien ce qu'a voulu son initiatrice.

Le poète part de là pour montrer Gutenberg parcourant les diverses étapes de sa sublime invention ; ou plutôt — car la critique y aurait trop à dire au point de vue de l'exactitude historique — il en prend texte pour décrire les diverses opérations qui conduisent à l'exécution du Livre :

La Sagesse, animant ses esprits et son cœur,
Le flate, s'insinue, et le remplit d'ardeur :
Un désir inconnu l'embrase et le dévore :
Ce qu'un songe a produit, il croit le voir encore.
Pour ses réflexions c'est un ample sujet :
De le réaliser il conçoit le projet.
Ce savant, de métaux faisant un choix habile,
Les unit et les joint d'un minéral utile.
Un feu vif et brillant les dissout et les fond ;
De leurs touts désunis la masse se confond.
Au bout d'un *Moule* creux la *Matrice* s'applique.
L'Artiste prend alors la liqueur métallique :
La verse avec mesure, et tire de son flanc
Un signe composé d'un métal pur et blanc.
A son extrémité paroit le *Caractère*.
Du séjour étoilé, sur une aile légère,
D'invisibles esprits un essaim voltigeant,
Des décrets du destin ministre intelligent,
Seconde ses efforts, à ses désirs se prête :
Il avance à grands pas ; il n'est rien qui l'arrête.
Il jette sur son plomb un œil voluptueux ;
C'est un riche métal qui va combler ses vœux.
A peine il voit durcir sa liquide matière,
Qu'il donne à son ouvrage un poli sur la pierre.
Le superflu s'enlève, et dans un *Composteur*
Il arrange ces corps, tous égaux en hauteur.
Placés du même sens, il les serre, il les presse :
Le *Rabot* les achève, et sa délicatesse
Ne laisse sur sa route aucun trait rebutant.
Sur chacun des côtés il en opère autant.
L'œil guidé par le *Cran* ne craint point la méprise,
Et ce moyen facile écarte la surprise.
Pour embellir son art, ses doigts industrieux
Savent l'accompagner d'*Ornemens* gracieux.

Guttemberg, au Fondeur en ouvrant la carrière,
D'un flambeau qui s'allume apporta la lumière.
De ce premier essai l'éclat défectueux
Laissoit un vaste champ aux soins de ses neveux
Formés sur les leçons que donna son génie,
Combien ont su l'accroître en France, en Italie ?
Colines, Garamont, le burin de Robert
Applanissent bientôt le sentier découvert.
De Sanlecque, le Bé, par l'art de la gravure,
Font briller, à l'envi, la typique peinture.
Le fer, entre leurs mains, paré de mille attraits,
De l'Arabe et du Grec nous rassemblant les traits,
Semble ouvrir les sillons d'une terre féconde.
Sans craindre les dangers et les fureurs de l'onde,
L'esprit perce au milieu de leurs riches climats,
Et jouit des trésors dont ils font peu de cas.
Le palais de nos Rois, des travaux d'Alexandre
Conserve le dépôt, en honorant sa cendre.
Le Fondeur de nos jours s'anime, et ses talens
Eternisent son art et ses dons excellens.

Muse, nous avons vu former le caractère ;
Il est tems de montrer son brillant ministère :
Et suivant pas à pas son glorieux travail,
Evitons les dégoûts d'un ennuyeux détail.

Des effets du métal, poussant sa connoissance,
Cet Athlète plus loin porte l'expérience :
Il montre une merveille aux yeux de l'univers :
Enrichit par un seul tous les talens divers.
Il forme avec du bois un solide assemblage :
En quarrés inégaux l'espace se partage.
Chacun contient sa lettre ; et sous son bras actif
Le caractère vient au coup d'œil attentif.
A l'un de ses côtés il suspend sa copie,
Et le plomb va la rendre exactement suivie.
Ses doigts semblent voler avec agilité ;
Ils fondent sur la lettre avec avidité.
Chaque coup est certain ; sous leur course rapide
Le métal disparoit, et la casse se vuide.
Ainsi du haut des airs, un vautour carnassier
S'élance dans la plaine, enlève le gibier ;
Emporte dans son nid sa sanglante pâture,
Et vole de nouveau chercher sa nourriture.
Ou tel, dans les beaux jours de l'ardente saison,
Le Laboureur prudent enlève sa moisson :
Ses regards vont partout, il presse, il encourage,
Il court, il va, revient, travaille, hâte l'ouvrage :
Bientôt son champ n'est plus qu'un inculte terrain ;
Mais ses amples greniers sont remplis de son grain.
Ainsi sous ces monceaux de lettres qu'il ramasse,
Qu'il arrange avec soin, qu'avec art il entasse,
L'Artiste sait former un fertile dépôt ;
C'est un bien qu'il recueille, et qu'il goûte bientôt.

Un instrument oblong, de fusible matière,
S'ouvre, se rétrécit, s'allonge de manière
Qu'il dirige, à son gré, des lignes la longueur.
Le vuide entre les mots est d'égale largeur.
D'un bois mince et léger la surface quarrée,
Par trois de ses côtés de rebords entourée,
Se place devant lui, reçoit à chaque fois
Le fruit industrieux du travail de ses doigts.
Sur son docile plomb les vers et l'éloquence
Charment les cœurs, les yeux par leur juste cadence.
Empruntant de l'archet l'accord harmonieux,
Il exprime à la vue un son mélodieux.
Tantôt dans ses secrets il sonde la nature,
Et tantôt des vertus il trace la peinture.
Des princes, des guerriers il annonce les faits ;
Du vainqueur, du savant il rassemble les traits.
Par lui de l'écrivain l'esprit se multiplie.
Il rend avec usure un don qu'on lui confie.
Discret, il tient la clef du cabinet des rois ;
Et du législateur fait éclater la voix.
Pour lui point de climat, point de terre inconnue ;
Devant lui l'univers souvent passe en revue.
Soumis à ses destins, tous les arts aujourd'hui,
Pour se rendre immortels, implorent son appui.

Une page finie, il la place avec ordre ;
Et son œil diligent évite le désordre.
Lorsque pour le *Format* le nombre est suffisant,
Un marbre le reçoit. Alors en *imposant,*

Il combine, il médite ; et de deux en deux pages,
Pour compléter la feuille, il en fait deux partages :
Dans des *Châssis* de fer et des *Bois* mesurés
Il ajuste, il enchâsse, il les tient resserrés.
Sous les coups redoublés de sa main vigilante,
Le *Coin* poussé retient la page chancelante.
Il *sonde* en soulevant, et si tout est égal,
Il ne voit ni baisser, ni tomber le métal.

S'associant alors un compagnon fidèle,
Du ressort de la *Presse* il lui trace un modèle ;
Et leurs efforts communs, secondant leurs désirs,
Font jaillir de leurs mains la source des plaisirs.
Sur un niveau parfait deux *Jumelles* dressées,
A l'aide des *Sommiers* se tiennent embrassées.
Entre leur intervalle un *double* mouvement
Précipite l'effet du mobile instrument.
Dans un *Coffre* de bois une pierre enchâssée,
Par le jeu du *Rouleau* sous la *Vis* est poussée,
Et reçoit sur son plan le métal composé.
D'un *Fluide compact* le plomb est arrosé.
Sur sa superficie, une *Balle* de laine
Répand de la liqueur une couche certaine.
Sur un *Tympan* garni l'on pose le papier,
Trempé dans une eau pure, et qui le fait plier
Au plus léger contact de l'humide matière.
Au tympan adaptée, ainsi qu'une charnière,
La *Frisquette* s'abaisse ; un *Carton* découpé
Conserve sous ses bords le blanc enveloppé ;
Aux lettres seulement il ouvre le passage,
Fait que rien ne macule et ne gâte l'ouvrage.
D'un *Barreau* recourbé l'adroite invention
Fait saillir sur le tout sa forte impulsion ;
Le tout semble, à son gré, s'élever et descendre :
Tout semble, sous ses coups, obéir et se rendre.
Il fait gémir la presse, et sous un bras puissant
La *Platine* fait voir un chef-d'œuvre naissant.
On déroule à l'instant la superbe *Machine,*
On ouvre le tympan, on voit, on examine.
De ce premier essai la brillante clarté
De l'or, du diamant surpasse la beauté.

Vers la perfection son esprit se dirige ;
Le défaut de sa main, que sa plume corrige,
Par sa main aussitôt du plomb est enlevé.
Il déplace, il remet ; et le tout achevé,
Le métal plus correct retourne sous la presse

L'Artiste ambitieux, que la gloire intéresse,
Veille, et sur son objet porte un œil curieux.
Sa *Touche* ménagée enchante tous les yeux.
Heureux, si le penchant d'un intérêt sordide
Ne l'écartoit souvent du chemin où le guide
Et l'honneur de son nom, et celui de son art,
Dont l'éclat disparoit, s'efface au moindre écart ;
Tout devient dangereux pour sa délicatesse ;
Ou sa gloire ou sa honte émanent de la Presse.
Embrasé du beau feu de l'émulation,
L'imprimeur est jaloux de son *impression.*

Le nombre désiré terminant sa carrière,
Une autre *Forme* alors succède à la première.

Elle offre un autre objet à l'admiration,
En donnant au papier sa *Retiration*.
L'univers, embelli des nombreux exemplaires
Qu'étalent du *Barreau* les forces tutélaires,
Voit naître à leur aspect un soupçon glorieux :
On veut que cet effet soit l'ouvrage des Dieux.
Dans ce simple début, dénué de parure,
On prévoit le succès de sa grandeur future.
Tels les premiers rayons de l'aube du matin
Aux yeux du voyageur qui se met en chemin
Annoncent d'un beau jour l'étincelante aurore.
Ainsi chaque moment pour cet art fait éclore
Mille agrémens nouveaux qu'il sait accumuler.
Sous lui les autres arts se viennent rassembler.
Par les traits élégans d'une main délicate,
Ou le cuivre, ou le bois, sous un coup d'œil qui flate,
Nous peint des attributs, nous présente des fleurs.
L'éclatant vermillon prépare ses couleurs.
L'adresse les mélange, et la grâce les broye;
En ses travaux hardis l'Artiste les employe.
Admirable secret, qui présente à la fois
La main d'œuvre, l'esprit, et le son de la voix !

C'est ainsi qu'à l'étude une route facile
Se fraye entre les mains de l'ouvrier habile :
C'est ainsi que cet art se rend ingénieux
A parler pour le cœur, à peindre pour les yeux.

. . . .

Une réédition du poème de J.-B.-G. Gillet a été donnée en Avignon, chez Jean Chaillot, en 1803. On y ajouta, sous le titre : *A l'Inventeur de l'Imprimerie*, une pièce de 26 vers dont les 6 premiers et les 14 derniers sont tout simplement l'acrostiche de Fertel, reproduit plus haut ! L'auteur anonyme de cette supercherie s'est borné à insérer d'autres et de plus nombreux noms d'auteurs à ceux que le typographe audomarois avait mentionnés. Naturellement, la forme d'acrostiche a disparu.

Un *Éloge de l'Imprimerie*, composé par M. FERLET, professeur au Collège de Nancy, remporta en 1771 le prix des Belles-Lettres au jugement de Messieurs de la Société royale des Sciences et Belles-Lettres de la capitale lorraine. Ce discours contient d'abord un aperçu de l'effet général de l'Imprimerie en Europe, après quoi il en étudie les avantages et les inconvénients ; le tout dans le style ampoulé de l'époque. Ceci n'est pas pour engager à le lire...

Combien plus intéressante, nonobstant la sévérité — la froideur presque — de son style majestueux comme celui des « types » créés par Didot père, est l'œuvre de PIERRE DIDOT, FILS AÎNÉ (1784) !

ÉPITRE
SUR LES PROGRÈS DE L'IMPRIMERIE

A mon Père

Cet art qui tous les jours multiplie avec grâce
Et les vers de Virgile et les leçons d'Horace ;
Qui, plus sublime encor, plus noble en son emploi,
Donne un texte épuré des livres de la loi,
Et, parmi nous de Dieu conservant les oracles,
Pour la religion fit ses premiers miracles ;
Des grands événements cet art conservateur,
Trop ingrat seulement envers son inventeur,
N'a pas su nous transmettre avec pleine assurance
Le génie étonnant qui lui donna naissance.
　Toi qui sus concevoir tant de plans à la fois,
A l'immortalité pourquoi perdre tes droits ?
Pourquoi fuir des bienfaits la seule récompense,
Et dérober ton nom à la reconnaissance
Des siècles à venir et du siècle présent ?
　Pour moi qui, sur tes pas conduit presque en naissant
Peut-être quelque jour dois tenter la carrière
Dont tu sus le premier nous ouvrir la barrière,
Où mille autres depuis ont acquis tant d'honneur ;
Moi, qui pourrois prétendre à ce même bonheur,
Guidé par une main sûre autant que chérie
Qui trace sous mes pas une route fleurie,
Je devrai mes plaisirs à tes premiers succès.
Eh ! puissé-je à mon tour étendre les progrès
D'un art qui de mon père exerça la constance,
Et qui sut me charmer dès ma plus tendre enfance !
　Des Grecs et des Romains ce bel art ignoré
Atteignit en naissant presque au plus haut degré ;
Mais avec plus de droits il parvint à nous plaire
Quand un autre l'orna d'un plus beau caractère :
Tous deux se font valoir ; et leurs communs efforts
Produisent à nos yeux d'harmonieux accords.
Garamond, le premier, de la forme gothique
Dépouilla ses poinçons ; cette adroite pratique
Leur fit jusqu'à ce jour conserver tout leur prix ;
De leur ensemble heureux l'œil est encor surpris.
Mais de la main du temps, dont tout ressent l'atteinte,
Ils portent avec eux l'ineffaçable empreinte.
Ses travaux les plus grands pour notre art sont perdus,
Et ses beaux types grecs ne se retrouvent plus :
　Garamond a payé le tribut à l'envie,
Du mérite éclatant trop constante ennemie,
Dont la lâche vengeance, à l'effet toujours sûr,
Ne s'exerce qu'à l'ombre et sous un voile obscur.
Mais en vain elle a cru sa rage assez couverte ;
Les types dont ici nous regrettons la perte
Rendront toujours hommage, en leur premier emploi,
Au burin de l'artiste, aux bienfaits d'un grand roi ;
Rien ne pourra jamais obscurcir sa mémoire ;
Garamond d'Elzévir a cimenté la gloire.
　Instruits par ses succès, instruits par ses leçons,
Alexandre et Grandjean hasardent leurs poinçons :
Mais, hérissés de traits dont l'ensemble bizarre
N'offre qu'un rude aspect à l'œil qui les compare,
On les a condamnés presque d'un même accord ;
Et ceux de Garamond les effacent encor.
　Luce, dont les poinçons n'ont qu'un faible mérite,
Dans ses fleurons nombreux eut plus de réussite :

Mais ces colifichets de notre art sont exclus.
   Que je plains cet artiste et ses soins superflus
Si, gouverné toujours par un ancien usage,
D'ornements étrangers il charge son ouvrage,
Ou pense en ses travaux soignés de toute part,
Sous un papier superbe à l'aide de son art,
Nous masquer les défauts de son vieux caractère !
Je crois voir cette femme avide encor de plaire,
Qui voudroit par le fard déguiser sa laideur
Et relever ses traits sans forme et sans couleur ;
Mais qui, loin d'effacer les traces de son âge,
Par les plus beaux dehors s'enlaidit davantage.
Qu'elle contrefait mal cette jeune beauté
Dont la grâce est l'effet de sa légèreté,
Riche de ses attraits, et simple en sa parure,
Qui ne doit son éclat qu'aux mains de la nature !
   Baskerville a senti toutes ces vérités ;
Il sembloit que le Goût marchât à ses côtés ;
Et de tous ces fleurons il a banni l'usage :
Le simple est du vrai beau la plus parfaite image.
   Un seul coup d'œil porté sur les types anciens
Le décida bientôt à commencer les siens.
Chaque lettre par lui se para d'une grâce ;
Des pleins, des déliés il marqua mieux la place,
Et fit même douter qu'on pût aller plus loin.
Mais lorsqu'à ces objets il donnoit tant de soin,
Dans son art il suivoit la routine ordinaire :
Il n'y sut réformer un vice originaire,
Et n'en obtint jamais qu'un tirage inégal.
Mais il donna lui-même un exemple fatal
Quand, par une manœuvre aux cartiers si connue,
Il lissa son papier, qui fatigue la vue.
   En Espagne, Ibarra parut le plus jaloux
De réunir lui seul les suffrages de tous :
Il voulut enlever la palme au plus habile,
Et dans l'art d'imprimer surpasser Baskerville.
Si par un goût plus pur, un contour plus heureux,
Ses types rajeunis eussent charmé les yeux,
Ces deux rivaux unis auroient fait des merveilles.
Un Français les surpasse, et le fruit de ses veilles
Nous assure aujourd'hui le plus ample succès :
Par lui sur l'Espagnol ainsi que sur l'Anglois
On nous voit à la fois remporter l'avantage ;
Et je puis, ô mon père, ici te rendre hommage.
Seul, du sein de ton art tu pris un libre essor :
Jaloux de l'enrichir d'un précieux trésor,
Tu le considéras sous divers points de vue,
Et connus le premier toute son étendue :
De deux arts par tes soins embellis aujourd'hui,
Pour relever le tien, tu recherchas l'appui.
Aussitôt, emporté par l'ardeur de ton zèle,
De tes poinçons nouveaux tu conçus le modèle,
Et tu leur assignas des principes certains :
C'est à toi que l'on doit ces beaux papiers-vélins
Que, par tes seuls conseils, à ta seule dépense,
Johannot, le premier, sut fabriquer en France.
Tes types sont connus ; ta gloire en est le fruit.

. . . .
   Mais si ces types même ont de légers défauts,
Son fils en fait encore espérer de plus beaux :
Et que peut-il offrir d'un plus heureux présage
Quand le titre du Tasse est déjà son ouvrage !
Jeune, ardent au travail, plein de goût, plein de feu,
Réformer, corriger, ne lui semble qu'un jeu.

Le zèle qu'à son fils mon père communique
Lui fit pour coup d'essai graver cet italique
D'un goût pur, délicat, d'un fini précieux,
Et dont l'éloge est fait dès qu'il paroît aux yeux.
   Avant lui le plus beau que l'on ait pu connoître,
Qui réunit les goûts dès qu'on le vit paroître,
Fut, dans ces derniers temps, l'ouvrage de Fournier.
Mais que le pas qu'il fit étoit loin du dernier !
   J'ai joui du plaisir de voir mon heureux frère
Façonner sous ses doigts la gloire de mon père ;
Maintenant je parcours des prodiges nouveaux.
Et de mon père seul j'admire les travaux.
   Tout dans ses atteliers a pris une autre face :
Des usages anciens ils n'offrent plus la trace ;
Et son art, asservi sous de nouvelles loix,
Est recréé par lui. Chaque page autrefois
Dans des bois inégaux gauchement enchâssée,
Maintenant, par la fonte également pressée,
N'a plus à redouter aucun effet de l'eau,
Et conserve à la fois l'équerre et le niveau,
Tous ces grotesques mots, *gaillarde, trismégiste,*
Gros texte, gros canon... fastidieuse liste
Des vains noms qu'ont portés tant de types divers,
Et dont le seul récit attristeroit mes vers ;
Noms qui de leur grosseur et de leur différence
N'ont pu donner encor la moindre connoissance :
Il sut les transformer en d'autres plus heureux
Qui marquent clairement tant de rapports entre eux.
   Son nouveau typomètre offre une règle sûre :
Chaque type s'accroît par égale mesure ;
Et la gradation qu'avec art il suivit
Est aussi juste à l'œil qu'elle est claire à l'esprit.
   C'est lui qui, le premier, d'une presse nouvelle
A ses imitateurs a tracé le modèle ;
Et c'est publiquement qu'ils osent se vanter
D'un chef-d'œuvre connu qu'ils n'ont fait qu'imiter !
Enfin, par le secours d'une simple machine,
Avec tant de justesse il dresse une platine,
Qu'en toute sa surface au hasard présenté
Le cheveu le plus fin, sous la règle arrêté,
Se rompt au moindre effort. C'est par cette justesse
Qu'il demande un chef-d'œuvre, et l'obtient de sa presse.

   Vous dont la modestie annonce les talens,
Pourrez-vous refuser d'un fils le juste encens ?
Ces artistes fameux sur qui mon œil s'arrête,
Eux-mêmes, comme moi, vous mettroient à leur tête.

JULES PORTHMANN (1791-1820), auteur d'un *Essai historique de l'Imprimerie* édité par lui-même en 1810, réédité par son fils A. Porthmann en 1835, sous le titre d'*Eloge historique*, se défendait cependant de vouloir faire un éloge. Tout avait été dit, selon lui, d'une profession que son histoire et ses œuvres suffisent à immortaliser.

J'essaie de retracer la naissance et les progrès d'un Art inconnu de l'Antiquité, d'un ingénieux système, parvenu, de nos jours, au terme de la perfection ; j'essaie de le montrer protégé, dès le berceau, par un prince ami des lettres et du vrai mérite (François Ier), recevant par degrés plus

d'accroissement et de force, et brillant d'un nouvel éclat par les soins du héros protecteur des Beaux-Arts (Napoléon).

Une noble ambition inspirerait sans doute à plus d'un littérateur la pensée d'entreprendre l'éloge de l'Imprimerie, s'il n'était maintenant consacré par la voix de chaque génération, et si le temps n'avait mis cette profession estimable au-dessus de toute louange. Mais après plus de trois cents ans, ses annales lui servent de titres à l'immortalité ; l'esprit ou l'éloquence ne rendraient sa gloire ni plus insigne ni plus durable, et l'Artiste jaloux de la célébrer, n'a que l'Histoire à consulter et la tradition à recueillir.

PORTHMANN expose ensuite longuement la stagnation fatale des arts et des sciences, par suite de la difficulté comme de l'insuffisance de propagation du livre ancien, pour en arriver à l'invention de Gutenberg et aux perfectionnements qu'y apportèrent ses associés. Le tout basé sur l'Histoire, mais présenté sous une forme oratoire montrant l'auteur moins éloigné qu'il ne le dit d'avoir voulu tracer un véritable éloge. Et de fait, après avoir conduit son historique jusqu'au siècle de Louis XIV, il lâche les rênes à Pégase et se laisse emporter, six à sept pages durant, par les sentiments dont sa jeune âme déborde :

La France l'a donc enfin adoptée cette invention qui, d'une feuille légère confidente des secrets et des pensées du littérateur, fait pour l'avenir des monumens éternels de gloire et de célébrité ! Elle a donc entouré de l'honneur qu'elle mérite, cette profession distinguée qui ne doit offrir à l'Etat que des hommes instruits et laborieux, aussi attachés à la patrie, par les mœurs, qu'ils le sont par le genre sédentaire de leurs occupations !

Quelle vaste correspondance entretiendra désormais l'esprit, d'un pôle à l'autre ! Rien n'est concentré dans le pays qui le vit naître ; les livres d'une langue étrangère s'échangent contre les productions littéraires d'une autre contrée ; on les traduit, la lecture s'en propage, on y recueille des idées neuves, des découvertes utiles, et chaque ouvrage devient ainsi l'interprète des réflexions et des besoins de chaque peuple.

. . . .

Dans l'existence privée, l'Imprimerie n'est pas moins digne de nos regards : en même temps qu'elle forme des hommes utiles et instruits, elle devient l'âme de nos délassements et de nos plaisirs. Quand, dans le silence du cabinet, nous cherchons à revivre dans l'antiquité, ou à parcourir la production de notre siècle ; quand, dégagés des affaires, et seuls avec nous-mêmes, nous aimons à méditer l'auteur moral, à pleurer près du grand tragique, ou à rire avec Thalie des travers du genre humain ; maîtres d'un choix aussi varié, entourés de tant de guides et d'amis, pouvons-nous envisager leur étonnante réunion, sans songer à l'art bienfaiteur qui la forma ? Ne sommes-nous pas, malgré nous, reportés en idée au tems où une seule bibliothèque existait dans une ville, et où il eût été si difficile d'en former une au sein de sa famille ?

Les ministres du trône et de l'autel, les dépositaires et les dispensateurs de la justice humaine, après avoir accordé successivement des faveurs signalées à l'étonnante découverte qu'ils avaient su apprécier, reçoivent spontanément le juste tribut que méritaient leurs lumières ; ils sont récompensés de leurs propres bienfaits, par les progrès et les bienfaits non moins précieux de l'Imprimerie.

En effet, la Morale et les Lois ne lui doivent-elles pas une partie de leur force et de leur puissance ? Que deviendraient les ordres des magistrats, comment leur voix se ferait-elle entendre d'une extrémité de l'empire à l'autre, si, consignées sur le marbre ou dans un code obscur, les lois n'étaient connues que des hommes de lettres, et si, par le défaut de publicité, elles permettaient au crime, chaque fois qu'il les enfreint, de présenter pour excuse son ignorance !

C'est à l'Art divin de la Parole, c'est à la sublime Éloquence, que l'on doit souvent la conservation des mœurs et la propagation des vertus ; c'est par elle que le Disciple de l'Evangile et les ministres de toutes les religions forment le Peuple aux devoirs de son état, à l'obéissance au Souverain, à l'amour envers la Patrie ! Frappantes, mais passagères, quel effet produiraient de telles maximes, si, lorsque la voix les a prononcées, l'esprit n'en gardait plus le souvenir ; si des livres respectables, monumens de la sagesse et de la piété de nos Ancêtres, ne nourrissaient dans nos cœurs l'amour du bien, ne répondaient à nos scrupules, n'instruisaient notre conscience ; s'ils ne nous présentaient d'utiles exemples, et s'ils ne nous arrachaient à la perfide oisiveté !

Dans un État immense, où cent provinces ne forment plus qu'un peuple, quelle activité recevraient les ordres suprêmes, si pour les distribuer à chaque Gouverneur, à chaque Chef d'Administration, il fallait confier à la lenteur d'un copiste un arrêté que rend quelquefois nul un instant de retard, et d'où peuvent dépendre un événement heureux, ou le malheur des contrées qui l'attendent vainement !

La Typographie ne manifesta pas avec moins de zèle sa gratitude envers les Lettres, auxquelles elle devait sa naissance et sa perfection. Parlerai-je des services que rendirent la plupart des Imprimeurs célèbres ? Citerai-je les ouvrages sortis de leur plume, et dont ils enrichirent nos bibliothèques ?

. . . .

Sautons à pieds joints par-dessus la période révolutionnaire, où la Poésie était si bas, et l'Imprimerie de même ; par-dessus l'Empire, où elles se relevèrent mais avec un bâillon dans la bouche. N'est-ce pas de NAPOLÉON Ier — admirable d'ailleurs à d'autres titres — que sont les pensées ci-après, amplement confirmées par ses actes ?

Depuis la découverte de l'Imprimerie, on appelle les lumières pour régner et l'on ne règne que pour les asservir.

Les journaux devraient être réduits aux *Petites Affiches*.

Les livres font trop raisonner pour ne pas corrompre une nation en la déshabituant du fait.

Un livre curieux serait celui où il n'y aurait pas de mensonge.

Nous voici donc à la Restauration qui, elle non plus, ne fut pas tendre pour la Pensée.

Précisément, la discussion des lois *sur* ou plutôt *contre la Presse* donna lieu à diverses manifestations poétiques, et leurs auteurs remontaient presque tous de la presse à celui dont la découverte avait rendu son règne possible.

Qu'il nous soit permis, après avoir seulement cité *La Liberté de la Presse*, discours en vers par M. CLOVIS (MICHAUX), de Troyes (Paris, Delaunay, 1817), de reproduire un passage de l'épître *Aux Chiffonniers, sur les crimes de la Presse*, que M. J.-P.-G. VIENNET publia en 1827, au moment où mijotait dans les cuisines ministérielles la fameuse *loi d'amour*.

Ce fut dans ce bon tems où le pape et les rois
Brûlaient les Templiers, les Juifs et les Vaudois,
Qu'un Padouan, soufflé par son mauvais génie,
De ces chiffons pilés formant une bouillie,
En tira ce papier, qu'au gré de leurs cerveaux
Griffonnent jour et nuit des milliers de grimauds.
Bientôt parut Coster ; et le hêtre docile

Se tailla sous ses doigts en alphabet mobile.
Des fourneaux de Scheffer dans l'argile écoulé,
Le plomb séditieux en lettres fut moulé.
Par Fust et Guttemberg ces lettres assemblées
Furent sur un plateau par la presse foulées ;
Et le papier retint sur ses feuillets pressés
L'empreinte des écrits par le plomb retracés.
Le monde en tressaillant apprend cette merveille ;
L'esprit humain captif s'agite et se réveille ;
Les écrits du vieux tems, à la poudre arrachés,
Sortent du cloître obscur qui les avait cachés.
Ces trésors qu'à l'instant la presse multiplie,
A l'homme de nos jours révèlent son génie :
Il s'instruit, se compare ; il pressent son destin ;
Ose penser lui-même, et reconnaît enfin
Qu'abruti trop longtemps par la stupide audace
De la sottise en froc, de l'orgueil en cuirasse,
Il est né pour la gloire et pour la liberté...

On vient de voir que M. VIENNET admettait la priorité de Coster pour l'invention de la typographie en mobile. Il n'y a pas à lui en faire grief : c'était un littérateur et non un historien. Il s'est d'ailleurs ressaisi dans les pièces qui vont suivre.

La loi du 24 juin 1827 a aussi dicté à MM. BARTHÉLEMY et MÉRY, rimeurs inépuisables, leur pièce intitulée *La Censure*, scène historique; mais c'est de la politique pure; l'Imprimerie n'y paraît que pour subir le régime auquel la condamnaient d'imprudents potentats. Passons sur ces tristesses.

M. VIENNET, fécond et combatif, n'en resta pas là avec l'Imprimerie. Le quatrième de ses *Dialogues* réunit « le moine Schwartz (inventeur de la poudre), Guttemberg et Voltaire ». En voici le début :

SCHWARTZ

C'est moi qui, dérobant le secret du tonnerre,
Ai changé les destins de l'homme et de la terre ;
C'est par moi, Guttemberg, que furent enflammés
Le soufre et le salpêtre en un tube enfermés.
La force, par mon art, fut soumise à l'adresse ;
Et le plomb, de la foudre imitant la vitesse,
Fracassant les hauberts, perçant les boucliers
De ces hommes d'airain, de ces fiers chevaliers,
Qui du peuple asservi méprisaient la vengeance,
A des tyrans du monde abattu la puissance.

GUTTEMBERG

Modère ton orgueil, enfant de saint Benoît.
Tu fais sonner trop haut le bienfait qu'on te doit.
J'aurais brisé sans toi les fers du moyen âge :
L'esprit dans ce combat fit plus que le courage.
Mon art de l'ignorance a sapé les autels ;
C'est en les éclairant qu'il sauva les mortels ;
Par lui des préjugés triompha la sagesse ;
La liberté du monde est l'œuvre de la presse.

VOLTAIRE, à son tour, déclare que c'est lui qui a vaincu par ses écrits les tyrans et les imposteurs. Après une longue discussion sur le rôle des trois interlocuteurs en présence, il demeure admis que Gutenberg fut l'ouvrier le plus actif de la lutte entreprise contre le cléricalisme, et si le pamphlétaire ne cède pas — ce serait de l'invraisemblance — il crie du moins à l'imprimeur :

Poursuis donc, Guttemberg, achève ma victoire ;
Je reconnais en toi l'instrument de ma gloire...
Le passé veut renaître ; unissons-nous tous trois
Pour assurer partout le triomphe des lois.
Des Velches et de Rome étouffons les cabales ;
Purgeons le monde entier des hordes monacales.
D'Archangel à Pékin propage mes écrits ;
Imprime tout le monde, et surtout mes amis.
Et toi, par qui les rois sont armés de la foudre,
Aux peuples libéraux ne tire point ta poudre.

A cette pièce plutôt pénible à lire, nous préférons, du même auteur, la fable que voici :

GUTTEMBERG ET SATAN

Quand Guttemberg eut de l'Imprimerie
Trouvé le merveilleux secret,
Vous jugez à quel point son orgueil se mirait
Dans cette œuvre de son génie.

L'avenir de l'humanité
S'offrait à ses regards comme une éternité
De savoir, de bonheur, de justice, de gloire.
   Il entendait le chœur des nations,
Sur l'hydre des erreurs, des superstitions,
Par des chants éternels célébrer sa victoire.
« J'ai sauvé, criait-il, des ravages du temps,
« Ces livres qu'aux auteurs de Rome et de la Grèce
   « Souffla la divine sagesse,
« De la pensée humaine immortels monuments.
« Ils vivront désormais autant que notre race ;
« Et ce qu'à l'avenir produira son cerveau
   « D'utile, de grand et de beau,
   « Durera tant que dans l'espace
« Resplendira du jour le céleste flambeau.
« De la terre à jamais l'ignorance est bannie.
   « Plus de guerre, de tyrannie.
   « Vertu, morale, vérité,
« Du monde rajeuni, voilà la trinité.
« Les peuples, éclairés par des flots de lumières,
   « Ne feront qu'un peuple de frères
« A l'ombre de la paix et de la liberté ».
   A cet élan d'enthousiasme
   Répond, comme un aigre sarcasme,
   Un éclat de rire effrayant ;
Et devant Guttemberg se dresse une figure
Au teint de Caraïbe, à la haute stature,
Au poil roussâtre, au regard flamboyant.
De sa lèvre railleuse, empreinte d'ironie,
Sort une voix stridente au timbre assourdissant,
Qui dit à Guttemberg : « Satan te remercie.
   « Oui, par toi seront abattus
   « Vieilles erreurs et vieux abus.
« Mais tu ne changes rien à la nature humaine,
   « Sa sottise et sa vanité,
   « Ses passions et sa crédulité
« Ne mourront qu'avec l'homme, et c'est là mon domaine.
« Le bien que tu feras ne durera qu'un temps.
« Les peuples abusés salueront comme apôtres
   « Les plus effrontés charlatans.
« Ces abus, ces erreurs, vont faire place à d'autres :
« L'esprit de servitude au mépris du devoir,
   « Le despotisme à la licence
   « Et l'ignorance au faux savoir.
« De ton art doit enfin surgir une puissance
« Qui, rompant tous les freins et se jouant des lois,
   « Des croyances, des renommées,
« Forçant les boulevards, enfonçant les armées,
« Brisera dans sa marche et les dieux et les rois.
   « La vérité, la vertu, la justice,
« Dont le règne est par toi promis aux nations,
   « Seront, au gré de son caprice,
   « Les jouets des partis et des opinions.
« A la force brutale elle rendra la terre ;
« A moi tous les pouvoirs que m'a ravis un Dieu.
« Merci, c'est me servir que d'y souffler la guerre.
   « Merci, poursuis ton œuvre, adieu ».
Il dit et disparaît, et Guttemberg frissonne ;
Mais par un noble orgueil promptement rassuré :
« Je n'en crois pas, dit-il, le mensonge en personne,
« L'esprit du mal a peur que mon art le détrône ».
Et l'art de Guttemberg aux humains fut livré.
Fit-il mal ? fit-il bien ? le temps a ses mystères ;
Mais ce que l'homme invente, imparfait comme lui,

A du bon, du mauvais ; ce n'est pas d'aujourd'hui
Que Satan est mêlé dans toutes nos affaires.
Guttemberg est venu, nous n'y pouvons plus rien.
Le monde périra plutôt que son ouvrage.
Réprimons-en l'abus s'il en est un moyen,
   Nous n'en détruirons pas l'usage.

Le plus important éloge en vers de l'Imprimerie, l'un des meilleurs aussi et des plus « dans le ton », est celui que M. L. PELLETIER, de Genève, écrivit en 1828 : *La Typographie, poème* (Genève et Paris, 1832).

C'est une ode comportant exactement 900 vers, éclairée par des notes copieuses au point d'en faire un volume de 250 pages. Le ton en est assez bien soutenu, et si tous les chapitres ne prêtaient pas à l'emphase, dans tous l'auteur a su ménager des effets lyriques qui font lire son œuvre avec entrain.

En voici le premier chapitre, le meilleur, selon nous :

Première Epoque. Invention

Le Dieu qui verse la lumière,
Astre de vie, éblouissant,
Gémissait de voir sur la terre
De ses feux l'éclat impuissant :
Quoi ! dit-il, ma flamme féconde
Vainement brille sur le monde !
L'ignorance l'enchaîne encor !
Volez, enfans de ma pensée !
Vengez la nature oppressée !
Qu'elle prenne un sublime essor.

Il dit ; et le Rhin, sur ses rives,
Voit paraître les demi-dieux
Qui vont des nations captives
Dessiller à jamais les yeux.
Mayence, auguste sanctuaire !
C'est toi qui reçus la première
Le dépôt de ce feu sacré :
De ton sein jaillit l'étincelle
Qui donne une forme nouvelle
A l'Univers régénéré.

Guttemberg, franchissant l'espace
Où sommeillait l'Invention,
Fit sortir du front de l'Audace
La bouillante Émulation.
Fauste bientôt lui fit connaître
Le digne émule d'un grand maître
Pour consolider ses essais :
Au plomb donnant une figure,
L'art suivit une route sûre,
Et s'applaudit de ses succès.

Entrave d'une œuvre sublime,
Les types, en masse coulés,
Dans le cadre qui les comprime
N'étaient point encor nivelés :

Schœffre parut, leva l'obstacle ;
Désormais le plus grand miracle
S'offrit aux regards des humains :
Le vulgaire crut voir un songe ;
Et l'on vit rugir le Mensonge,
Broyant en secret ses venins.

L'acier, devenu malléable,
Multiplie enfin les poinçons ;
Et le marteau, qui les accable,
Fixe l'empreinte en cent façons ;
Du moule le métal liquide
Sous une figure solide
Dès ce moment sort divisé ;
Le travail devient plus sévère :
Tout est, par la rigide équerre,
A la fois régularisé.

La presse reçoit son assise :
Sur un train le coffre, roulant
Sous la platine, avec surprise
Développe son double élan.
Un gluten épais et tenace
Sur le papier laisse la trace
De l'art par Cadmus enseigné ;
Pour l'homme il n'est plus de mystère !..
Tremblez, oppresseurs de la terre !
Votre arrêt de mort est signé.

Déjà les races attentives
Devant les siècles écoulés,
Vont des nations fugitives
Sonder les débris mutilés ;
Bientôt le burin de l'Histoire
Va consacrer dans la mémoire
Les grandes réputations ;
La Bible est déjà publiée :
De Dieu la voix multipliée
Instruit les générations.

Qui pourrait nombrer les fatigues
De ces artistes courageux,
En butte à l'envie, à ses brigues,
Et réalisant tous les vœux ?
L'amitié les unit en frères ;
Mais de chaînes encor plus chères
Fauste resserra le lien ;
A *Schœffre* il accorda sa fille :
L'espérance de sa famille
En devint aussi le soutien.

Tel, voisin des fières montagnes,
Et méprisant les aquilons,
L'agriculteur, dans les campagnes,
Défriche d'arides sillons ;
Au sol confiant la semence,
En l'Eternel plein d'assurance,
Il voit, pour prix de ses sueurs,
Le soleil, fécondant la terre,
Dissiper la vapeur grossière,
Et les fruits succéder aux fleurs.

Ainsi de gloire environnée,
L'Invention, par les bienfaits

D'un chaste et fécond hyménée,
Marcha de succès en succès.
Fauste reconnut dans son gendre
Tout ce qu'il avait droit d'attendre
De ses vertus, de ses talens ;
Pour ne point arrêter sa course.
Au commerce il chercha la source
De nobles encouragemens.

Propageant l'œuvre de ses veilles,
On le vit dès lors voyager,
Et, dans le doute des merveilles.
Embarrasser l'œil étranger.
Paris l'accueillit : l'opulence
D'abord avec magnificence
Paya le prix de ses travaux ;
Et de nouveau la calomnie,
Pour le perdre, en son insomnie
S'indigna d'un lâche repos.

Mais l'Antigone de la France.
Son refuge dans le malheur,
Depuis long-temps son espérance
Au sein même de la douleur,
L'équitable magistrature
Confondit encor l'imposture ;
Et, brisant son masque hideux,
Elle dit avec énergie :
« De *Fauste* la seule magie
« Est de savoir parler aux yeux ».

La « Deuxième Epoque » est consacrée aux *Célébrités* de l'Imprimerie. On y trouve d'abord Jenson, le créateur du romain, et Alde, celui de l'italique :

Alde ! Recueillons la mémoire
Devant cet astre lumineux ;
Révérons de nouveau la gloire
Dont s'entoura ce nom fameux :
Honneur de la Typographie,
Ce nom que le Temps déifie
Commande l'admiration ;
Entouré de justes hommages,
Il doit traverser tous les âges
Brillant de vénération...

PELLETIER manque certes d'ingéniosité, d'originalité dans la louange ; mais que de bonne volonté il y met, à défaut de grand talent !

Enfant de la Suisse, à laquelle il dédie son œuvre : « A ma Patrie ! et à Genève, terre de liberté ! », il devait plus que tout autre évoquer et préciser le rôle libérateur de l'Imprimerie. Il n'y manqua pas :

Pourtant l'Erreur, fille du monde
Que suivent d'aveugles mortels,
Au sein d'une frayeur profonde
Tremblait déjà pour ses autels :

Et cependant l'art, jeune encore,
Semblait un faible météore
Éclairant de vieux monumens ;
Mais elle craignait la pensée,
Libre de chaînes, empressée
De détruire ses fondemens...

Suit l'éloge de Pannartz et de Plantin, de Robert Estienne exilé à Genève, des Junte, des Elzévir, de Caslon et de ses successeurs, de Fournier, Breitkopf, Ibarra, Gering et Barbou.

La « Troisième Époque » est celle de l'*Emulation*, caractérisée par la lutte pour le beau entre Didot et Bodoni ; le premier emporte comme de juste, et de haute main, la palme du vainqueur, laissant à son partenaire, toutefois, une place fort honorable dans la lignée des praticiens de premier ordre.

Une « Quatrième Époque », *Liberté*, nous fait assister aux essais de novateurs mal inspirés dans leur production de caractères sans élégance, puis à la renaissance de goût, de clarté, de logique, provoquée par Didot, Pinart, Rignoux, qui de l'art rétablissent les droits...

Enfin, une dernière strophe nous transporte en Amérique :

Levez-vous, ombres immortelles
Des Estiennes et des Plantins !
De vos demeures éternelles
Suivez la presse en ses destins !
Toujours en prodiges féconde,
Voyez-la dans le nouveau monde
Rendre l'homme à sa dignité,
Et, foulant aux pieds l'esclavage,
De Franklin encenser l'image
Aux accens de la Liberté !

Le Trône renversé, ou la Dernière semaine de juillet 1830, poème burlesco-historico-tragique, en sept journées..., par J.-A. DUMAS (Paris, 1831), montre des typos en temps de révolution.

Deuxième journée. Lundi 26 juillet

La barrière du Maine et celle Mont-Parnasse
Réunissent souvent la grosse populace,
L'on y voit chiffonniers, serruriers, imprimeurs,
D'autres plus distingués, qu'on dit compositeurs :
Ces noms sont confondus ; tout homme qui travaille
Est traité maintenant de plat-gueux, de canaille ;
La canaille à son tour, pour être à la hauteur,
Vous traite de canaille et marquis et seigneur.
Comme ça dans Paris, le mendiant et le riche,
Se donnent tour à tour une niche pour niche.
Pour faire le journal qu'on nomme *Moniteur*,
Il fallait embaucher plus d'un compositeur,
On en rencontra trois venant de la barrière :
« Parbleu, mes chers amis, vous faites mon affaire,

« Il faut venir piquer ; je ne sais ce que c'est :
« Je n'ai vu que les noms : Polignac, Peyronnet...
« Cela ne va pas bien... » L'ouvrier boniface
Va composer l'arrêt qui supprimait sa place ;
Car d'après ce traité, tout artiste imprimeur
Se trouvait sans travail et vivait grand seigneur.

. . . .

La même époque vit encore paraître un *Dialogue entre une presse mécanique et une presse à bras, recueilli et raconté par une vieille presse en bois...* Cette plaquette en prose (Paris, 1830), œuvre d'un compositeur, HENRI JADOR, est dirigée contre l'introduction des machines à imprimer ; elle semble vouloir justifier leur destruction pendant les journées de juillet

Pas plus que Lamartine, VICTOR HUGO ne paraît avoir chanté l'Imprimerie. Quelle belle page, cependant, son invention lui aurait fournie pour *La Légende des siècles*, avec la découverte du Nouveau Monde en guise de pendant ! Du moins en a-t-il, dans *Notre-Dame de Paris* (1831), défini le rôle par le développement de cette phrase qu'il attribue à Claude Frollo, ecclésiastique troublé par la science avant de l'être par l'amour : « Ceci tuera cela. Le livre tuera l'édifice ».

A notre sens, cette pensée avait deux faces. C'était d'abord une pensée de prêtre. C'était l'effroi du sacerdoce devant un agent nouveau, l'Imprimerie. C'était l'épouvante et l'éblouissement de l'homme du sanctuaire devant la presse lumineuse de Guttemberg. C'était la chaire et le manuscrit, la parole parlée et la parole écrite, s'alarmant de la parole imprimée ; quelque chose de pareil à la stupeur d'un passereau qui verrait l'ange Légion avec ses six millions d'ailes. C'était cri du prophète qui entend déjà bruire et fourmiller l'humanité émancipée, qui voit dans l'avenir l'intelligence saper la foi, l'opinion détrôner la croyance, le monde secouer Rome. Pronostic du philosophe qui voit la pensée humaine, volatilisée par la presse, s'évaporer du récipient théocratique. Terreur du soldat qui examine le bélier d'airain et qui dit : la tour croulera. Cela signifiait qu'une puissance allait succéder à une autre puissance. Cela voulait dire : la presse tuera l'Église.
Mais sous cette pensée, la première et la plus simple sans doute, il y en avait à notre avis une autre, plus neuve, un corollaire de la première, moins facile à apercevoir et plus facile à contester, une vue tout aussi philosophique, non plus du prêtre seulement, mais du savant et de l'artiste. C'était pressentiment que la pensée humaine en changeant de forme allait changer de mode d'expression, que l'idée capitale de chaque génération ne s'écrirait plus avec la même matière et de la même façon, que le livre de pierre, si solide et si durable, allait faire place au livre de papier, plus solide et plus durable encore. Sous ce rapport, la vague formule de l'archidiacre avait un second sens ; elle signifiait qu'un art allait détrôner un autre art. Elle voulait dire : l'Imprimerie tuera l'architecture.

L'auteur expose ensuite que les monuments anciens, depuis la pierre levée jusqu'à la cathédrale gothique inclusivement, furent l'écriture des époques illettrées ; que l'architecture était alors le truchement de la littérature, ainsi mise à la portée d'un plus grand nombre de lecteurs et perpétuée ; — et nous ne ferons certainement que compléter sa pensée (qu'on nous pardonne une telle outrecuidance) en disant que les imagiers des derniers siècles du Moyen âge furent les illustrateurs du Livre de pierre ; que les statues et les bas-reliefs en étaient les planches rehaussées d'une décoration que continuèrent les fleurons et les bandeaux du manuscrit ou de l'imprimé.

Et Victor Hugo poursuit :

Ainsi, jusqu'à Guttemberg, l'architecture est l'écriture principale, l'écriture universelle. Ce livre granitique commencé par l'Orient, continué par l'antiquité grecque et romaine, le Moyen âge en a écrit la dernière page.

. . . .

Au XVe siècle, tout change.

La pensée humaine découvre un moyen de se perpétuer non seulement plus durable et plus résistant que l'architecture, mais encore plus simple et plus facile. L'architecture est détrônée. Aux lettres de pierre d'Orphée vont succéder les lettres de plomb de Guttemberg.

Le livre va tuer l'édifice.

L'invention de l'Imprimerie est le plus grand événement de l'histoire. C'est la révolution-mère. C'est le mode d'expression de l'humanité qui se renouvelle totalement, c'est la pensée humaine qui dépouille une forme et qui en revêt une autre, c'est le complet et définitif changement de peau de ce serpent symbolique qui, depuis Adam, représente l'intelligence.

Sous la forme imprimerie, la pensée est plus impérissable que jamais ; elle est volatile, insaisissable, indestructible. Elle se mêle à l'air. Du temps de l'architecture, elle se faisait montagne et s'emparait puissamment d'un siècle et d'un lieu. Maintenant elle se fait troupe d'oiseaux, s'éparpille aux quatre vents, et occupe à la fois tous les points de l'air et de l'espace.

Nous le répétons, qui ne voit que de cette façon elle est bien plus indélébile ? De solide qu'elle était elle devient vivace. Elle passe de la durée à l'immortalité. On peut démolir une masse, comment extirper l'ubiquité ? Vienne un déluge, la montagne aura disparu depuis long-temps sous les flots, que les oiseaux voleront encore, et qu'une seule arche flotte à la surface du cataclysme, ils s'y poseront, surnageront avec elle, assisteront avec elle à la décrue des eaux, et le nouveau monde qui sortira de ce chaos verra en s'éveillant planer au-dessus de lui, ailée et vivante, la pensée du monde englouti.

Et quand on observe que ce mode d'expression est non seulement le plus conservateur, mais encore le plus simple, le plus commode, le plus praticable à tous, lorsqu'on songe qu'il ne traîne pas un gros bagage et ne remue pas un lourd attirail, quand on compare la pensée obligée pour se traduire en un édifice de mettre en mouvement quatre ou cinq autres arts et des tonnes d'or, toute une montagne de pierres, toute une forêt de charpentes, tout un peuple d'ouvriers, quand on la compare à la pensée qui se fait livre, et à qui il suffit d'un peu de papier, d'un peu d'encre et d'une plume, comment s'étonner que l'intelligence humaine ait quitté l'architecture pour l'Imprimerie ? Coupez brusquement le lit primitif d'un fleuve, d'un canal creusé au-dessous de son niveau, le fleuve désertera son lit.

Ainsi voyez comme à partir de la découverte de l'Imprimerie, l'architecture se dessèche peu à peu, s'atrophie et se dénude...

A ces phrases grandiloquentes, nous aurions préféré, comme il nous est arrivé en quittant Voltaire, un élan venu du cœur, cet élan, cette inspiration que montre en 1834 un poète de troisième ordre, un inconnu presque, puisqu'on ne sait s'il se nommait LOUIS GUILLEAU ou LUDOVIC GUYOT.

L'IMPRIMERIE

Mobilitate viget, viresque acquirit eundo. (VIRGILE).

Dieu, quand il eut dans l'homme imprimé son image,
Comme un dernier bienfait lui donna le langage,
Lien secret des cœurs, rapport mystérieux
De l'esprit et du corps, de la terre et des cieux.
L'homme, orgueilleux disciple et rival de Dieu même,
A dit : « Aussi puissant que le pouvoir suprême,
« C'est mon tour de créer... Trop longtemps enchaîné,
« Mon génie à l'étroit languit emprisonné ;
« Donnons à la pensée une forme nouvelle ».
Il dit, et la parole, à ses ordres fidèle,
Devient fixe et visible aux yeux de l'univers.
Ce n'est plus un vain son qui se perd dans les airs,
Ou qu'une main trop lente en frêles caractères
Trace péniblement sur des feuilles légères ;
C'est un être vivant, on dirait presque un dieu,
Immuable, présent en tout temps, en tout lieu,
Qui, sans être altéré, s'étend et se divise,
Se reproduit sans cesse et jamais ne s'épuise.

Quel mortel acheva l'œuvre du Créateur ?
Quel fut d'un si grand art le sublime inventeur ?
Quel siècle l'a conçu ? quel lieu fut sa patrie ?
— C'est moi, — répond l'Egypte ; et d'une main flétrie
Elle montre son titre inscrit sur un cercueil.
Le Chinois à nos yeux étale avec orgueil
Le spectacle imposant de ses vieilles annales.
Que de pays divers, que de cités rivales,
Appuyant d'un mensonge une flatteuse erreur,
De la même conquête osent briguer l'honneur !
Ainsi, pour partager les respects de la terre,
Sept villes autrefois se disputaient Homère.
Je vois Mayence enfin, plus juste en sa fierté,
Présenter Guttemberg à la postérité,
Et la postérité, consacrant sa mémoire,
Inscrire un nom de plus au temple de la gloire.

Dis-nous, ô Guttemberg ! dis quel instinct divin
Inspira ton génie et conduisit ta main !
L'image d'un cachet imprimé sur la cire
Plonge ton âme active en un savant délire :
Tu médites long-temps... Soudain en ton esprit
Un dessein vague encor s'éveille et te sourit.
Que d'informes essais, interrompus sans cesse,
Raniment tour à tour ou glacent ton ivresse !
Déjà ton industrie offre à l'œil étonné
Un bois rude et grossier en lettres façonné ;
Bientôt le bois noirci sur une simple page
Trace de quelques mots l'élégant assemblage :
Unissant avec art ces élémens divers,
La Presse enfin paraît pour changer l'univers.

Autour de Guttemberg, sous ses nobles auspices,
Grandissent de son art deux sublimes complices :
Schæffer qui, de son maître heureux imitateur,
Lui prête le secours d'un talent créateur,
Et grave le premier, d'une main plus habile,
Sur un mobile airain une empreinte immobile ;
Faust, esprit sombre, ardent, et dont l'œil indiscret
Osa sonder du ciel le ténébreux secret,
Philosophe accablé du poids de son génie,
Héros, ange, démon, dieu de la Germanie.

Oh ! que le premier livre apparaissant au jour
Dut enivrer leur cœur et d'orgueil et d'amour !
Platon, Virgile, Horace, et toi, divin Homère,
Tullius, des Romains le sauveur et le père,
Toi surtout, toi du ciel interprète sacré,
Ami de Jéhovah, de son souffle inspiré,
Astres brillants et purs dont la clarté féconde
Vient éclairer encor et réchauffer le monde,
Salut ! après la nuit que vous paraissez beaux !
Salut à tous ces morts qui sortent des tombeaux !
L'Europe à son aspect, fière de sa conquête,
S'émeut ; pour ses enfans un grand destin s'apprête :
Le Germain voit déjà sur son triste horizon
Poindre de la science un faible et doux rayon ;
Rome accueille la Presse, et confie à ses ailes
Ses foudres, ses écrits et ses lois immortelles ;
Et la France, en travail du règne de Louis,
Appelle à ses genoux les peuples éblouis.

. . . .

Quel éclatant réveil... L'Europe rajeunie
Soudain s'est ranimée aux accens du génie.
La vie a pénétré la mort et le chaos.
Sortant après mille ans d'un indigne repos,
Plus fier qu'un roi captif qui reprend sa couronne,
L'esprit humain vainqueur remonte sur son trône.
La science au berceau, timide en son essor,
Jadis sur un seul peuple épuisait son trésor,
Tandis qu'au loin, privé de sa douce influence,
L'univers désolé n'offrait qu'un vide immense :
Dans son vol aujourd'hui franchissant les déserts,
La riche voyageuse à cent peuples divers
Porte ses fruits, semblable à ces plantes nouvelles
Que le vent de l'automne emporte sur ses ailes,
Et sème en se jouant au bord du clair ruisseau,
Au flanc noir du rocher, au sommet du coteau.

Conquérans, déployez votre rage insensée,
Pillez, brûlez, frappez ; qu'importe à la pensée
Le glaive d'Attila, la torche des sultans ?
Elle brave et le fer, et la flamme et le temps,
Et parmi les débris, au sein de l'incendie,
Puise, brillant phénix, une nouvelle vie ;
Elle n'est plus captive en ces vastes palais
Où l'orgueil d'un seul homme entassait à grands frais
De rares manuscrits inconnus à la terre,
Et perdus sous les flots d'une vile poussière ;
On ne voit plus dans Rome un Pompée, un César
Parmi les rois vaincus l'enchaîner à son char :
Son destin ne suit plus le destin d'une ville :
Sa patrie est partout... le plus modeste asile,
Grâce à cet art divin de nos jours inventé,
Garde ses monuments pour la postérité.
O Grèce, c'est à toi dont l'âme se réveille,
Oui, c'est à toi surtout de bénir la merveille
Qui sauve de l'oubli ton génie et tes dieux,
Consacre tes héros et te rend tes aïeux.
Que d'auteurs immortels, échappés au naufrage,
Après un long exil saluant ton rivage,
Vont paraître à tes yeux, non plus défigurés,
Vieillis, souillés de poudre, en lambeaux déchirés,
Mais purs, mais couronnés d'une splendeur nouvelle,
Et par l'art animés d'une vie immortelle !

Honneur à votre nom, honneur à vos travaux,
O vous de Guttemberg héritiers et rivaux,
Peintres de la parole, et dont la main savante,
Prêtant à la pensée une forme vivante,
Sous des habits pompeux la montre à nos regards ;
Elzévir et Didot, chers aux yeux des beaux-arts,
Vous vivrez dans l'histoire à l'ombre des ouvrages
Dont votre airain solide a dessiné les pages.

. . . .

Gardienne du passé, reine de l'avenir,
La Presse des grands noms lègue le souvenir.
Que de talens éteints, de héros sans mémoire
Dont son burin fidèle eût consacré la gloire !
Que de muses dans l'ombre autrefois ont chanté !
Que de voix sans écho dans la postérité !
Ah ! chantez maintenant, enfans de l'harmonie,
Vous tous que la nature a dotés du génie,
Parlez, ne redoutez ni l'oubli ni la mort ;
Que pourrait contre vous leur inutile effort ?
Ne vous reste-t-il pas deux mondes pour refuge,
Le présent pour témoin, et l'avenir pour juge ?

Peuples, unissez-vous par des liens sacrés :
Les hommes par les mers ne sont plus séparés.
Pour eux dans la nature il n'est plus de barrières,
Leurs destins sont communs, leurs intérêts sont frères,
Et, confondant leurs mœurs, leurs pensers et leurs vœux,
Ils s'entendent de loin et se parlent des yeux.
Une seule âme enfin semble agiter le monde.
L'idée, en s'élançant d'une tête féconde,
Prend des ailes, un corps, et franchit l'univers.
C'est l'oiseau messager qui traverse les airs ;
C'est l'étoile qui fuit, c'est la flamme électrique
Qui, plus rapide encor, vole et se communique ;
C'est un feu qui, partout dispersant sa chaleur,
Puise dans ses progrès une nouvelle ardeur.

Vous aussi souriez à ce brillant aurore,
Princes, maîtres qu'on craint ou pères qu'on adore :
La Presse, dont la voix est l'effroi des tyrans,
Protège les bons rois et les rend tout-puissans.
Non, jamais aucun joug n'a courbé la pensée,
C'est en vain que souvent une main insensée
A voulu par des fers embarrasser ses pas :
Princes, guidez la Presse et ne l'enchaînez pas ;
Car c'est elle qui sauve et soutient vos couronnes,
C'est elle qui, volant jusqu'au pied de vos trônes,
A travers les flatteurs porte la vérité,
Et fait près du pouvoir asseoir la liberté.

. . . .

Siècle à jamais fameux qui vis naître la Presse,
Dans ton sein agité que d'avenir se presse !
Bon et fatal génie, audacieux géant,
Un flambeau dans la main et le front rayonnant.
Tu marches, l'univers fléchit sous ton empire,
La liberté renaît, l'humanité respire,
Et tous avec respect inclinés devant toi,
Les siècles en passant te proclament leur roi.

(*Aimer, prier, chanter, ou Études poétiques et religieuses.* Paris,
Dupont, 1834, 1838).

Avec HÉGÉSIPPE MOREAU nous rentrons dans
l'arène politique. L'*Épître à M. Firmin-Didot
sur l'Imprimerie* (1839) est, en effet, dirigée
contre les adversaires de la liberté d'expression
de la pensée. Sa phrase éloquente, enflammée,
et partant persuasive, est vivifiée encore d'un
souffle poétique atteignant par endroits à une
rare élévation d'idées et un grand bonheur d'expression.

Mais laissons-le parler.

ÉPITRE A M. FIRMIN DIDOT
SUR L'IMPRIMERIE

Quand les muses pleurant les gloires de la France,
Avec des souvenirs lui rendent l'espérance,
Poète et citoyen, de quel œil peux-tu voir
Une ligue hypocrite alarmer le pouvoir,
Et frappant au guichet de Sainte-Pélagie,
Tantôt pour la chanson, tantôt pour l'élégie,
Avec le fer des lois poursuivre sans repos
Un art dont la lumière a trahi ses complots ?
Mais de l'opinion, souveraine immortelle,
Il éclaire les pas, il triomphe avec elle,
Et le pontife-roi fulminant un édit,
En vain sur leur empire a lancé l'interdit.
Ils ne sont plus ces temps où la sainte parole
Tonnait et foudroyait du haut du Capitole,
Où la raison timide, en butte aux oppresseurs,
Dans l'exil ou les fers suivait ses défenseurs,
Et comme leurs écrits aux pieds du saint-office
Les voyait quelquefois brûler en sacrifice.
Zélateurs du passé, qui vers cet âge d'or
Prétendez aujourd'hui nous repousser encor,

N'avez-vous donc jamais déroulé ses annales ?
Elles offrent à peine, à de longs intervalles,
Aux lecteurs fatigués de tableaux odieux,
Quelques pages de gloire où reposer ses yeux.
Comme le diamant perdu dans la poussière
Qui n'attend pour briller qu'un rayon de lumière,
Que de talents alors méconnus, avilis,
Dans un cercueil obscur tombaient ensevelis !
Un Voltaire, un Rousseau, sous le chaume champêtre,
Ignorés de leur siècle, et d'eux-mêmes peut-être,
Expiraient tout entiers : l'étude au feu divin
Qui, captif dans leur âme, y bouillonnait en vain,
Pour éclairer le monde eût ouvert un passage.
L'étude... Mais hélas ! de ce trésor du sage
Les peuples malheureux, ne sachant pas jouir,
A l'ombre des autels le laissaient enfouir.
Ces transfuges légers de Grèce et d'Ausonie,
Ces livres où les dieux du goût et du génie
Traçaient pour l'avenir leurs oracles sacrés,
Voltigeaient au hasard, dispersés, déchirés,
Semblables dans leur suite aux réponses qu'envoie
La sibylle de Cume à l'exilé de Troie.
Un peuple envahissant, l'incendie à la main,
Foule aux pieds les débris du colosse romain.
Et le vent du désert sur l'Europe tremblante
Souffle pour l'engloutir sa poussière brûlante.
Déjà tout s'obscurcit : mais lorsque avec effroi
Ramenant du passé mes yeux autour de moi,
Je cherche les fléaux qu'il semblait nous prédire,
Quel contraste ! partout le fanatisme expire.
A la voix de la gloire et de la liberté,
Un autre enthousiasme a partout éclaté,
Plus fécond en exploits que cette frénésie
Dont l'Europe chrétienne épouvantait l'Asie,
Terrible, mais laissant aux peuples satisfaits,
Après un jour d'effroi des siècles de bienfaits.
Qui donc précipita ce mouvement rapide,
Et comme les Hébreux quand tout marchait sans guide,
Quel nuage de flamme éclaira par degrés
Une route inconnue aux peuples égarés ?
Honneur à Guttemberg ! et puisse d'âge en âge
Son nom vivre et grandir ainsi que son ouvrage !
Honneur à toi, Mayence : il a dans tes remparts
Découvert l'art magique utile à tous les arts !
Au lieu de fatiguer la plume vigilante,
De consumer sans cesse une activité lente
A reproduire en vain ces écrits fugitifs,
Abattus dans leur vol par les ans destructifs,
Pour donner une forme, un essor aux pensées,
Des signes voyageurs, sous des mains exercées,
Vont saisir en courant leur place dans un mot :
Sur ce métal uni l'encre passe, et bientôt,
Sortant multiplié de la presse rapide,
Le discours parle aux yeux sur une feuille humide.
O vous que dépouillaient des vainqueurs insolents,
Muses, ne craignez plus que vos trésors brûlants
Eclairent leur triomphe, ou que la tyrannie
Dans la prison d'un sage enferme le génie,
Ou que sur un bûcher elle étouffe sa voix ;
Bravant la faux du temps et le sceptre des rois,
L'œuvre de la pensée est rapide comme elle,
Comme elle insaisissable et comme elle immortelle
Sans peine l'univers s'unira bien souvent
Aux rêves du poète, aux veilles du savant.

Le génie en courroux, qui, dans un beau délire,
Contre les oppresseurs fait révolter la lyre,
Croit voir autour de lui le monde s'assembler,
Le peuple s'émouvoir et les tyrans trembler ;
Ainsi, lorsque la Grèce, ivre de chants épiques,
A grands flots se pressait aux fêtes Olympiques,
Agités par les sons du luth national,
Tous les cœurs palpitaient d'un mouvement égal,
Tous les cris menaçaient la puissance usurpée,
Tous les bras étendus imploraient une épée.
Les peuples aveuglés, frappés par le pouvoir,
Qui traînaient dans la nuit leurs chaînes sans les voir,
Se relèvent enfin, se parlent, se répondent ;
Puis, comme les douleurs, les plaintes se confondent,
Et ne forment bientôt qu'un seul cri menaçant :
Liberté ! Si ce nom fut souillé par le sang,
S'il fut un cri de mort contre le diadème,
La gloire, la vertu... c'est que le peuple même
Des fers du despotisme armait la liberté,
Et, successeur des rois, comme eux était flatté ;
C'est qu'aux pieds des bourreaux, la presse encor muette
N'osait à la douleur offrir un interprète.
Mais, terrible et fécond, l'orage s'est enfui,
Le ciel s'est épuré ; c'est en vain qu'aujourd'hui
D'une époque sanglante on rouvre les abîmes,
Et que pour argument on soulève des crimes ;
Liberté, c'est en vain qu'on cherche à te flétrir,
Tu ne peux maintenant t'égarer ni mourir.
Nul abus ne pourra grandir dans le silence,
Contre le despotisme et contre la licence.
Les partis font tonner leur courroux éloquent,
Et la lumière entre eux jaillit d'un choc fréquent
Ainsi, la vérité, faible solliciteuse
Qui, comme la prière, à la cour est boiteuse,
Moins timide et moins lente, osera quelquefois
A travers leurs conseils se glisser jusqu'aux rois.
Ils entendront les cris de la douleur plaintive,
La gloire poursuivra la vertu fugitive,
Et quand même Thémis oublîrait de frapper,
Les forfaits au carcan ne pourront échapper.
Chaque jour un essaim d'écrits périodiques,
Innombrables héros des combats politiques,
Signalant les dangers, vole à l'appui des lois
Rallier tous les cœurs, armer toutes les voix.
Le jeune citoyen, que cet écho réveille,
S'enflamme chaque jour aux débats de la veille,
Et peut-être, embrassant un avenir flatteur,
Du temps qui le vieillit accuse la lenteur,
Souffre de tous les maux de la patrie esclave,
Et rêve en contemplant le buste de Barnave.
Avec un autre siècle, ils ont fui pour toujours
Ces héros de scandale honorés dans les cours,
Qui d'un nom glorieux subissant l'ironie,
Savaient au plaisir seul sacrifier leur vie.
Le Français, jeune encor, échappant au repos,
Verse, pour l'ennoblir, son sang sous les drapeaux,
Et, lorsque avec la paix les muses consolantes
Viennent jeter des fleurs sur les palmes sanglantes,
Tantôt associant l'étude à ses plaisirs,
Des jeux de Melpomène il charme ses loisirs,
Tantôt, ivre d'espoir, à la tribune il vole
D'une bouche éloquente épier la parole,
Tantôt dans un convoi, suivant la gloire en deuil,
Il dispute l'honneur de porter un cercueil.

Qu'on tremble d'étouffer ces flammes généreuses,
C'est en les irritant qu'on les rend dangereuses.
En vain le despotisme, armé du fer des lois,
Commandait le silence à la presse aux cent voix,
Éteignant les fanaux sur le bord de l'abîme,
De son triomphe même il fût tombé victime.
Et s'il faut d'un exemple appuyer mes discours,
Voyez de l'Orient les peuples et les cours :
Au lit du souverain, là, le sabre qui veille
D'un murmure indiscret préserve son oreille :
Inaccessible même à la voix du remord,
Au sein des voluptés, il se plonge et s'endort.
Il dort... mais tout à coup la révolte hardie
Dans son palais en feu gronde avec l'incendie :
Lui-même tombe aux pieds de ce peuple rampant,
Et l'orage imprévu l'éclaire en le frappant.
Contre les attentats d'une aveugle puissance
Déjà que de douleurs se soulevaient en France !
Menacés par les lois, que d'artisans obscurs
S'entretenaient tout bas de leurs destins futurs,
Et loin de la patrie esclave et désolée
Se choisissaient d'avance une tombe exilée !
Jeune encore et tremblant pour l'art qui m'a nourri,
Moi, j'ai pleuré comme eux, et comme eux j'ai souri
Lorsque de nos cités à la douleur en proie
S'élevèrent des feux et des concerts de joie.
Non, sur des bords lointains il ne faudra jamais
Devant ses ennemis rougir du nom français,
Et dans l'état obscur où le ciel nous fit naître
Notre sort coulera paisible, heureux peut-être.
Quand l'art hospitalier nous laisse des loisirs,
Ainsi qu'à nos besoins, il veille à nos plaisirs
Et qui donc n'a jamais puisé dans la lecture
Un oubli consolant, une volupté pure ?
Les livres autrefois vendus au poids de l'or,
Dont l'avare opulence amassait le trésor,
Des cloîtres, des palais secouant la poussière,
Se sont enfin glissés jusque dans la chaumière ;
Pénates vigilants, en tous lieux aujourd'hui
Ils bercent les douleurs et dissipent l'ennui,
Souvent ils sont fêtés même par l'ignorance :
Notre cœur languit-il, en deuil d'une espérance,
Détrompé d'amitié, désenchanté d'amour,
Walter Scott à nos yeux fait passer tour à tour
Les brigands féodaux qui couraient, pleins de zèle,
Purifier leurs mains dans le sang infidèle,
Ou ses gais Bohémiens, ou ses chefs belliqueux,
Et des temps, des climats aussi bizarres qu'eux.
Le lecteur, franchissant l'espace des années,
Vit de leurs passions et de leurs destinées,
Et de ces grands malheurs qu'il essaie un moment
Vers les siens plus légers il revole gaîment.
Hélas ! pourquoi faut-il qu'aveuglant la jeunesse,
Comme tous les plaisirs, l'étude ait son ivresse ?
Les chefs-d'œuvre du goût, par mes soins reproduits,
Ont occupé mes jours, ont enchanté mes nuits,
Et souvent, insensé ! j'ai répandu des larmes,
Semblable au forgeron qui, préparant des armes,
Avide des exploits qu'il ne partage pas,
Siffle un air belliqueux et rêve les combats

Sans avoir le charme des vers qu'on vient
de lire, le discours que M. CLOVIS MICHAUX

(de Troyes), procureur du roi à Fontainebleau, prononça le 9 août 1839, à l'inauguration de la Bibliothèque de cette dernière ville, contient de fort beaux passages, dont voici le plus intéressant au point de vue qui nous occupe :

L'Imprimerie ! qui dira sa puissance, et son influence sur les destinées de l'humanité ? Avant cette découverte d'un Allemand, la science était un sanctuaire impénétrable au plus grand nombre. On comptait les adeptes initiés à ses mystères. Sous le nom de sciences occultes, l'erreur et l'imposture avaient aussi les leurs. L'Imprimerie paraît et la face du monde intellectuel est changée. Dieu semble avoir répété sa solennelle parole : *que la lumière se fasse !* et un nouveau flambeau, allumé pour les yeux de l'esprit, court répandre le jour de proche en proche chez tous les peuples de la terre. L'Imprimerie, rayonnant en tout sens dans le vaste domaine de l'intelligence, en perce les profondeurs, en dissipe les ténèbres. Dès lors, on n'eut plus à redouter ces retours de la barbarie victorieuse sur la civilisation expirante. Dès lors, les secrets du savoir, étalés sous les yeux de tous, furent accessibles à tous. Le besoin de s'instruire s'accrut en proportion des moyens de le satisfaire. De leur abondance naquit l'esprit de discussion et d'examen, qui a mis au néant tant de préjugés et remis tant de vérités en honneur. Les livres, aidés de la liberté qui fut en partie leur ouvrage, ont opéré cette heureuse révolution parmi les hommes.

Charles Poncy, le poète-maçon toulonnais, a voulu consacrer aux imprimeurs une chanson dont la musique fut écrite par Luigi Bordèse :

LA CHANSON DE L'IMPRIMEUR

Sur l'univers, maudit pour une pomme,
L'erreur, la nuit régnaient, quant tout à coup
Un astre éclos dans le cerveau d'un homme
L'illumina d'un bout à l'autre bout.
Ce météore, aux quatre coins du monde
Fut salué d'enivrantes clameurs.
Depuis ce jour sa clarté nous inonde.
Gloire immortelle à l'art des imprimeurs !

Cet art divin, à la pensée humaine
Créa soudain de larges ailes d'or ;
Puis, lui donnant l'infini pour domaine,
Rendit fécond son lumineux essor.
Grâces à lui, des travaux du génie
Le peuple aussi put goûter les primeurs
Et s'abreuver à leur source bénie.
Gloire immortelle à l'art des imprimeurs !

Il déchira les ténébreux grimoires
Dont les sorciers effrayaient les hameaux.
Pour les dorer il exhuma les gloires,
Pour les guérir il dévoila les maux.
Des nations qu'opprimait l'esclavage
Il adoucit les destins et les mœurs ;
Il éclaira la tente du sauvage.
Gloire immortelle à l'art des imprimeurs.

A ce soleil rouvrant ses deux prunelles,
La Vérité s'envola de son puits.
De liberté, de concorde éternelles
A tous les cœurs elle a parlé depuis.
Par notre voix, au passé qui s'écroule
Elle a crié : « Ton règne est fini : meurs !
« Meurs : l'avenir devant tous se déroule ».
Gloire immortelle à l'art des imprimeurs !

Oui, gloire à l'art qui balaya la fange
Où croupissaient les peuples et les rois.
Gloire à ses fils, à la grande phalange
Qui fit jaillir des éclairs de ses doigts ;
Leurs nobles rangs, qu'un saint amour resserre,
Ont Béranger, le roi des gais rimeurs;
Ils ont Franklin, qui vainquit le tonnerre.
Gloire immortelle à l'art des imprimeurs !

Amis, notre art c'est l'étoile des âmes,
C'est le levier qu'Archimède a rêvé ;
Lorsque le monde a, sous l'assaut des lames,
Touché l'écueil, c'est lui qui l'a sauvé.
De cette nef qu'un bon vent favorise,
Dieu nous a faits pilotes et rameurs :
Guidons sa proue à la terre promise.
Gloire immortelle à l'art des imprimeurs !

(*Les Chants de l'Atelier*, 2ᵉ collection).

A Jules Michelet, l'historien inspiré de la France, admiré même par ceux qui n'admettent pas toutes ses conclusions, la naissance de la Typographie aurait dû, semble-t-il, dicter une page maîtresse dans laquelle l'écrivain eût donné libre carrière à son imagination pour célébrer un événement aussi gros de promesses. Il n'en est rien. Le poète, en ceci, a été bridé par le savant; il s'est laissé dominer par cette constatation que l'Imprimerie, durant trop longtemps à son gré, n'a servi qu'à perpétuer l'enseignement doctrinal du Moyen âge, qu'elle a trop tardé à devenir un instrument de libération intellectuelle.

L'Imprimerie, bienfait immense qui va centupler pour l'homme les moyens de la liberté, sert d'abord, il faut le dire, à propager les ouvrages qui, depuis trois cents ans, ont le plus efficacement entravé la Renaissance. Elle multiplie à l'infini les scolastiques et les mystiques. Si elle imprime Tacite, elle inonde les bibliothèques de Duns Scot et de saint Thomas ; elle publie, elle éternise les cent glossateurs du Lombard qu'on délaissait dans la poussière. Submergées des livres barbares du Moyen âge qu'on exhume à la fois, les écoles subissent une déplorable recrudescence d'absurdités théologiques.

Peu ou rien en langue vulgaire. Les livres anciens se publient avec une extrême lenteur. C'est quarante ou cinquante ans après la découverte qu'on s'avise d'imprimer Homère, Tacite, Aristote. Platon est pour l'autre siècle. Si l'on publie l'antiquité, on publie et republie bien autrement le Moyen âge...

L'Imprimerie avait, il est vrai, rendu à l'humanité le service immense de lui mettre entre les mains le livre auquel depuis si longtemps elle obéissait sans le connaître. Aux Bibles latines innombrables succédèrent les traductions, dix-sept rien qu'en allemand ! L'embarras était pourtant dans l'énormité de ce livre, dans la variété des ouvrages qu'il réunit. L'humanité était ravie de tenir son Dieu écrit, étonnée et effrayée de lui trouver cent visages. Le premier attribut de Dieu, l'unité, l'immutabilité, semblait en contradiction avec cette diversité infinie, changeante. *On aurait voulu un symbole*, on eut une encyclopédie. *On aurait voulu un type*, simple, applicable, qu'on pût imiter. L'esprit du temps était inquiet, mais non pas révolutionnaire.

De ce pêle-mêle immense de la Bible, de tant de doctrines contraires (par exemple, pour et contre le péché originel) sortirait-il un principe vainqueur qui fît oublier les autres, les dominât pour quelque temps ? Il y avait bien peu d'apparence... Devant un objet trop multiple, le premier effet était de vertige. L'esprit humain, étourdi, ahuri, au lieu de choisir, restait immobile et ne prenait rien.

MICHELET, qui était fils d'imprimeur et tint lui-même le composteur, avait déjà écrit dans *Ma Jeunesse* :

L'Imprimerie m'a toujours causé une émotion religieuse. Qu'est-ce que la presse aux temps modernes, sinon l'aube sainte, le temple de la pensée.

PHILARÈTE CHASLES (1798-1873), qui préluda à sa brillante carrière littéraire par un apprentissage de typographe, attribue l'invention de l'Imprimerie à l'influence religieuse. En tant que besoin ayant créé l'organe par le stimulant de la nécessité, oui, peut-être ; la littérature religieuse étant la seule qui existât, qui subsistât alors, c'est pour elle que travaillaient les chercheurs. Mais, davantage, il y voit un reflet direct, persistant aux divers stades de la découverte, de la volonté du clergé.

Voilà une opinion que l'on n'accusera pas d'être banale ! C'est une thèse défendable, comme toutes les thèses, par des arguments théoriques, mais que ne justifie aucune des données précises que l'on possède sur la question.

Rien de plus laïque que les chercheurs, rien de plus matériel que leurs opérations, qu'il s'agisse de Laurent Coster, de Gutenberg et de ses associés, de Procope Waldfoghel à Avignon, de tous ceux auxquels on a fait honneur d'une participation à la découverte suprême.

Si cette opinion était bien prouvée, elle fournirait un étai logique à celle de MICHELET sur le rôle rétrograde de la Typographie durant tout le XVe siècle, de MICHELET qui dit ailleurs, et plus justement :

Le jour baisse horriblement. Et il ne faut pas croire qu'il renaisse avec l'Imprimerie ; elle agit lentement, nous le prouverons ; cette grande et impartiale puissance aide d'abord tous les partis : les amis de la lumière aussi bien que ses ennemis.

N'est-ce pas naturel ? Un outil était né, chacun s'en servait selon ses tendances.

Au surplus, notre rôle n'est pas de discuter, ni même de disserter. Nous voulons présenter des chants et des textes en les éclairant un peu. Voici donc ce que dit PHILARÈTE CHASLES dans un fort curieux article de ses *Études sur... le Moyen âge*, intitulé *Intérieur de l'atelier de Gutenberg* :

La véritable inventeur, c'est le genre humain. Il est naturel de fondre un caractère dans un moule, après l'avoir vu gravé en relief ; c'est chose naturelle de sculpter une lettre dans le métal après l'avoir déjà gravée sur bois ; il est logique de diviser les lettres de l'alphabet quand on a divisé les mots, de séparer les mots après avoir séparé les pages et, en remontant toujours, de graver des pages après avoir gravé des cartes, de faire des cartes avec des empreintes après avoir fabriqué des cachets ou des sceaux en relief, enfin d'essayer le relief après avoir usé du cachet creux : rien de plus simple. Il a fallu cependant, pour descendre tous ces degrés, du cachet à l'Imprimerie, quatre mille ans.

L'Imprimerie est née, non pas en dépit de la religion chrétienne et catholique, mais dans son sein même, et bercée par elle. Comme premiers monuments, comme atomes élémentaires de cette découverte, on trouve des légendes grossièrement sculptées, des reproductions de prières sur des blocs de bois, des fragments bibliques, des livres d'éducation rédigés par les moines. Cela devait être. Le clergé était seul instituteur des âmes et des esprits. Que l'on explique la naissance de l'Imprimerie par les petits *Donats* de Hollande ou par les jeux de cartes du XVe siècle, on ne peut échapper à l'influence du clergé. Les philosophes des derniers temps, assez peu dévots, comme chacun sait, ont caché de leur mieux cette source ecclésiastique. Que n'ont-ils pas dit contre les moines Augustins, Dominicains, et Bénédictins ! Ces moines sont les premiers promoteurs de l'Imprimerie, ou plutôt les premiers imprimeurs. Ils avaient fait les cathédrales, les avaient ornées, sculptées, festonnées et chargées de vitrages transparents et accompagnés de légendes. Tous les arts s'étaient développés sous leurs mains...

Pas de belle église qui ne fût ornée de ses verreries, enchâssées et brillantes comme des diamants, tachant çà et là le pavé de pourpre, d'azur, d'orange, et présentant toute l'histoire de la Bible, resplendissante au soleil. C'était la Bible du pauvre. Il ne savait pas lire, mais il voyait.

... Quand le clergé vit les cartes à jouer courir entre les mains de tout le monde, il essaya d'appliquer les cartes à des usages plus nobles et plus pieux. On y perdait de l'argent ; il voulut qu'on espérât y gagner son salut.

. . . .

Le clergé s'avisa donc de... conseiller aux fabricants la création de feuilles de parchemin séparées, portant, au lieu de ce païen César et de cette païenne Didon, de

beaux saints et de belles saintes, avec des légendes et quelquefois leurs noms. L'œuvre n'était pas difficile ; il suffisait de copier les vitraux de toutes les églises. On jouait aux cartes avec les fidèles ; et quand même ils n'auraient pas su lire, il n'y avait pas moyen de fermer les yeux et d'oublier Moïse, Pharaon, Joseph ou Jacob. Bientôt ces nouvelles cartes, grandes comme la main, furent recherchées ; on les assembla pour faire des recueils de gravures. Les vitres et les fenêtres des couvents déteignirent sur ces petits volumes primitifs. Toutes les verrières du couvent d'Hirschau (Wurtemberg) se trouvent, dit Lessing, dans le vénérable bouquin nommé *Biblia Pauperum.*

Ces cartes étaient gravées sur bois, comme les anciennes cartes à jouer. Point de perspective, de proportion, de dégradation de lumière. Cependant l'étude des vitraux perfectionna les graveurs sur bois ; ils se forma deux confréries, celle des *tailleurs de bois* et celle des *peintres de lettres* ou *imagiers*, toutes deux fort riches. Ainsi le dessin, la gravure, la peinture, l'empreinte imitée du cachet antique, avaient déjà contribué à former cet art, qui n'était encore qu'une ébauche.

Tout cela se passait au moment où fermentait une singulière exaltation, où le roi cherchait des livres, où le pauvre voulait déchiffrer une inscription, où l'on retenait un copiste six mois à l'avance, où Alphonse de Naples faisait la paix avec Médicis, qui lui avait prêté un manuscrit. Puisque l'on gravait déjà des légendes de saints sur des blocs de bois, pourquoi ne pas y graver des mots, des phrases et des paragraphes ? Pourquoi ne pas se servir du même moyen pour tirer beaucoup de copies ? Le clergé ne pouvait que gagner à cette popularisation des légendes et des psaumes : les grossières images de saints que l'on voit suspendues au foyer de nos chaumières sont précisément semblables aux informes essais de l'Imprimerie. Elle débute par de petits *Specula humanæ salvationis*, des grammaires à l'usage des couvents, des fragments de cantiques qui remplaçaient économiquement les livres imprimés. Je ne chercherai pas ici quand finit l'époque de la gravure en bloc ou *xylographie*, quand et par quelles mains heureuses se mobilisèrent les caractères de l'alphabet, auxquels ce fractionnement donna tant de pouvoir ; — si ce fut à Harlem, en 1400; à Strasbourg, en 1440; à Mayence, en 1460; à Bamberg, en 1461, que le prodige s'opéra. Chaque opinion compte ses autorités ; il ne serait pas impossible qu'elles eussent toutes raison, que des essais incomplets, des tentatives avortées, aient précédé la découverte définitive qui devait remplacer le manuscrit par le livre imprimé.

. . . .

Plus loin, l'auteur apprécie à son tour le rôle social de l'Imprimerie :

Quelle volupté délicate s'offrit tout à coup aux intelligences, quand elles purent disposer en souveraines de tout ce que le monde a jamais produit d'idées !...

Les vrais et grands résultats de l'Imprimerie se trouvent ailleurs. Elle appartient essentiellement au peuple ; elle popularise et divise les connaissances en atomes imperceptibles, elle les répand dans l'atmosphère comme un arome subtil qui pénètre en dépit d'elles-mêmes les intelligences les plus vulgaires. L'indépendance de l'esprit en est la conséquence nécessaire, et la facilité de l'insurrection s'y rattache. Tout comprendre ! tout savoir ! l'arbre de la science accessible à tous ! Dès le commencement du XVIᵉ siècle, les puissants virent ce que c'était que l'imprimerie ; ils en avaient une grande admiration, ils en eurent peur... Une fois la lumière faite, comment l'éteindre ? Et quand même Louis XI, ce mauvais homme d'esprit, aurait mal accueilli l'Imprimerie, que d'ailleurs il aimait beaucoup, qu'aurait-il pu tenter contre cette seconde délivrance de l'homme, comme l'appelait Martin Luther ? L'Imprimerie, c'est la mémoire du genre humain fixée.

. . . .

D'une plaquette en vers intitulée *Le Char de l'Imprimerie, Souvenir de la Cavalcade de l'Exposition de Montdidier* (15 mai 1865), par M. GALOPPE D'ONQUAIRE, nous voulons citer au moins le motif principal :

Je suis le char qui porte la pensée,
J'illustre le présent, je fonde l'avenir,
Et, sur mon trône d'or, toute gloire passée
    Devient un vivant souvenir.

Donnons maintenant la volée à de menues pièces que leurs titres présentent suffisamment, ce qui nous dispense d'alourdir chacune d'elles d'un commentaire.

POÉSIE

lue au banquet de l'Union syndicale des Ouvriers de l'Imprimerie et de la Reliure, de Constantine, en mai 1882.

L'Imprimerie a fait de rapides progrès.
L'art l'a prise et soudain, de ses fortes mamelles,
La presse aux mille voix, aux cent mille nouvelles,
A fait des droits de tous les droits les plus sacrés.

Elle est la liberté ! C'est elle qui du trône
Sapa les fondements dans la boue affermis ;
Chez les peuples divers elle fit des amis ;
Elle est pour l'univers le flambeau qui rayonne !

Salut à nos amis qui, de loin ou de près,
Fêtent en même temps notre union puissante !
Vers eux notre pensée ira, fière et constante,
Leur porter nos liens de plus en plus serrés !

Unissons-nous, debout ! Et saluons encore
Tous ceux qui, dispersés dans notre cher pays,
Forment des corps nombreux et pour toujours unis ;
Confédération, salut à ton aurore !

Soyons fiers, et nous tous, fils du grand Gutenberg,
Cimentons à jamais son œuvre magnifique.
Pionniers du travail, vive la République,
Le labeur est constant et le champ est ouvert.

LES TYPOGRAPHES DE L'IMPRIMERIE NOUVELLE,
à l'occasion de la fête de Gutenberg.
(*La Typographie Française*, 1ᵉʳ juin 1882).

L'IMPRIMERIE

Qu'elle vienne de Chine ou bien de l'Allemagne,
Que ce soit un Mongol ou bien un fils du Rhin
Qui nous ait honorés de cet art souverain,
Il importe bien peu pour le fruit qu'on en gagne !

Le Présent ne voit plus, des Ourals à l'Espagne,
De l'Irlande au dernier îlot grec, pauvre écrin,
Que la Machine avec le Progrès pour entrain,
Et lançant le *Fiat Lux* ! du golfe à la montagne !

L'inventeur n'est plus rien qu'un créateur brumeux,
Et la Perfection, couvrant son nom fameux,
Resplendit, en auteur, reine, à travers le monde.

L'Imprimerie est fille ainsi de ce pouvoir
Dont la facilité de produire est féconde
Et qui, pour Patrie, a tous les champs du savoir !

Henri Turpin
(Poésies de métier : Typographiques, 1890).

L'IMPRIMERIE

Rabelais ! A ce joyeux nom,
Tous les verres, quittez la table !
Rabelais dit que le canon
Est une invention du diable,
Mais que, par contre, le bon Dieu
Pour combattre l'artillerie,
Opposant la lumière au feu,
Nous a donné l'Imprimerie :
 Alerte, imprimeurs !
 Inondez de lueurs
 Le monde qui tâtonne !
 Faut-il que le flambeau
 Reste sous le boisseau ?
 Non, il faut qu'il rayonne !

A l'heure de l'oiseau de nuit,
Le chiffonnier avec sa hotte
Passe le seuil de son réduit,
Sa lanterne à sa main tremblotte
Sur les loques, les vieux papiers,
Nouveau Diogène, il se penche ;
Son crochet arrache au fumier
Ce qui sera la page blanche.
 Alerte, imprimeurs ! etc.

Fleuves, torrents ou ruisseau clair,
Issus de la terre profonde
Ou des glaciers durcis à l'air,
Lavez ces chiffons dans votre onde !
Foulons, en cadence battez !
Que le papier des flots émerge
Comme un cygne, et les vérités
Brilleront sur la page vierge.
 Alerte, imprimeurs ! etc.

Jésus multiplia les pains,
Gutenberg sème la parole
Aux horizons les plus lointains
Par delà les mers elle vole,

Pour étendre cette lueur,
Pour accélérer sa vitesse,
L'esprit moderne, la vapeur,
Ajoute son aile à la presse.
 Alerte, imprimeurs ! etc.

Pierre Dupont.

Tant de belles pages, écrites à la gloire de notre profession, n'ont pas épuisé l'admiration des hommes envers elle, non plus que leur reconnaissance pour ses créateurs. Voici que, de nos jours, un savant lettré, et non des moindres, M. Georges Renard, professeur au Collège de France, où il est chargé de faire l'histoire du Travail, a prononcé dans cette chaire des paroles qui renouvellent les précédentes, qui sont une strophe ajoutée à l'hymne sans fin qui monte de la Terre aux Champs-Elyséens, où les esprits supérieurs se rencontrent et se réunissent en un aréopage idéal.

Empruntons-lui quelques phrases de sa leçon d'ouverture :

On ne saurait trop magnifier l'importance de la révolution que l'Imprimerie opéra dans les choses de l'esprit. On a dit que son invention sépare l'ère moderne du Moyen âge. Le mot est de M. Firmin Didot (*Essai sur la Typographie*, 1851, p. 1). Mot d'imprimeur... Mais il est confirmé par tous les historiens, qui s'accordent à signaler la Typographie comme une découverte d'une portée incalculable, comme un bienfait immense, comme une fontaine de Jouvence renouvelant le monde de la pensée, comme une arche sainte de l'humanité, suivant l'expression d'un poète ouvrier (Barrillot), comme une conquérante qui s'est emparée de la terre entière avec une trentaine de soldats de plomb.

. . . .

Dès son apparition, elle est saluée de cris de colère et de cris d'enthousiasme. Elle est maudite par l'armée des copistes qu'elle ruine et condamne presque à mort. Elle est par le reste de la population prônée, vantée, célébrée comme une merveille plus divine qu'humaine, durant son existence elle suscita ainsi des sentiments contradictoires...

Avant tout, elle est la conservatrice de ce qu'ont fait et pensé les générations disparues. Les hommes de tout temps ont essayé d'entrer en rapports avec les morts, et ceux de nos jours, encore, n'ont pas renoncé à les évoquer. Eh bien ! l'Imprimerie nous met en communication avec ces êtres invisibles; elle ressuscite pour nous les esprits; elle perpétue, en les multipliant, les œuvres qu'ils ont conçues ; elle assure la durée à la connaissance des phases qu'a traversées la civilisation humaine ; elle est l'auxiliaire la plus précieuse de l'histoire ; elle doue d'une vie illimitée les documents à demi effacés qui nous arrivent du fond des âges.

Elle n'est pas moins utile à la science. Grâce à elle, les trésors d'expérience amassés par nos ancêtres ne risquent plus d'être perdus ; les vérités acquises le sont pour toujours. Grâce à elle l'humanité a pu être comparée à

59

un homme qui vit et apprend sans cesse ; elle interdit ces retours d'obscurité, ces régressions d'ignorance qui ont suivi de grands cataclysmes sociaux, tels que l'invasion des barbares. On l'a parfois appelée l'invention-mère des temps modernes, parce qu'elle fait naître d'autres inventions en répandant celles qui sont déjà connues.

Elle protège également contre la mort ou contre l'oubli, ce qui est tout un, le trésor de beauté que nous ont légué les siècles révolus... La grande vulgarisatrice a reproduit par milliers, par millions d'exemplaires, les chants rituels et les légendes des religions, les rêves des poètes, les méditations des philosophes, toutes ces productions du génie humain qui font les délices et la consolation des lettrés, qui peuplent la solitude et remplissent de voix le silence du liseur enfermé dans son cabinet de travail, qui charment, exaltent et inspirent les nouveaux venus du monde intellectuel.

L'art en a pareillement bénéficié. Liée dès l'origine à la gravure, l'Imprimerie a popularisé des peintures, des sculptures qui, sans elle, seraient demeurées emprisonnées dans les galeries inaccessibles de riches amateurs, vouées à la satisfaction égoïste de quelques privilégiés. Elle a mis à la portée de tous des jouissances qui semblaient l'apanage d'une petite aristocratie. Elle a du même coup jeté dans la circulation, des techniques qui étaient secrètes, personnelles, et qui, si elles ne donnent pas le talent, lui permettent au moins de se développer.

. . . .

Sur le présent, l'Imprimerie exerce une influence tout aussi considérable. Elle est la grande informatrice; elle donne des ailes à la pensée ; elle propage les nouvelles et les idées; elle est, comme disait Sieyès, pour l'immensité de l'espace, ce qu'était la voix de l'orateur sur les places publiques d'Athènes et de Rome ; elle permet aux professeurs, aux hommes politiques de parler par les fenêtres de la salle où leur auditoire est contenu ; elle porte la parole humaine par-dessus les montagnes et les mers jusqu'aux confins de la planète.

Puis elle invite au savoir et elle le facilite ; elle fait de la lecture un pain quotidien dont on ne sait plus se passer ; elle a de toutes parts fait surgir des écoles. Elle transfigure la bête à deux pieds que fut l'homme primitif en un être de plus en plus cérébral ; elle tend à faire prédominer l'intelligence sur la force brutale, le pouvoir de la raison sur celui des épées.

Mais surtout, elle est créatrice de l'avenir. Elle est une semeuse d'idées et d'aspirations nouvelles. Sans son aide, Luther eût été brûlé comme le fut Jean Huss, la Révolution française n'eût été qu'un feu de paille. Comme elle a pour tâche de mettre la lumière à la portée de tous, on peut dire qu'elle est un perpétuel appel au peuple, qu'elle travaille dans le sens démocratique. Elle est le véhicule des innovations qui changent la face de la terre et des sociétés. N'est-ce pas Rivarol qui, frappé de sa puissance combative, la dénommait : l'artillerie de la pensée ?

. . . .

Le grand orateur espagnol Castelar a dit que si, un jour, on citait en jugement toutes les institutions dont se vantent les peuples civilisés et si elles se présentaient tenant dans une main le bien et dans l'autre le mal qu'elles ont fait, aucune peut-être ne pourrait sortir du tribunal la tête aussi haute que l'Imprimerie et méritant mieux les bénédictions de la conscience humaine.

Ce sera aussi notre conclusion. Elle est un instrument de progrès indéfini, qui peut sans doute être détourné de sa véritable et bienfaisante fonction, mais qui, manié comme il faut, a produit et produira encore de quoi réjouir, consoler et guider les hommes, de quoi les rendre plus maîtres de la nature et d'eux-mêmes, plus justes, plus heureux et meilleurs.

Pour être basé sur des raisons plus positives que la plupart des panégyriques précédents, celui-ci n'en est pas moins élevé. Au contraire, il acquiert, du fait que les arguments en sont réels, sans cesser d'être nobles, et non pas seulement tirés du domaine des rêves conventionnels dont se berce l'humanité, une force singulière de persuasion.

Sans nécessité non plus d'être escortés d'une explication que passerait le lecteur, nous réunissons une poignée de pensées, de réflexions, de définitions glanées dans le vaste champ de la littérature française.

Ces deux inventions (l'Artillerie et l'Imprimerie) sont en tout et par tout l'une à l'autre contraires : l'Artillerie étant inventée pour la guerre, l'Imprimerie pour la paix : celle-là faisant mourir les hommes illustres qui vivent, et celle-ci leur redonnant la vie après qu'ils sont morts.

Je veux croire que si l'ancienneté establit sept espèces de sciences, je ne penseray forligner quand j'y adjousteray l'art de l'Impression pour huitième.

Etienne Pasquier.
(Les Recherches de la France, 1560)

Il n'est point d'invention qui, plus que l'Imprimerie, ait contribué aux progrès moraux et matériels de l'humanité.

L. de Belfort de La Roque.

L'Imprimerie a affranchi l'esprit humain.

Maurice Barrès

On peut la considérer comme le flambeau de l'intelligence humaine, qui porte la lumière dans le monde entier.

Ermel.
(Rapport du Jury, 1878).

Mère de la science et de la liberté.

Mme Louis Figuier.

La plus intelligente des professions.

Lamartine.

Art sublime, qui renouvela le monde, qui dissipa les ténèbres de l'ignorance et de la superstition !

J. Pizzetta.
(Histoire d'une feuille de papier, 1868).

L'Imprimerie, en rendant les livres plus communs, nous a tirés de la nécessité avantageuse de les copier, nécessité bien propre à former l'esprit.

(Journal de Trévoux, février 1772).

Le commerce, la boussole, quelques découvertes utiles et surtout l'importante découverte de l'art de l'Imprimerie ont produit des révolutions successives dans tous les empires et ont insensiblement changé la face de l'univers.

Le despotisme, par une sorte d'instinct, voulut d'abord repousser une invention qui a donné des ailes à la pensée, qui l'a mise à l'abri des ravages du temps et de la violence, qui nous a révélé le secret de nos forces et aux tyrans celui de leurs faiblesses ; qui, mettant chaque individu à portée de profiter des connaissances de tous les siècles, forme de toutes les intelligences une seule intelligence, et a pour ainsi dire donné une âme universelle au monde.

La force des choses l'emporta sur les combinaisons de la politique, l'Imprimerie s'établit partout, et partout elle répandit des flots de lumière. Bientôt on fut averti par l'expérience que l'ignorance n'est bonne à rien, qu'elle nuit à tout ; que la vérité est un besoin de l'homme, et qu'elle est surtout un besoin pour la société.

Portalis.

(Rapport au Conseil des Anciens, 15 avril 1797).

L'Imprimerie est aujourd'hui dans l'ordre social ce que sont les élémens de la nature ; et comme elle les réunit tous, sa puissance est prodigieuse. C'est un feu qui éclaire, ou qui brûle ; c'est une terre qui produit de bons ou de mauvais fruits; c'est l'eau qui fertilise, ou un torrent qui renverse ; c'est l'air qui vivifie ou qui tue.

D'autres ont dit que l'Imprimerie était l'arbre de la science du bien et du mal : ceux-ci, qu'elle est un présent du ciel ; ceux-là, que c'est un monstre sorti de l'enfer.

Quoi qu'il en soit de ces définitions, on ne peut disconvenir qu'il n'y a point d'instrument remis à la main des hommes qui ait eu plus d'action que la presse sur la sphère morale et politique des peuples. Cette action fut aussi rapide que décisive pour mettre un frein aux ravages du temps, assurer un asile à tout ce qu'il avait épargné des productions du génie littéraire de l'antiquité, et ouvrir au même moment toutes les sources d'instruction et de lumière. Dès ses premières œuvres l'Imprimerie fut divinisée...

G.-A. Crapelet, imprimeur.

(Études pratiques et littéraires sur la Typographie, 1837).

L'Imprimerie, une fois découverte, s'enrichit, se polit tout d'un coup singulièrement... Ce n'est pas ici le lieu d'en parler avec détail ; mais, honneur, gloire et reconnaissance, mille fois, au paisible triumvirat qui, pour toujours, établit, entre les intelligences, des voies rapides et sûres, d'une extrémité de la terre à l'autre.

Marquis du Roure.

(Analectabiblion, 1836-1837).

L'Imprimerie a changé le sort de l'Europe, elle changera la face du monde.

Sieyès.

Toutes les grandes découvertes, dont nous admirons aujourd'hui les belles applications dans les sciences, les arts, l'industrie, sont filles de la découverte de l'Imprimerie. Sans elle, une bonne idée qui naissait dans la tête d'un homme était presque perdue ; elle mourait avec lui.

Louis Fortoul.

(L'Industrie Moderne, 1861).

L'idéal serait que l'imprimerie ne fût pas une affaire commerciale, mais seulement la servante de l'humanité.

Par la seule découverte de la typographie, les forces intellectuelles d'un peuple ou d'une époque ont été préservées et sont devenues le bien commun de tous les peuples et de toutes les générations. Chacune d'elles n'a plus à se recommencer par la base, mais peut prendre la suite de la génération précédente. De ce fait, le progrès du monde est en marche permanente.

(Traduit de l'anglais par Ed. Morin).

Le livre seul dure.

(Ex libris de Louis Morin).

A cette époque, la Typographie avait déjà mis en circulation, de toutes parts, un nombre considérable de livres divers dont le prix, d'abord élevé, diminuait de jour en jour. L'Europe admirait et applaudissait; car, on doit le reconnaître à l'honneur des contemporains de Gutenberg, ils eurent la conscience de la grandeur de sa découverte. Le pape et les rois adoptent et encouragent la Typographie : les savants, les lettrés la célèbrent en vers et en prose avec enthousiasme; c'est un noble spectacle. On voit que le monde se sent heureux de la conviction que les vérités importantes ne peuvent plus périr, et comprend que l'Imprimerie, qui les garde et les propage, oppose désormais un obstacle insurmontable à toute rechute de la société humaine dans les ténèbres de la barbarie.

H. Bordier et Ed. Charton.

(Histoire de France, t. I, in fine).

Parmi les pièces de théâtre qui ont mis en scène des artisans du Livre, celle de M. Gustave Devieu : Les Imprimeurs de Paris, pièce en 1 acte, mêlée de couplets (Paris, imp. Dubois et Vert, s. d.) est à citer, non tant pour elle-même, car elle est insignifiante, que pour l'épigraphe, non signée, qui en charge le titre. Quel qu'en soit l'auteur, elle vaut d'être recueillie :

Comme moyen de communication entre les hommes, l'Imprimerie joue, dans le domaine des intelligences, le rôle que la machine à vapeur, appliquée aux grandes routes, joue dans le monde matériel. Elle travaille à unir les peuples par le lien puissant des idées, comme le chemin de fer par le lien des intérêts ; elle ébranle, elle mine chaque jour la vieille barrière des haines nationales, et prépare ainsi le triomphe de la fraternité universelle, qui ne doit plus faire, un jour, du genre humain tout entier, qu'une grande famille.

Hélas ! les chemins de fer relient aussi les peuples par des lignes stratégiques, routes d'invasion, et l'Imprimerie n'a pas empêché la tuerie de 1914-1918 !...

La réalité donne parfois de sanglants démentis aux spéculations optimistes des philosophes. Oui, l'humanité est une grande famille, mais combien divisée, grands dieux !

Dans la même saynète se trouve, sur l'air de *Charlotte la Républicaine*, une

RONDE DES IMPRIMEURS

Sans blasons, ni croix, ni grandeur,
Être l'ami de tout le monde,
Voilà le refrain de la ronde
    Des joyeux imprimeurs.

    Le matin, avec *chic*,
    En allant à l'ouvrage,
    Il prend sur son passage
    Un petit verr' de *cric* :
    Puis, il chant' de tout cœur,
    Installé d'vant sa presse :
    Arrière la paresse,
    Honneur au travailleur !
Sans blasons...

    Le sam'di du paîment,
    Non, jamais il ne manque
    De v'nir prendre sa banque,
    Et de mettre en sortant
    Dans un bout de papier
    La part de son épouse,
    Mais glisser sous sa blouse
    La réserv' du caissier.
Sans blasons...

    Si, dans les ateliers,
    On quêt' pour un malade,
    En brave camarade
    Il est un des premiers
    A lui tendre la main,
    En disant : « C'est un frère,
    Soulageons sa misère,
    Mon tour peut v'nir demain » !
Sans blasons...

Il y a moins à glaner encore dans les pièces suivantes, dont les titres au moins sont bons à rassembler :

Farce des trois suppôts de l'Imprimerie, en vers, à trois personnages, par N... 1578.

Plaisants devis des suppôts du seigneur de la Coquille. In-8º, 1580.

Arlequin imprimeur, ou Pourquoi écoutait-il ? comédie, par Lepitre. Paris, 1794, in-8º.

L'Imprimeur sans caractère, ou le Classique et le Romantique, comédie-vaudeville en 1 acte, par MM. Gabriel Dartois (Armand) et Francis (baron d'Allarde). Paris, Variétés, 18 août 1824. Édité la même année chez Barba.

La Tirelire, tableau-vaudeville en 1 acte, par MM. Cogniard Frères et Jaime, Palais-Royal, 5 novembre 1835. On y met en scène un relieur et son atelier.

Thomas l'imprimeur, drame mêlé de chant, en 3 actes, par Victor Roger. Théâtre du Panthéon, 18 février 1843. Paris, A. Appert.

Amour et Typographie, par Henry Madinier et A. Parrot, pochade en 1 acte. Paris, Jondé, 1856. Non représenté.

Les Typo-chevrotins, ou le Casseiin d'Ovide, tragédie de caractère en 1 acte, suivie d'une grande libation avec final et couplet, par Eugène Guillois. Paris, Jondé, 1857.

Les Typographes parisiens, drame en 5 actes, mêlés de chants, par MM. Stanislas de Charnal et Henri Auger de Beaulieu. Folies-Dramatiques, 21 juillet 1839. Paris, Barba.

Y-a du tirage, typographie comique. Paroles de Félix Baumaine et Charles Blondelet, avec piano par Michels, 1872.

Fleuriste et Typographe, ou les Apprentis de la place du Caire, opérette en 1 acte, par A. de Villebichot, 1878.

Le chauvinisme corporatif n'ira pas jusqu'à nous faire dire que toutes ces pièces — celles du moins que nous avons lues, car certaines demeurent introuvables — sont des chefs-d'œuvre incompris. Non. Mais elle évoquent des coutumes, des mœurs, des souvenirs d'atelier qui, vus à distance de temps, offrent un charme dont les initiés n'essaient pas de se défendre ; d'autant que ces scènes de tous les jours d'autrefois ne se reproduisent guère, les exigences de la vie industrielle moderne ne s'accommodant plus de fantaisie.

✧ ✧ ✧

SUR LE LIVRE

Enfin, sur le Livre, but principal de l'Imprimerie et la plus importante de ses applications, quelques pièces de sources bien diverses, de plumes bien différentes aussi, mais qui toutes disent, expressément ou d'une façon tacite, l'infinie gratitude, l'excessif amour des hommes éclairés pour cet ami de tous les jours sans lequel notre existence ne se comprendrait plus.

LE LIVRE ET LA PRESSE

    C'est bien ici le monde renversé,
    Dit, un jour, le Livre à la Presse,
    Car c'est moi qui suis l'oppressé;
Pourtant je ne dis mot, et tu gémis sans cesse.
    Oui, je gémis, dit-elle, sur ton sort
    Dont une longue expérience

Me donne quelque connoissance.
Tu paroîtras au grand jour, et d'abord
De curieux une troupe empressée
T'accueillera, non pas pour ta beauté,
Mais pour ta seule nouveauté.
Tu seras peu de temps l'objet de leur pensée.
Les savants et les beaux esprits
Voudront peut-être aussi te voir et te connaître :
Mais chacun d'eux t'examinant en maître,
Va sans appel décider de ton prix.
De tes défauts leur amère critique
Fera bientôt une liste publique.
Que dis-je ? crains encor un plus triste destin ;
A peine auras-tu vu quelques jours la lumière,
Que, laissé dans le magasin,
Rongé des vers et couvert de poussière,
Tu seras ignoré de tout le genre humain,
Jusqu'à ce qu'on te livre à la prophane main
De l'épicier, de la fruitière.
Tu subiras encor le stupide mépris
D'un tas de marmousets dont la sotte arrogance
Sait tout, juge de tout sans avoir rien appris.
— Arrête, c'en est trop. Que contre cette engeance
Chez mon auteur j'aille crier vengeance !
— Non, mon ami, modère ce transport,
Ton auteur sur ce point est sans inquiétude ;
D'ailleurs il sait que *l'on a toujours tort
De s'emporter contre la multitude.*

R. P. DES BILLONS.
(Fables choisies, 1768).

LES DEUX LIVRES
Fable

Seuls habitans d'une même tablette,
Deux Livres s'y trouvoient placés commodément :
L'un, relié superbement,
Annonçoit une bonne emplette ;
L'autre, vêtu d'un simple parchemin,
Dont la surface étoit et jaunie et ridée,
Donnoit de son mérite une fâcheuse idée,
Et voyoit tous les yeux fixés sur son voisin.
Aussi, ce fier Voisin lui déclarant la guerre,
Dans ses propos n'épargnoit guère
Les mépris et le ton moqueur :
Rare modèle de douceur,
Notre Livre outragé gardoit un long silence,
Toujours flatté de l'espérance
Que des Dieux, à la fin, l'équitable vengeance
Sçauroit de son rival anéantir l'orgueil.
Ses vœux sont exaucés : mortelle maladie
(Grâces au Médecin) promptement expédie
Leur Maître, et le met au cercueil.
Aux regards éclairés d'une troupe sçavante,
Voilà que tous les deux sont exposés en vente :
Chacun est ébloui soudain
Du Livre à la riche encolure ;
Mais, dès l'instant qu'on en fait l'ouverture,
On le rejette avec dédain :
« O Ciel ! s'écria-t-on, par quelle erreur grossière
« Le sort a-t-il pris soin d'orner ce sot bouquin,
« Né pour la fange et la poussière » !

Mais son compatriote est autrement traité
Par mille mains à l'envi feuilletté ;
Il présentoit à chaque page
D'esprit et de talens un solide assemblage ;
En lettres d'or surtout on y voyoit écrit :
Ne jugez point des hommes par l'habit.

A Survilliers, près Louvres, 8 février 1767.

GAUDET, lieutenant en la Prévôté de V***
(Journal de Verdun, septembre 1767).

ÉPITRE A MES LIVRES

Amis vrais et constans, sûrs et fidèles guides,
Pères des voluptés délicates, solides,
O mes Livres, ô vous qui, charmant mon loisir,
Savez donner au temps les ailes du plaisir !
Mon cœur, formé par vous aux leçons de Minerve,
Vous offre ce tribut qu'elle inspire à ma verve.

Après ce préambule, l'auteur passe en revue les principaux auteurs dont s'enorgueillissait la littérature de son époque, il donne son avis sur leurs œuvres, expose les raisons qui lui font aimer les uns, détester ou simplement dédaigner les autres, et termine par une invocation :

O mes livres chéris ! Société divine,
Où mon cœur vient puiser la vertu, la doctrine ;
Dans ces nuits où, pensif, j'aime à vous admirer,
Instruisez ma jeunesse et daignez m'inspirer :
Encouragez l'essor de mon âme timide !
Passionnez mon cœur ! que d'une aile rapide
Il vole vers le temple où vos noms glorieux
Verront ceux des Héros gravés au-dessous d'eux !
Et toi, fils de la Nuit, solitaire silence !
Descends, veille à ma porte ; et pendant que je pense,
Écarte l'importun qui voudrait me ravir
Ces heures de l'étude et d'un noble plaisir.

L.-P. BÉRENGER, de Rieux.
Porte-feuille d'un Troubadour, ou Essais poétiques, 1782).

A MES LIVRES

J'aime les champs, les prés ; j'aime les fleurs, les arbres ;
Tout ce qui de la vie exprime un mouvement ;
Et j'aime les vieux murs, les pierres et les marbres,
Tout ce qui du passé nous laisse un monument.

Mais pour aller chercher les blés et la bruyère
Il faut un pas léger, une aile de zéphyr,
Et, comme un papillon se joue à la lumière,
Des rayons du soleil aimer à s'éblouir.

Ou bien il faut braver la poussière des routes
Pour aller admirer Delphes, le Parthénon...
Et revenir, souvent, sans apaiser ses doutes,
Car le temps sur la pierre efface plus d'un nom.

Voilà pourquoi je veux, à l'ombre de ma chambre,
Toujours à ma portée et sans aller si loin,
De petits monuments que je parfume d'ambre,
Que de soie et velours je recouvre avec soin.

Avec eux je possède et l'espace et les âges,
Sans fatigue et sans bruit je voyage en tous lieux ;
Hôtes de mon foyer, savants, poètes, sages,
Idoles de l'esprit, après Dieu sont mes dieux.

Comment ne pas aimer un livre ?... C'est une âme ;
A l'oreille du cœur il nous parle tout bas,
Il est le seul ami qu'on permette à la femme
Et le seul que le temps ne nous enlève pas.

Janvier 1879.

COMTESSE DE L'ECUYER.
(*Bulletin du Bibliophile*, mars 1879).

DANTE A PARIS

La Presse

Nous descendions alors vers le cœur de Paris.
« Cette part de cité me fut jadis connue
Vivant ; Constance Chlore a bâti ses murs gris.

Je dois trouver encore ici, dans cette rue,
L'école de Robert Sorbon. — Retourne-toi.
La voici. — Quoi ! ce dôme élancé dans la nue,

C'est là l'humble maison que donna le saint roi
Aux pauvres écoliers ? — La maison agrandie
A vu décroître, hélas ! la science et la foi !

Du feu qui vous brûla c'est la cendre attiédie.
Entrons. Vois ce vieillard, somnolent auditeur,
Ce jeune homme naïf, à la face arrondie,

Qu'amuse, avant dîner, un habile rhéteur :
C'est la Sorbonne. — Où sont nos luttes, notre audace,
Nos dix ans de débats pour créer un docteur ?

— N'en cherche rien ici, Dante ; regarde et passe.
— Quoi ! le savoir s'éteint à la source de l'art.
— Non. Vois ce blanc palais, tout jeune, dont la face,

De mille noms savants tatouée au hasard,
Paraît un catalogue, au lieu d'un édifice,
Et livre son enseigne au vent, comme un bazar.

De cet accoutrement négligeons le caprice ;
Pénétrons dans ses murs. — Que de livres, grand Dieu !
De leurs dos rapprochés le palais se tapisse.

Tout ce qui fut écrit sans doute est dans ce lieu,
Comme les morts un jour dans la triste vallée ;
Ailleurs à la lecture on dit un long adieu ?

— Non : tu ne vois des morts qu'une faible assemblée,
L'Europe a cent trésors plus riches, plus nombreux ;
La plus humble maison de livres est peuplée.

— Les hommes sont donc tous copistes ? Qui d'entre eux
Sème, bâtit, combat, si tous tiennent la plume ?
Et si toutes les mains écrivent, pour quels yeux » ?

Mon guide fit un signe : aussitôt un volume
Descendit des rayons, sur la table s'ouvrit.
Je reconnus les vers qu'a forgés mon enclume.

Pendant qu'à les revoir j'occupais mon esprit,
Sur un signe nouveau descend un nouveau livre,
Tout pareil au premier, des mêmes vers écrit,

Où du même écrivain la main semblait revivre.
C'était le même livre ; ils étaient deux pourtant !
— « Il sont ainsi dix mille. Un grand moule de cuivre

Les conçoit à la fois, les enfante à l'instant.
O Dante, c'est ici la véritable école ;
Et dans le monde entier sa voix de fer s'entend.
Sigier se tait : la presse a tué la parole. »

JACQUES DEMOGEOT.
(*Contes et causeries*, 1862).

BIBLIOMANIE

Pour un Elzévir que j'envie,
Bouquin à nul autre pareil,
Je raccourcirais bien ma vie !
Janin disait : « En Normandie,
On vendrait terres au soleil
Pour un Elzévir qu'on envie » !

Pour un bel Alde que j'envie,
Ou pour un sonnet bien sonnant,
Je donnerais avec ma vie
L'oncle au coffre-fort résonnant
Pour un bel Alde que j'envie !

Je donnerais ma belle amie
Aux cheveux d'or, que j'aime tant,
Pour le bel Alde que j'envie,
Ou pour un sonnet bien sonnant,
Ou pour l'Elzévir que j'envie !

V. CONSTANT.
(*La Musette*, mai 1884).

Boufalka.

UN ERRANT

Pauvre volume, abandonné
  Tout fané,
Es-tu sorti de ta retraite
  Indiscrète
Pour te voir chez un inconnu
  Retenu ?

Elle te goûtait, ta maîtresse,
  Blonde tresse,
Témoin ce long cheveu brillant,
  Accueillant ;
Tu la suivais, page embaumée,
  Tant aimée.

Elle te laisse dans la mort,
   Et s'endort ;
A tous hasards elle te livre,
   Petit livre ;
O pauvre errant, repose-toi
   Près de moi.

CHARLES DES GUERROIS.

(Poèmes inquiets, 1896).

PUISSANCE DU LIVRE

Mets à part, enfouis sous la terre le livre,
   Ce qui conduit, ce qui délivre,
Jette au feu des bûchers les feuillets lumineux,
   Pour les poètes sois haineux,
Fais de la cendre avec les antiques histoires
   Comme avec les modernes gloires ;
Comme si tu voulais n'aller plus qu'à tâtons,
   Déchire en morceau les Platons,
Marche sur Aristote en esprit d'insolence,
   Et dans l'instant Dieu fait silence,
L'homme devient muet, l'univers est sans lois,
   L'infini fait taire ses voix.
De la cendre refais le livre, la parole,
   Ce qui marche et luit, tonne et vole,
Tout redevient lumière aux univers vivants,
   Sous l'haleine errante des vents ;
Le livre fait fleurir la parole divine
   Comme un rayon une ruine ;
Livre, c'est vie et germe au profond du sillon.
   Livre, c'est résurrection.

CHARLES DES GUERROIS.

Troyes, juillet 1900   *(Automnes et reverdies, 1903).*

LE LIVRE

A la Fédération Française du Livre.

Le Livre, enfant, c'est notre ami suprême
Qui guidera ton esprit soucieux ;
C'est le flambeau qui rayonne quand même,
Qui te rendra savant et généreux !

Refrain :

L'Humanité, sur l'arbre et sur la pierre,
Gravait jadis, en de faibles dessins,
Ses vœux d'amour, sa naïve prière,
Les grandes lois qui réglaient ses destins !

Mais aujourd'hui c'est en ouvrant le Livre
Que nous sortons des limbes de la nuit ;
De nos aïeux chaque page nous livre
Les grands travaux, la gloire et tout l'esprit.

L'art immortel, embelli d'âge en âge,
Sur des feuillets conserve ses trésors
Et l'harmonie, enflammant l'homme sage,
Brave l'oubli qui précédait les morts.

Livre, tu tiens, dans tes pages bénies,
L'âme du monde et les secrets de Dieu,
En te lisant, nos joies sont infinies
Et nous pleurons quand tu parles d'adieu.

Dernier refrain :

L'Humanité, sur l'arbre et sur la pierre,
Gravait jadis, en de faibles dessins,
Ses vœux d'amour, sa naïve prière...
Mais, aujourd'hui, le Livre est dans nos mains.

LOUIS-EUGÈNE BAZIN.

(Le Siècle Typographique, octobre 1900).

La guerre, l'affreuse guerre dont nous venons d'être les victimes mal récompensées, n'a pas été favorable à la poésie : elle a brisé tant de jeunes plumes, meurtri tant de cerveaux !

Voici, toutefois, à propos de livres, l'hosannah par lequel le Conservateur de la Bibliothèque municipale de Troyes, heureusement préservée grâce à la bataille de la Marne, manifesta sa joie de la retrouver intacte lorsqu'il déposa le fusil du G. V. C.

Cette pièce inédite sera la note de guerre dans notre série.

S'ILS ÉTAIENT VENUS !

Vieux murs où le meilleur de mes jours se concentre,
Nef où l'œil s'éblouit devant un horizon
De livres assemblés, dont l'aspect, dès qu'on entre,
Fait sursauter d'effroi, toi qui joins en ton antre
Le silence d'un temple au froid d'une prison ;

Rayons qui déroulez en longue perspective
La fuite de leurs dos en damier jaune et roux,
Bataillons alignés de la pensée active,
O vous les grands levains de l'imaginative,
Que de fois j'ai pensé, dans ces jours noirs, à vous !

S'ils avaient pu venir dans ma cité vieillotte,
Comme ils auraient sauté sur vous, les grands pillards,
Comme, pour bien servir l'idéal patriote,
Ils vous auraient jetés dans le fond de leur hotte,
Ces chiffonniers savants, détrousseurs de milliards.

Missels où resplendit l'or clair des majuscules,
Bibles qui racontez au fil des blancs vélins
En tableautins naïfs la foi des temps crédules,
Heures qui mélangez l'éclat des renoncules
Au texte menaçant des psaumes sibyllins ;

Vous tous qui nous parlez par votre âme profonde,
De siècles mal connus, d'esprit insoupçonné,
Si vivants qu'à vous voir surgit dans la seconde
L'image d'un vieux moine, absorbé loin du monde,
Qui peint, penchant sur vous son front découronné ;

Et vous, les compagnons des époques moins rudes,
Qu'ont feuilletés, au long de labeurs patients,

65

Tant de mains où tremblait la fièvre des études,
Grimoires qu'ont creusés de leurs sollicitudes
Les cerveaux inquiets d'hommes omniscients ;

In-folios massifs et lourds comme des pierres,
Qu'Érasme ou que Charron peut-être ont savourés,
Horaces qu'ont frôlés pendant des nuits entières
Les perruques roulant en cascades altières
Des magistrats diserts et des prélats lettrés ;

Plantins, Aldes, Vérards, tous ces larrons dans l'âme
Vous eussent pris ! Songez ! Quels gains accumulés
Pour Herr Knatschké, privat docent, et pour Madame
La Générale Von Raeuber qui réclame
L'elzévir rarissime !... Ils vous auraient volés !

Vous surtout, libertins aux estampes galantes,
Si joliment vêtus de rouges maroquins,
Qui, dans de blancs boudoirs, près des bûches brûlantes,
Fûtes le doux régal de belles indolentes
Dont vous portez encor les nobles lambrequins ;

Menuets Louis treize « avec la mélodie
« Soutenue en son long par la basse et l'alto » ;
Fines planches d'acier où l'*Encyclopédie*
Met en tableaux divins les arts qu'elle étudie,
Ciels de Claude Lorrain, Mezzetins de Watteau ;

Bouquins qu'on ne lit plus, éloquentes reliques,
Témoins morts et muets, et qui pourtant parlez,
Parce que vous gardez sur vos pages antiques
Les noms obscurs de ceux qu'en des heures critiques
Vous avez su distraire, et parfois consolés ;

Romans de quatre sous sur papier à chandelles,
Exploits des Amadis, versets du pèlerin,
Alphabets des aïeux, bons Almanachs fidèles,
Pour les lettres d'amants Secrétaires modèles,
Vous auriez pris aussi le chemin d'outre-Rhin ;

Et jusqu'à vous encor, psautiers des monastères,
Rêves des sans-amours, seuls biens des détachés,
Intimes confidents de douces solitaires,
Par leurs soins annotés de pieux commentaires
Et du rappel touchant de leurs petits péchés.

Pour qu'entre deux hoquets de bière et de choucroute
Les gens de la Kultur poussent des « ach » joyeux,
Ils vous auraient vers Bonn ou Berlin mis en route,
Pour que tous leurs pédants à balafres à croûte
Braquent sur vos trésors les verres de leurs yeux.

Ah ! je les vois d'ici les rustres Kamarades,
Les uns grimpés sur les échelles et râflant,
D'autres en file, au pas de leurs grandes parades,
Les bras lourds de leurs vols, marchant sous les bourrades
Des feldwebel hargneux qui grognent sur le flanc.

Un boche, l'œil narquois, dans le bec un cigare,
A la fois hauptmann, et satyre, et doktor,
De peur qu'un seul in-douze oublié ne s'égare,
Pour que tous les fourgons aillent bien à la gare,
Aurait surveillé ça de ses lunettes d'or... !

Ils ne sont pas venus... Et bientôt, demain même,
D'autres livres viendront près des vieux, non pas vingt,
Mais mille, qui diront leur opprobre suprême
Et pour l'éternité jetteront l'anathème
    Aux Érostrates de Louvain !

LUCIEN MOREL-PAYEN.

Mai 1916.

Quelle meilleure suite donner à ces vers, où l'auteur se montre reprenant contact avec chacun des chers trésors confiés à sa garde, après avoir failli les perdre, qu'une magnifique poésie née d'hier — en pleine guerre aussi — et cependant déjà vieille puisque son auteur, Mme DANIEL-LESUEUR, morte depuis, y exalte les cruelles mais glorieuses luttes tout d'héroïsme que la victoire a transformées en âpres et mesquins conflits d'intérêt.

AU LIVRE

O Livre ! n'es-tu pas une chose émouvante !
Même inconnu, même fermé. Car, sur ma main,
Tu peux mettre le poids du plus grand rêve humain,
Des siècles d'art, de foi, d'amour et d'épouvante.

Et tu peux, sans peser moins lourd à mes poignets,
Les charger seulement d'un fardeau de silence,
Quand, sous l'obscur dédain, parmi l'indifférence,
L'humble parfum d'un cœur meurt entre tes feuillets.

Tantôt chef-d'œuvre, éclos au plus profond des races,
Frémissant des clameurs de l'éternel Désir.
Ton auteur ?... Tous les morts. Quel vivant peut saisir
L'archer rythmant le souffle éperdu des espaces ?

Un livre ?... cet abîme inouï de clarté !
Cela s'imprime et tient sous de jaunes brochures :
Les Védas, le Coran, les Saintes Écritures,
Le Lotus de Bouddha, du fond des temps jeté !

Idée au long essor, rêve antique des hommes,
Dans un texte enfermés, vous venez jusqu'à nous.
Écrits des jours anciens, premiers livres, c'est vous
Qui, du sauvage errant, fîtes ce que nous sommes.

Et c'est vous aujourd'hui qui, dans la sombre horreur,
Luttez pour le bon droit ou pour l'âpre artifice.
Ici, vous brandissez le glaive de justice,
Là, l'épieu brutal du Barbare en fureur.

O nos auteurs français, clairs comme des épées !
Britannique idéal, sur le droit établi,
Barde-guerrier de Rome, et toi, doux Tolstoï,
Vos espoirs généreux guident nos épopées.

L'Allemand peut mentir sous des dogmes hautains,
Ou dicter ses forfaits à face dévoilée ;
Nos livres sont le chant de notre âme envolée
Pour l'accomplissement des plus justes destins.

Même si, confiants, broyés au piège immonde,
Nous eussions vu couler jusqu'au bout notre sang,
Nos livres, après nous, d'un indicible accent,
Eussent versé la paix de nos cœurs sur le monde.

Livre, nous t'écrivons dans l'angoisse ou l'orgueil,
Puis les feuillets noircis où vivent nos tendresses
Glissent, tout palpitants, sous les luisantes presses
Tu reviens... Nous tremblons en te faisant accueil.

Nous t'ouvrons... Où donc est la splendeur de la flamme ?
Où donc tout le martyre ? et toute la beauté ?
Cher Livre, nous t'aimons : nous t'avons enfanté...
Mais le meilleur de toi pleure au fond de notre âme.

Parfois, dans un éclair, tu jaillis du cerveau,
Sans effort, net et pur, pareil au joyeux glaive
Que pour la charge, honneur du combat qui s'achève,
Une héroïque main arrache du fourreau.

Parfois aussi, créé dans la peine et le doute,
Quand sur toi, jour à jour, se penche un front pâli,
Tu deviens l'acier dur et si souvent poli,
Qui languit pour l'assaut près du poste d'écoute.

Les siècles ne verront dans votre éclat divers,
O faciles enfants du génie, ou merveilles
Écloses longuement durant les âpres veilles,
Que l'âme de la France éclairant l'Univers.

O Livres de demain !... forte et rude semence,
Qu'un rouge semeur jette aux sillons empourprés,
Plus haut encor que vos aïeux vous monterez,
Le Monde grandira des douleurs de la France.

(Congrès national du Livre, 1917).

Puisse-t-il un jour lui en savoir gré ! En attendant, travaillons de toutes nos forces, de toute notre intelligence, de tout notre cœur à panser ses plaies, afin qu'elle redevienne la douce France que nous avons connue, où il faisait si bon vivre, où il le ferait encore, même en travaillant, si nous ne nous laissions pas persuader du contraire.

Si VICTOR HUGO ne nous a pas fourni, sur l'Imprimerie, le poème que nous aurions désiré publier de lui, il s'est rattrapé vis-à-vis du Livre par une pièce de *L'Année Terrible* à propos des incendies de la Commune :

A QUI LA FAUTE ?

Tu viens d'incendier la bibliothèque ?

Oui.

J'ai mis le feu là.

Mais c'est un crime inouï !

Crime commis par toi contre toi-même, infâme !
Mais tu viens de tuer le rayon de ton âme !
C'est ton propre flambeau que tu viens de souffler !
Ce que ta rage impie et folle ose brûler,
C'est ton bien, ton trésor, ta dot, ton héritage !
Le livre, hostile au maître, est à ton avantage.
Le livre a toujours pris fait et cause pour toi.
Une bibliothèque est un acte de foi
Des générations ténébreuses encore
Qui rendent dans la nuit témoignage à l'aurore.
Quoi ! dans ce vénérable amas de vérités,
Dans ces chefs-d'œuvre pleins de foudre et de clartés,
Dans ce tombeau des temps devenu répertoire,
Dans les siècles, dans l'homme antique, dans l'histoire,
Dans le passé, leçon qu'épelle l'avenir,
Dans ce qui commença pour ne jamais finir,
Dans les poètes ; quoi ! dans ce gouffre des bibles,
Dans le divin monceau des Eschyles terribles,
Des Homères, des Jobs, debout sur l'horizon,
Dans Molière, Voltaire et Kant, dans la raison,
Tu jettes, misérable, une torche enflammée !
De tout l'esprit humain tu fais de la fumée !
As-tu donc oublié que ton libérateur,
C'est le livre ? Le livre est là, sur la hauteur ;
Il luit ; parce qu'il brille et qu'il les illumine,
Il détruit l'échafaud, la guerre, la famine ;
Il parle : plus d'esclave et plus de paria !
Ouvre un livre, Platon, Milton, Beccaria,
Lis ces prophètes, Dante, ou Shakespeare, ou Corneille :
L'âme immense qu'ils ont en eux, en toi s'éveille ;
Ebloui, tu te sens le même homme qu'eux tous ;
Tu deviens, en lisant, grave, pensif et doux ;
Tu sens dans ton esprit tous ces grands hommes croître ;
Ils t'enseignent ainsi que l'aube éclaire un cloître ;
A mesure qu'il plonge en ton cœur plus avant,
Leur chaud rayon t'apaise et te fais plus vivant ;
Ton âme interrogée est prête à leur répondre ;
Tu te reconnais bon, puis meilleur ; tu sens fondre
Comme la neige au feu, ton orgueil, tes fureurs,
Le mal, les préjugés, les rois, les empereurs !
Car la science en l'homme arrive la première.
Puis vient la liberté. Toute cette lumière,
C'est à toi, comprends donc ; et c'est toi qui l'éteins !
Les buts rêvés par toi sont par le livre atteints.
Le livre en ta pensée entre, il défait en elle
Les liens que l'erreur à la vérité mêle,
Car toute conscience est un nœud gordien.
Il est ton médecin, ton guide, ton gardien.
Ta haine, il la guérit ; ta démence, il te l'ôte.
Voilà ce que tu perds, hélas, et par ta faute !
Le livre est ta richesse à toi ! c'est le savoir,
Le droit, la vérité, la vertu, le devoir,
Le progrès, la raison dissipant tout délire.
Et tu détruis cela, toi !

Je ne sais pas lire.

On voudrait croire que les ignorants sont seuls capables de brûler des livres ; cependant, les destructeurs de Louvain savaient lire !...

(3)

LE PERSONNEL, LE MATÉRIEL
LES ARTS AUXILIAIRES

APRÈS l'œuvre d'imprimerie que nous aurons vue naître et se développer dans une atmosphère de sympathie à peine troublée de légères discordances, considérons l'ouvrier et, toujours guidés par la Muse qui ennoblit ce qu'elle touche, pénétrons dans l'officine où le Livre s'élabore, interrogeons le personnel, mêlons-nous à sa vie, demandons-lui — par le truchement de ses porte-parole — ce qu'il pense de son beau métier, écoutons ce qu'on dit de lui dans le monde. Et comme l'artisan est inséparable de son outil, faisons en même temps place à ce dernier dans notre galerie poétique.

Tout cela nous est offert d'abord par un petit livre très peu connu, même dans le monde professionnel : *Poésies de métier. Les Typographiques*, par Henri Turpin, imprimeur à Sancerre, 1890. En une soixantaine de pièces — de facture quelconque, c'est entendu — l'auteur a peint tout ce qui touche à l'Imprimerie : matériel, personnel, travaux, gloires ; soit, en raccourci et dans un rang moins élevé, l'ensemble que nous tentons nous-même.

L'énoncé seul des titres montrera que rien ou presque n'y a été omis, et des échantillons des pièces se rencontreront dans les pages qui vont suivre.

Matériel : *L'Atelier, Le Rang, La Casse, Le Composteur, La Galée, La Copie, Le Visorium, Les Pinces, Les Marbres, Marteau et Taquoir, Le Coupoir, Les Ais, Les Clichés*.

Fonctions : *Le Prote, Le Metteur en pages, La Conscience, Le Correcteur, Le Compositeur, L'Imposeur, Le Tableautier, Le Corrigeur, Le Conducteur, Le Pressier, L'Homme de bois, L'Apprenti*.

Machines : *Encres Lorilleux, Machines Marinoni, Machines Alauzet*.

Études : *Les Yeux, Le Papier, Les Manuscrits, Les Bibelots, Les Affiches, Le Rang Boildieu, Deux caractères : L'Elzévir, Le Cicéro, Le Lingotier*.

Tableaux d'atelier : *Chant, Le Verre typographique, La Veillée, La Câlance, Le Trimard, La Collecte à l'atelier*.

Critique : *La Réclame, La Religion du Typographe, La Chaîne, Equipe et Cote, Le Plomb d'imprimerie, La Lithographie*.

Historique : *Les Ancêtres (Dolet, Robert Estienne), Ulrich Géring, Cramoisy et Valleyre, Les Didot, Paul Dupont*.

Quelques ouvrages : *Les anciens Calligraphes, L'Imitation de Jésus-Christ (Imprimerie Royale), Virgile, Horace, Racine in-folio (Pierre Didot), Les Saints Evangiles (Mame, à Tours)*.

La Lyre typographique : *Le Temple du Goût; Souvenir de voyage (Tableau Courchinoux), Ode à Etienne Dolet, Poète, imprimeur, orateur (Dolet), Dolet à Paris*.

Sur l'influence de l'Imprimerie, *étude (en prose)*.

Cet ensemble, complet mais insuffisant au point de vue de la forme, laisse désirer mieux. Demandons-le à des auteurs mieux inspirés.

Dans la *Peyronnéide*, épître à M. de Peyronnet, ministre de la Justice, auteur d'un projet de loi supprimant la liberté de la presse (1827), Barthélemy et Méry montrent le ministre en proie à une tristesse profonde ; ils lui en demandent la cause :

L'ombre de Guttemberg exprimant la menace,
A-t-elle dans la nuit surgi devant ta face ?...

Cette cause, c'est le fâcheux effet produit sur l'esprit public par la proposition du ministre.

Un bien plus juste effroi consterne tes esprits :
Ton oreille, fermée aux clameurs de Paris,
Cette fois est ouverte au long cri de détresse
Que pousse autour de soi l'agonisante presse.
. . . .
Des ateliers proscrits secouant la poussière,
Les fils de Guttemberg ont levé leur bannière ;
Les robustes fondeurs, les pressiers aux bras nus,
Les protes escortés d'apprentis ingénus,
Chaque jour empressés de publier leurs votes,
Remplissent les journaux de leurs noms patriotes...

Voilà donc, nommés et esquissés d'un mot, presque tous les personnages de l'atelier typographique. Nous les retrouverons en détail et plus complètement étudiés.

Signalons encore, du confrère EMILE VERLET, quatre sonnets sur *le Prote, le Correcteur, le Typo, le Conducteur*. Le premier d'entre eux sera reproduit en place opportune.

Comme étude de milieu professionnel, il faudrait lire les *Scènes de la vie typographique*, du confrère AUGUSTE HEURÉ (Lausanne, impr. Ami Fatio, 1880). Si les vers de ce poème sont prosaïques au possible et font penser aux *Misères de ce monde* dont nous parlerons tout à l'heure et qu'on dirait sorties de la même plume, si la syntaxe y est quelque peu maltraitée aussi, on éprouve à leur lecture une impression de vérité, de vécu, de couleur locale que ne donnent pas les œuvres, de documentation toujours un peu factice, des auteurs littéraires, enclins à « arranger » la nature, parce que peintres, parce que poètes.

Ici, comme dans les *Misères*, nous avons des photographies instantanées, sans apprêt et sans pose.

Mais la pièce renferme 488 vers, et elle n'offre pas un égal intérêt dans toutes ses parties. Il suffira de donner la curieuse description qui y est faite d'un atelier,

. . . . triste et malsain séjour,
Antre mystérieux, usine où s'élabore
Le travail des penseurs que l'univers honore ;
Temple où flotte toujours l'invincible drapeau
De la pensée humaine ; où brille le flambeau
Qui jette sur le monde une lueur altière,
Resplendissante étoile à la douce lumière
Qui donne à chaque peuple, à chaque nation,
Les bienfaits de l'étude et de l'instruction.

Mais déjà le beffroi lentement frappe l'heure :
Il a le son lugubre et l'on dirait qu'il pleure.
Au bruit de sa voix grave on ouvre l'atelier
Et, franchissant le seuil, vient enfin l'ouvrier.
Tout à l'heure, au dedans, ce n'était que silence ;
La salle était obscure et paraissait immense ;
L'araignée en son coin filait paisiblement ;
Sous les *rangs*, les souris grignotaient doucement
Les miettes de pain traînant, depuis la veille,
Sur quelque *porte-page* ou près d'une bouteille ;
Seule une horloge en bois, fixée au long du mur,
Troublait de temps en temps leur festin de pain dur.
Mais tout passe ici-bas, et noces et bombances,
Mesdames les souris, trêve aux extravagances !
Le jour est revenu, rentrez vite en vos trous,
A la porte bientôt vont grincer les verroux.
Et toi, grêle animal, ô timide araignée,
Va cacher ton courroux et ta mine indignée,
Car tu sais le proverbe : Araignée au matin
N'apporte dans le cœur que peine et que chagrin.
Et le compositeur alors fait son entrée,
Il retrouve son *rang*, sa *casse* révérée,

Il revoit son outil et tout son attirail...
Allons ! portes encor la chaîne du travail,
Ilote du devoir, martyr de l'existence,
Reprends ton *composteur*, car ta tâche commence ;
Travaille tout le jour, recommence demain,
C'est là ta destinée... A l'œuvre ou meurs de faim !

        . . . . . .

En voilà assez pour montrer l'allure de cet ouvrage et révéler l'esprit qui l'anime. Son auteur semble méconnaître la loi du travail et aussi celle qui veut qu'on s'attache à son labeur pour l'accomplir avec le minimum de peine et sans ennui.

Au surplus, il doit y avoir dans ses plaintes plus d'influence de milieu, de réminiscences, que de sentiments véritables ; rien que le fait d'avoir écrit son poème, montre chez le camarade Heuré un intérêt profond pour son métier ; et puisqu'il l'aimait, il devait être au-dessus des mesquineries dont souffrent surtout ceux qui travaillent sans aptitudes et sans goût.

A signaler aussi, dans ces *Scènes*, une emphatique protestation contre l'introduction des femmes dans la Typographie. Il s'agissait en l'espèce du personnel féminin engagé et formé par M. G. Bridel, imprimeur à Lausanne, en mai 1873, comme réponse à des revendications ouvrières qu'il jugeait exagérées.

Une demoiselle E. R. (EMMA ROD), compositrice de la maison, répondit au « frère » Heuré dans une pièce de vers à peu près de la même force que ceux de son partenaire. Elle l'y remercie, d'une façon légèrement ironique, de sa sollicitude à l'égard de ses camarades en jupons, le rassure sur leur sort, car « Nous travaillons gaîment », dit-elle, et « la femme peut marcher sans crainte »,

« Le devoir » est le mot gravé sur sa bannière !

 oΟo

LA LETTRE
Fondeurs et Fonderie

La place d'honneur dans le chapitre du Matériel revient tout naturellement à la *lettre* dont la trouvaille, dont l'isolement du bloc xylographique par Gutenberg fut la clef du trésor sans cesse accru dont la Typographie a enrichi le monde; à *La Lettre d'Imprimerie*, « fixatrice des sons du langage, véhicule de la pensée, dépositrice du savoir humain, facteur des relations sociales », comme la définit FRANCIS THIBAUDEAU

dès l'entrée du magnifique monument qu'il lui a élevé voici deux ans ; au « premier alphabet, grossière mais sublime ébauche de vingt-quatre lettres qui se multiplièrent comme les brebis du patriarche, et qui finirent par couvrir le globe de caractères où s'incarna tout un élément nouveau et immatériel, la pensée » ! selon l'image employée par LAMARTINE dans son *Gutemberg*.

FOURNIER LE JEUNE a donné asile, dans les pages liminaires de son *Manuel typographique* (1764-1766), à divers quatrains relatifs aux lettres et aux caractères d'imprimerie. Voici ceux qui sont au tome II :

> Soutien du Temple de mémoire
> Nous transmettons les faits à la postérité
> Les Arts, les Sciences, l'Histoire
> Nous doivent l'Immortalité.

> Des faits éloignés de nos yeux
> Ces caractères nous instruisent
> Et par cet Art ingénieux
> Tous les talens s'immortalisent

Le plomb d'imprimerie a également inspiré un certain nombre de chansons. Sa nature essentiellement modifiable, ses emplois possibles et les comparaisons faciles auxquelles il se prête expliquent qu'il ait été fréquemment pris comme sujet.

Voici comme il fut chanté au théâtre de l'Ambigu, dans *Les Trois Révolutions*, le drame de MM. D'ENNERY et CLAIRVILLE :

RONDE DES IMPRIMEURS

> Tour à tour le plomb dans nos mains
> Sert à deux fins.
> D'abord ce plomb forme des lettres,
> Puis ces lettres forment des mots,
> Des mots qui démasquent les traîtres,
> Les trahisons, les noirs complots.
> Le peuple s'instruit à les lire,
> Et quand vient l'heure du danger,
> Ce plomb qui servait à l'instruire
> Nous sert encore à le venger !
> Tour à tour le plomb dans nos mains
> Sert à deux fins.

> Ce plomb précurseur des orages,
> Grâce à nous parle aux voyageurs ;
> Il annonce tous les naufrages,
> Il sait prévoir tous les malheurs.
> Mais quand notre bonté se lasse,
> Non, ce plomb n'est plus dans la nuit
> L'éclair qui prévient et qui passe...
> C'est le tonnerre qui détruit !
> Tour à tour...

> A l'ouvrage, travaillons vite
> Pour prévenir des insensés ;
> Et, si nous agissons ensuite,
> C'est que nous y serons forcés.
> Pour faire cesser tout scandale
> Ou pour frapper au sein des cours,
> Sous forme de lettre ou de balle
> Notre plomb portera toujours.
> Tour à tour...

> Enfin, notre règne commence,
> C'est le règne des Citoyens ;
> Peuple, à ton tour soit Roi de France,
> Mais n'imite pas les anciens.
> Imprimeurs, refondons nos balles,
> Que le plomb, rendu plus léger,
> Imprime en lettres capitales
> Les nobles chants de Béranger
> Tour à tour...

Chansons que tout cela ! oui, sans doute. Mais les chansons, chez nous, ne font pas que finir les choses en les arrangeant. Celle qui précède, dont nous n'avons pas trouvé la date, la porte en elle-même : elle se situe entre février 1848, dont elle consacre le succès, et juin qu'elle prévoit, qu'elle prépare presque, involontairement. Encore n'est-elle guère méchante. La prochaine révolution aura mieux dans son arsenal littéraire. Il nous souvient avoir lu, voici quelque trente ans, des couplets fort bien troussés, ma foi, exhortant les typos à glisser, au grand soir précurseur de quelle aube ! les lettres de leur casse dans le canon de leur fusil.

Opposons à ces regrettables prophéties, à ces détestables conseils, où nous voudrions voir plus de littérature facile que de conviction réfléchie, deux autres chansons qui, tout en faisant elles aussi allusion à l'utilisation du plomb dans un but homicide, font montre d'idées humanitaires que la violence n'aiderait pas à se réaliser, au contraire.

AU PLOMB D'IMPRIMERIE

> J'aime ta marche cadencée,
> O métal, alphabet vivant,
> Quand l'ouvrier de la pensée
> T'aligne dans l'acier mouvant.
> Mieux qu'au son belliqueux du cuivre
> L'avenir s'éveille à ce bruit...
> C'est l'aube qui chasse la nuit,
> C'est le progrès qui se fait livre.
> *Ref.* Plomb merveilleux, dans nos outils,
> Fais résonner ton cliquetis.

D'une intelligente mitraille
J'aime à voir ces outils chargés,
Ébranlant l'épaisse muraille
Des erreurs et des préjugés.
Tu tonnes, tu voles, tu brilles ;
Au cœur tu frappes les abus ;
Sous tes boulets et tes obus
Combien crouleront de bastilles !
Ref. Plomb merveilleux...

Ces types qu'au loin tu propages,
Issus du poinçon de Schæffer,
Deviennent des lignes, des pages,
Des feuilles qu'enchâsse le fer.
La presse grince... en large ondée
L'esprit nouveau prend son élan,
Et, de l'un à l'autre Océan,
L'idée humaine est fécondée.
Ref. Plomb merveilleux...

Savants, philosophes, poètes,
Prodiguez vos témérités ;
Vos voix ne seront pas muettes
Dans l'écho des postérités !
Vos chants reçoivent une empreinte
Qui du temps défira l'affront
Lorsqu'en poussière tomberont
L'or et le marbre de Corinthe.
Ref. Plomb merveilleux...

Révèle le Dieu-Conscience
Au cœur par le doute assombri,
Et que l'Éden de la science
A tous offre un immense abri.
Grandis l'homme, affranchis la femme,
Dis au méchant : « Tu te trompais » !...
De la justice et de la paix
Fais fleurir le germe en notre âme !
Ref. Plomb merveilleux...

Un jour, mousquets, sabres et piques,
En socs le marteau vous tordra ;
Seul des grandes luttes épiques
Le souvenir surnagera ;
Et vous, petits-fils des Xaintrailles,
Des Catinat et des Joubert,
Dans le creuset de Gutenberg
Vous fondrez le plomb des batailles !
Ref. Plomb merveilleux...

VIGNON.
(La Musette de juin 1884).

LA CHANSON DU FONDEUR

De la machine où la chaleur lancée
Fait parvenir l'alliage fondu,
Tu sors sans tache, outil de la Pensée,
Et mon effort ne sera pas perdu.
A ton départ pour un lointain voyage,
Comme un ami je veux t'entretenir :
Quel est ton but ? Quel sera ton partage ?
Métal brillant, que vas-tu devenir ?

Entre les doigts du typographe agile,
Formant des mots, messagers de l'esprit,

Te faudra-t-il, comme une âme servile,
Aider l'essor d'un impudent écrit ?
Troublant destin ! quand le lecteur crédule
Demande un guide, hélas ! sans l'obtenir,
Serviras-tu l'intérêt sans scrupule ?
Métal brillant, que vas-tu devenir ?

Si je pouvais limiter ta carrière,
Je te dirais : « Sers le Juste et le Beau ;
Sers le poète et l'homme de lumière ;
Sers la Raison, étincelant flambeau ;
Sers le savant, le travailleur austère,
Le front pensif sur la tâche à finir ;
Sers le Progrès, ce rêve de la terre ;
Métal brillant, que vas-tu devenir ?

Petite Lettre, il te faudra sans doute
Comme un mortel avoir beaucoup souffert ;
Noire et poudreuse à la fin de ta route,
Tu reviendras à ton berceau de fer.
Tu vois le jour pour vivre en esclavage ;
Contre ton sort comment te prémunir ?
Pars cependant, pars sans perdre courage ;
Métal brillant, que vas-tu devenir ?

Pars, mais reviens dans ta tombe renaître,
Encor jolie au feu tu blanchiras ;
Vierge et joyeuse en reprenant ton être,
Signe expressif, toujours tu parleras.
Ta servitude est l'espoir de ce monde ;
Par toi, plus noble, il doit se rajeunir;
Invention admirable et féconde,
Métal brillant, que vas-tu devenir ?

Reviens, reviens lorsque l'ardente flamme
En mugissant tordra le plomb brutal
Que réservait pour quelque sombre drame
L'orgueil humain, ce conseiller fatal.
Dans ton creuset la balle fratricide
Ivre d'amour à ton corps va s'unir ;
De Gutenberg, ô toi, l'enfant splendide,
Métal brillant, gloire à ton avenir !

DÉSIRÉ GREFFIER.
(Annuaire de l'Imprimerie, 1911).

Les imprimeurs d'autrefois ne se faisaient pas une moindre idée de l'admirable outil dont ils disposaient, qu'ils créaient parfois eux-mêmes — comme c'est précisément le cas ici — en rajeunissant des types antérieurs. On connaît l'amusante pièce de CLAUDE-LOUIS THIBOUST, lequel était aussi fondeur, jurant de ne jamais emprunter ni prêter aucune pièce de matériel, notamment de matériel de plomb, le plus fragile, le plus personnel de tout :

SERMENT TYPOGRAPHIQUE

Le serment que faisaient les dieux
Par le Styx fut inviolable ;
Aujourd'hui j'en fais un comme eux,
Que je saurai rendre durable.

Je jure donc, pour le certain,
De ne prêter nul caractère,
Italique, Hébreu, Grec, Romain,
Même à mon plus chéri confrère !

Sorti neuf, on le rend usé ;
Il faut tenir un catalogue ;
Et souvent un plus avisé
Pour du bon vous rend de la drogue.

Pour corriger un tel abus
Et me tirer d'inquiétude,
J'aime mieux que pour mon refus
On m'accuse d'ingratitude.

Je promets réciproquement
De n'emprunter aucune chose,
Et suivre respectivement
De mon serment la juste clause.

Vous ne sortirez plus d'icy,
Lettres grises, fleurons, vignettes ;
Votre maître le veut ainsy,
Non plus que *châssis et ramettes.*

Si j'enfreins un jour cette loy,
Vous m'accuserez de parjure :
Pour gage de ma bonne foy,
Je donne icy ma signature.

    22 février 1724.   THIBOUST

Ecoutons à présent, car la voix en vaut la peine, PIERRE DIDOT, graveur en caractères, dédiant à son fils Jules Didot les admirables types qui furent un style universellement adopté et qui ont tenu pendant cent ans le haut du pavé dans l'Imprimerie d'influence française et latine.

Quelle haute idée ces consciencieux artisans avaient de leur profession, et qu'ils se sentaient de devoirs envers elle ! Quelle modestie dans le savoir, et aussi quelle confiance en soi par la certitude de n'avoir rien négligé pour bien faire !

A MON FILS

C'est pour toi, Jules, mon cher fils,
Que je commençai cet ouvrage ;
C'est pour toi que je le finis :
Ces types, enfin réunis,
Sont désormais à ton usage.
Tu les vis, tendant par degré,
Depuis leur ébauche première,
Vers ce point toujours désiré
Qu'on entrevoit, qu'on n'atteint guère,
S'embellir, du moins à ton gré,
D'une forme assez régulière.
Dans ce travail minutieux,
Et de fait, comme en apparence,
Monotone, fastidieux,
Toutefois à l'œil curieux

Moins indifférent qu'on ne pense,
Tu me plaignois de ma constance.
Ah ! plutôt félicite-moi ;
Durant la fleur de ton jeune âge
Je me suis captivé pour toi ;
De mon temps quel plus doux emploi !
J'y croyois voir ton avantage.
Ils te seront donc précieux,
Comme un fruit de ma patience :
Sans doute ils pourroient être mieux :
Mais voilà toute ma science.
Si pourtant, à force d'essais,
De soins et de persévérance,
Dans l'art qui me plut dès l'enfance
Je pus avoir quelques succès,
Tu dois en obtenir quelque autre.
Mon fils, ne te rebute pas,
Et tu sauras marquer ton pas
Plus loin que n'a porté le nôtre.
L'amour-propre, qui sottement
S'applaudit et se félicite,
L'amour-propre, sans fondement,
Bien qu'appuyé sur le mérite,
D'un art utile, ou d'agrément,
Se persuade vainement
Qu'il a su fixer la limite.
Non ; le goût s'épure toujours,
Et sa recherche est infinie.
D'un fleuve arrête-t-on le cours ?
Met-on des bornes au génie ?
Celles de l'art que je chéris,
Qu'à d'autres pour toi je préfère,
Que tu connois, que tu choisis,
Tu les reculeras, j'espère ;
D'avance je m'en applaudis.
Je te devrai, je le prédis,
L'éclat du sort le plus prospère ;
Les heureux succès d'un bon fils
Comblent le bonheur d'un bon père.

           PIERRE DIDOT, l'aîné.

(*Spécimen des nouveaux caractères* de la fonderie et de l'imprimerie de P. Didot, l'aîné. Dédié à Jules Didot, fils, 1819)

◦◦◦

LA COMPOSITION

Apprentis, Typos, Matériel, Machines

Pour donner la vie aux caractères sortis de la main du fondeur, il faut des compositeurs typographes, à présent des opérateurs, car ici comme partout de profondes modifications ont été apportées aux procédés d'autrefois.

Et pour devenir ouvrier typographe, ouvrier digne de ce nom, il faut avoir appris son métier longuement, soigneusement, à bonne école de pratique raisonnée ; il faut avoir été *Apprenti.*

L'apprentissage — nous allions dire l'apostolat — est donc chose sérieuse dans notre corporation aux travaux compliqués et minutieux, touchant plus à l'art, aux sciences et aux lettres qu'à la matière et aux éléments. Aussi a-t-il de tout temps attiré l'attention des intellectuels et inspiré maints enfants de Gutenberg.

Il a fait, voici deux cents ans passés, l'objet d'un poème attribué au sieur DUFRÈNE, prote de l'imprimerie Léonard, à Paris, publié en 1710 et dont plus de dix éditions consacrèrent l'intérêt, sinon la valeur littéraire qui est nulle. Son titre est ainsi libellé : *La Misère des Apprentis imprimeurs appliquée par le détail à chaque fonction de ce pénible état. Vers burlesques.*

On y voit le jeune attrape-science, l'arpète, déçu dès son entrée dans l'atelier, après les formalités légales, par l'aspect repoussant du local et la mine rébarbative des compagnons qui seront pour lui autant de maîtres ajoutés au véritable ; ou bien occupé à diverses besognes n'ayant parfois qu'un lointain rapport avec la profession. Ces petits tableaux, joliment esquissés, sont très pittoresques et d'une justesse remarquable.

Néanmoins, malgré ses déboires, l'enfant a conscience de la dignité de sa profession ; il se console en pensant qu'il a embrassé un état

> Qui, tout rude qu'il est, a pourtant de l'éclat :
> Car enfin, si jamais des hommes l'industrie
> Parut dans aucun art, c'est dans l'Imprimerie.
> Tenant comme en dépost les écrits des sçavants,
> Elle sait les sauver des naufrages du temps ;
> Et rendant les auteurs célèbres dans l'hystoire,
> Elle en fait à jamais subsister la mémoire...

C'est, en termes moins élégants, ce que disent en substance la plupart des éloges qui viennent de passer sous nos yeux. Un apprenti, un compagnon bien pénétrés de ces principes surmontent aisément les inconvénients du métier dont l'idéal élevé leur est un continuel soutien.

Et ceci nous rappelle ces lignes de *Conseils à un jeune typographe* parus dans la presse technique voici une vingtaine d'années :

> Si toutes ces qualités, et bien d'autres encore, sont tiennes, si tu entres dans le métier avec l'intention, non seulement de le pratiquer pour en vivre, mais de dépasser les limites au-delà desquelles il devient une science et un art, alors, oui, je t'accepte avec joie pour l'un des nôtres; tu es digne de voir s'ouvrir devant toi les portes des laboratoires où prennent vie tant d'œuvres fécondes. Tu feras honneur à la Typographie et la Typographie t'honorera.

La Musette a publié en 1885, sur ce thème *On demande des apprentis*, une chanson dans laquelle EUGÈNE PARIS, de Vannes, dénonce et stigmatise les exploiteurs d'apprentis, créateurs de pléthore et par suite de chômage. Le dernier couplet donne le ton des huit précédents :

> Allez dire aux gens du village,
> A ceux des villes, des faubourgs,
> Qu'il est dans Paris, sans ouvrage,
> Mille hommes, grâce à ces vautours.
> Dévoilez au père, à la mère
> — Il est bon qu'ils soient avertis —
> La typographie ouvrière
> Succombant sous les apprentis.

Les temps sont bien changés, n'est-il pas vrai ? La « sorte » manque, aujourd'hui, et avec elle, la qualité.

Que devient l'apprenti une fois lancé dans l'atelier ? *La Misère* nous l'a fait entrevoir. Mais ceci se passait il y a longtemps. Le sonnet ci-dessous en trace un portrait plus récent et pas général, veut-on croire. Le titre indique, en effet, un cas particulier, peut-être une exception que, chose bizarre, chacun pense avoir rencontrée !

NOTRE APPRENTI TYPO

> Il est devant son rang, mollasse et sans ressort.
> La promesse affriande — aussi bien que l'outrage —
> Ne peut le décider à se mettre à l'ouvrage.
> Il ne sait se résoudre au plus minime effort.
>
> Si le biseau, parfois, excite son transport,
> Il esquisse avec peine un court accès de rage.
> Ce semblant de colère épuise le courage
> De ce corps efflanqué qui réclame un support.
>
> C'est qu'aggravant l'effet d'une tare secrète,
> La verte du troquet avec la cigarette
> Avant l'âge ont mué l'éphèbe en un vieillard.
>
> Et, planant au-dessus de cet être morose,
> La mort, d'un geste lent, fait signe au corbillard
> Qu'amènent la phtisie et sa sœur la névrose.
>
> HENRI TAMINIAU.

Paris, octobre 1899.　　　　　*(Au fil de la vie).*

Lorsqu'il « entrait dans l'état », c'est-à-dire, semble-t-il, lorsqu'il devenait *Compagnon*, chaque apprenti devait payer à ses confrères un « droit de tablier » dont le montant se buvait en commun. *Le Droit de Tablier* a été chanté par NICOLAS CIRIER en neuf couplets dont voici le troisième :

Le *tablier* qui nous importe,
C'est le tablier d'ouvrier ;
Il en est de plus d'une sorte,
De peau, de toile, de papier.
Tout aussi bien que la matière,
On voit la forme varier,
Chacun en fait à sa manière,
Suffit d'avoir un tablier.

La tradition ne nous a pas dit quel numéro portait l'article du règlement typographique prescrivant la redevance ci-dessus, dont l'usage a disparu. Nous sommes mieux renseignés pour le suivant, qui n'en est peut-être qu'une forme nouvelle avec extension à chaque changement de maison :

L'ARTICLE QUATRE

Au temps jadis, les typographes
Adoptèrent des règlements
Dont presque tous les paragraphes
Sont inconnus de notre temps.

Un seul, pourtant, l'article quatre,
Transmis par la tradition,
Met dans l'humeur la plus folâtre
Toute la composition.

Chacun de vous connaît son texte ;
Il est formel, net et précis :
De boire s'il donne prétexte,
D'inconnus il fait des amis.

Par hasard, un soi-disant sage,
Par orgueil ou rapacité,
Dédaigne cet antique usage,
Symbole de fraternité.

L'exception n'est pas la règle,
Elle vient pour la confirmer...
Et celui qui se croit un aigle
Est plus à plaindre qu'à blâmer.

Conservateurs !... oui, nous le sommes
De tout ce qui nous paraît bon
A rapprocher, unir les hommes...
Conservons le petit canon !...

Le petit canon pacifique
N'est pas comme celui des rois ;
Il ignore la politique
Et distille l'esprit gaulois.

Conservons donc, ô mes confrères,
L'article quatre, dont le but
Nous est indiqué par nos pères
Dans ce fragment de leur statut !

EUGÈNE PARIS.
(*La Musette*, octobre 1883).

Il est d'autres prescriptions, celles-là tech-niques, auxquelles on obéit moins volontiers. Elles ont été résumées avec assez de bonheur dans ces

COMMANDEMENTS DU TYPOGRAPHE

La casse où tu composeras,
Tu dois la tenir proprement.

Du manuscrit ne lèveras
Jamais les yeux en travaillant.

Point de fautes tu ne feras,
S'il est possible, en composant.

De l'auteur ne retrancheras
Ni mot, ni ligne, absolument.

Le même espace tu mettras
Entre les mots exactement.

Et surtout tu t'appliqueras
A justifier justement.

Chaque paquet ficelleras
Avec soin, bien solidement.

Les épreuves tu tireras
Chaque fois bien lisiblement.

Les corrections n'omettras
De faire très exactement.

Toute copie enfermeras
Dans ton tiroir soigneusement.

Les coquilles t'efforceras
D'éviter en distribuant.

De ton patron écouteras
Les avis attentivement.

A l'atelier tu te rendras
Aux heures régulièrement.

Et des travaux tu garderas
Le secret scrupuleusement.

Il existe pour le moins trois autres séries de semblables préceptes, de dix distiques chacune comme le Décalogue de Moïse ; mais nous avons pensé que celle-ci suffisait comme échantillon de ce genre de littérature.

Par contre, une mention toute spéciale est due à *L'Art « poétique » du typo*, adaptation sur *L'Art poétique* de Boileau, œuvre de longue haleine de PAUL TOURENG, correcteur au Mesnil-sur-l'Estrés, et que *La Sorte* servit par tranches à ses lec-

teurs de janvier 1898 à mai 1899. Bien entendu, il ne peut être question de reproduire en entier ce long morceau, qui pourtant mériterait d'être publié à part. Nous en donnons le début pour montrer combien l'auteur s'est habilement tiré de sa tâche, et combien, aussi, il a pris au sérieux son rôle. Au lieu de faire, comme tant d'autres, une parodie bouffonne, il accomplit une œuvre fort méritoire de vulgarisation professionnelle.

C'est en vain qu'on voudrait être compositeur,
De l'art de Gutenberg atteindre la hauteur ;
Si l'on ne se sent pas l'influence secrète,
Que notre astre en naissant pour cela nous apprête,
En face de la casse on est toujours captif,
Pour Littré l'on est sourd, au manuscrit rétif.
O vous donc qui, brûlant d'une ardeur périlleuse,
Voulez en parcourir la carrière épineuse,
N'allez pas sur cet art sans fruit vous consumer,
Comme un mauvais poète essayant de rimer.
Craignez de ce métier les trompeuses amorces
Et consultez d'abord votre esprit et vos forces.
La nature, fertile en esprits excellents,
Sait entre les typos partager les talents.
Il faut être animé d'une amoureuse flamme
Si l'on veut du métier bien suivre le programme.
Des Didot, des Estienne on vante les exploits,
Des Elzévirs aussi pour n'en citer que trois :
Mais souvent un typo qui se flatte et qui s'aime
Croit avoir du talent et l'ignore lui-même.

La *Lettre* est une esclave et ne doit qu'obéir.
Lorsqu'à la bien chercher d'abord ils s'évertuent,
Les doigts pour la trouver aisément s'habituent ;
Au joug de votre main sans peine elle fléchit,
Et loin de la gêner la sert et l'enrichit.
Mais lorsqu'on la néglige elle devient rebelle,
Et pour la retrouver l'esprit court après elle.
Aimez donc votre casse, et que le manuscrit
Soit l'objet de vos soins quand il est mal écrit.
Ne vous emportez pas d'une fougue insensée
En voulant des auteurs déchiffrer la pensée,
Car un mot équivoque, un bourdon monstrueux
Leur feraient supposer que vous vous moquez d'eux.

N'est-ce pas que c'est réussi, et qu'on ne peut se dispenser d'obéir avec docilité à des préceptes exprimés sous cette forme agréable ?

Coiffé d'un bonnet de papier,
D'encre la blouse panachée,
Regarde-le sur son casier,
Travaillant la tête penchée ;
Tenant en main son composteur,
Déchiffrant mainte patarafe
Sur le manuscrit de l'auteur,
Tel s'offre à l'œil du visiteur
Le compositeur
Typographe.

C'est ainsi qu'Eugène Grangé, président du Caveau, présente dans une chanson *Le Compositeur d'Imprimerie*. Il en fait un personnage non sans défauts, hélas! mais, somme toute, sympathique.

Combien plus défavorable en sa concision, l'impression laissée par l'auteur des *Paroles sincères*, François Coppée, dans sa pièce *Pessimisme :*

L'homme, c'est l'imprimeur, à son travail maussade,
Qui, la pensée ailleurs et l'œil indifférent,
Compose l'Évangile ou le marquis de Sade.

Eh bien ! non ; n'en déplaise au poète des *Humbles*, le typo — le vrai typo — n'est pas indifférent à son travail, à sa copie ! Je n'en veux pour preuve que les discussions qui surgissent dans l'atelier sur telle ou telle opinion énoncée dans un texte, parfois sur une simple question d'orthographe, plus rarement de disposition typographique, et dans un autre ordre d'idées, que la jolie pièce de Georges Nicolas, *Gloriole de typo*, dans laquelle il rappelle et dit sa joie, son émotion artistique d'avoir été appelé à vingt ans de distance, par une curieuse et flatteuse coïncidence, à travailler sur le manuscrit même de l'auteur, au premier et au dernier des romans de la série des Rougon-Macquart :

En ma vie humble et sérieuse,
Gagnée à la pointe des doigts,
Je compte une heure glorieuse,
Et cette heure, je vous la dois...

écrit-il à Emile Zola au début de ce *Souvenir d'Atelier* ; et il termine par cette déclaration qui est loin de sentir l'indifférence :

Il n'importe à sa renommée
D'être loué par mon néant ;
Mais je suis, travailleur pygmée,
Fier d'avoir servi ce géant !

Sans doute, toutes nos opinions ne sont pas laudatives ; on est peu gobeur, dans la partie ! Mais discuter, blâmer, combattre même, c'est encore faire montre d'intérêt ! La machine va d'ailleurs faire disparaître cette disposition d'esprit : elle est trop rapide et ne laisse plus le temps de penser.

Lisez encore cette pièce du même Nicolas, et dites si elle témoigne du détachement du typographe pour l'œuvre qu'il accomplit.

DEVANT UNE CASSE

Hommage posthume à Victor Hugo.

Notre art est-il à son déclin,
Lui qui brisa la plume agile ?
Mon esprit, au mirage enclin,
Flotte devant ce bois fragile.
Les types qui vont s'y mêler
Offrent des splendeurs sans pareilles...
— Si les casses pouvaient parler,
Les casses diraient des merveilles.

O casses ! poème latent !
Claviers aux notes infinies,
Gutenberg, en vous inventant,
Est l'égal des plus grands génies.
Le verbe, ardent à s'envoler,
Ravit les yeux et les oreilles...
— Si les casses pouvaient parler,
Les casses diraient des merveilles.

Sphinx qu'on n'étreint qu'avec terreur,
Vos flancs portent sans défaillance
Tous les sophismes de l'erreur,
Tous les tributs de la science ;
Aux dons qu'ils daignent recéler
Ploîraient mille et mille corbeilles...
— Si les casses pouvaient parler,
Les casses diraient des merveilles.

Toutes les énigmes sont là,
Et voici la clef des symboles ;
La guerre avec ses Attila,
Jésus avec ses paraboles ;
Tout ce qu'on voit naître ou crouler,
L'épi des blés, le grain des treilles...
— Si les casses pouvaient parler,
Les casses diraient des merveilles.

Voilà les ombres des héros :
Les Marathon, — les Thermopyles...
Les victimes et leurs bourreaux :
Les Alighieri, — leurs Zoïles...
Tous ceux qu'un Dieu sut consoler ;
Tous ceux, Satan, que tu surveilles...
— Si les casses pouvaient parler,
Les casses diraient des merveilles.

Quels monologues ! Quels trios !
Art pompeux, Muse familière,
Voltaire y raille Despréaux,
Lafontaine y prône Molière.
Le voyez-vous étinceler,
L'esprit qui n'est point en bouteilles ?...
— Si les casses pouvaient parler,
Les casses diraient des merveilles.

Au bord des gouffres, cœurs brisés,
Les penseurs, éperdus, regardent.
Tous les problèmes sont posés,
Mais les solutions s'attardent.

Le rêve, prêt à s'étoiler,
Referme ses ailes vermeilles...
— Si les casses pouvaient parler
Les casses diraient des merveilles.

L'artisan, lui, pensif et doux,
Contemple, en sa mélancolie,
Toute la sagesse des fous,
Des sages toute la folie...
Le sang qu'un César fait couler ;
L'amour, Hugo, que tu conseilles....
— Si les casses pouvaient parler,
Les casses diraient des merveilles.

Oui, dites ce que nous créons :
Donnez un corps à la chimère !
Ranimez les Anacréons,
Virgile, Horace, Ovide, — Homère !
A torrents faites circuler
Le feu dont brûlent les Corneilles...
— Si les casses pouvaient parler,
Les casses diraient des merveilles.

Frappez donc les cieux déchirés,
Chants immortels ! voix éphémères !
Blasphèmes des désespérés !
Hymnes d'amants ! sanglots de mères !
Si haut que tu puisses aller,
Vole, âme ! et que tu t'ensoleilles !...
— Si les casses pouvaient parler,
Les casses diraient des merveilles.

Mais les casses ne parlent pas.
Ces beaux mystères qu'elles cachent,
Lentement, un par un, hélas !
Il faut que nos doigts les arrachent.
A les leur faire révéler,
Nous usons nos jours et nos veilles...
— Si les casses pouvaient parler,
Les casses diraient des merveilles.

Un jour, — qui sait s'il est lointain ? —
Les hommes, qu'un lien rassemble,
Las d'un égoïste butin,
Aux champs butineront ensemble.
Sur tout être ira ruisseler
Le miel de toutes les abeilles...
— Si les casses pouvaient parler,
Les casses diraient des merveilles !...

Mais qu'est-il besoin de défendre nos confrères contre de rares, d'accidentelles, d'involontaires impertinences ! Il suffira, pour y répondre victorieusement, de sortir de notre écrin quelques-unes des pièces écrites à leur louange par les auteurs les plus divers.

Éloignez du monde et du bruict
Dans la foy que nostre art professe,
Pour vous obliger jour et nuit
Nous sommes toujours à la presse.

Cet employ demande du vin
Pour mieux résister à l'ouvrage,
Car comme notre art est divin
Il nous faut un divin breuvage.

Sans parole et sans truchement
Nous exprimons toutes les langues,
Et par un muet compliment
Nos labeurs vous font nos harangues.

Voyez, lisez, soyez surpris
De nostre art et de nos mystères,
Car nous faisons voir les escrits
A la faveur des caractères.

(Bibl. Nat., coll. Anisson-Duperron, man. 22.108, fol. 157 v°.
XVII° siècle, 1690).

O frère obscur, je te salue !
Car c'est ton labeur acharné
Qui fera mon front couronné
Si la gloire m'est dévolue.

Afin que mon œuvre soit lue,
Ton bras agile, promené
Sur la casse, ainsi qu'un damné,
Poursuit sa tâche résolue.

Oh ! combien peu se douteront
Que c'est la sueur sur le front
Que tu mis, ce qui les enchante,

Sur le blanc vélin mon vers pur ;
Et voilà pourquoi je te chante,
Typo modeste, frère obscur.

Pierre Lauris.
(La Caravane, Avignon).

LE COMPOSITEUR

Debout devant la casse cellulée — comme gâteau à miel,
le composteur — à sa main gauche qui le tient en plein,
— il travaille, le Compositeur.

Aussi bien qu'une abeille prompte, — sa main droite
ne cesse d'y puiser ; — elle fait le plongeon et de nouveau
monte : — sans relâche, elle tient des caractères placés.

Qu'il avance en besogne ! il ne pèche guère : — il ne
se tire pas de son coin. — Il a le geste du semeur ; — il
semble imiter un orateur.

Quand ses yeux sont éblouis — et qu'il a le poignet
raidi, — il se secoue et lève les cils — vers les toitures
haut étendues.

Et vers l'azur qui éblouit, — où il croit voir imprimées — les lettres de plomb qu'il assemble — et serre
encore à belle griffe.

Le ciel lui semble une page — toute rayée des vers —
qu'il a composés, et il est charmé — par de la poésie et
des splendeurs.

Comme un saint, face extasiée, — il demeure là
enfenêtré ; — à la triste et pesante vie — le rêve profond
l'a arraché.

Mais, droit à lui, de la rue — s'élève un méchant éclat
de rire ; — il incline sa figure douce et fière — et revient
à l'œuvre comme il faut.

Et qui vient de rire ? — Un enfant. — Lui, pâle et
maigre comme un christ, — bon, toujours plein de courage, — il sourit à l'enfant qu'il a entrevu.

Il parle tout seul : « Il manque l'école — et ne sait pas
lire, à coup sûr ! » — Voilà que sa voix tremble : « O
petite âme dans les ténèbres !

« Tu as fui avec horreur la maison et tu jaunis comme
un safran (tu vas dépérir en vagabondant) — pour fuir
le maître d'école. — O joli moqueur ! que tu te trompes
— en ne voulant pas valoir grand argent !

« Ah ! tu préfères jouer aux boules, — harponner des
grenouilles, faire le rôdeur ! — N'apprends pas l'alphabet, — et nous te verrons bien quand tu seras grand.

« Tu ris de moi, petit vagabond ; — regarde-moi bien
d'en bas : — je suis un étrange travailleur, — debout, ne
remuant qu'un bras.

« Je lève des lettres l'une après l'autre, — lisant l'écrit
que j'ai devant moi ; — je les quillète sur le poing, et
chacune — regarde d'un œil curieux et vif.

« Quand plusieurs lignes sont faites, — sur une table
de marbre j'en fais un paquet. — Monte, petit coquin
qui me regardes : — c'est ainsi que s'apprend l'alphabet.

« En rang et bien séparées, — dès que j'en ai pour
(former) une feuille, — dans un cadre de fer serrées, —
pour qu'il n'arrive aucun brouillamini,

« Je les place comme une relique, — sans les heurter
nulle part, y tenant l'œil ; — je les place sur la presse
ancienne, — qui me rappelle si bien le vieux pressoir.

« Tout est réussi, et j'y passe à grands coups, avec un
rouleau, — de l'encre noire et assez grasse, — et le
papier blanc s'y étend bientôt.

« Alors je saisis le barreau (qui met la presse en mouvement) — et je fais craquer tout le bois (de ladite) ; —
la table supérieure les serre (les lettres) — et sur la feuille
(de papier) imprime juste.

« Quatre pages. Quand elles sont belles, — que les
lettres ont bien marqué (sur le papier), — elles font pleu-
voir dans le cœur des joies nouvelles, — et le poignet vous
semble moins meurtri !

« C'est ainsi que nous imprimons les livres — pour te
faire lire, brave enfant, — et pour tenir les peuples libres
— au milieu du progrès triomphant ».

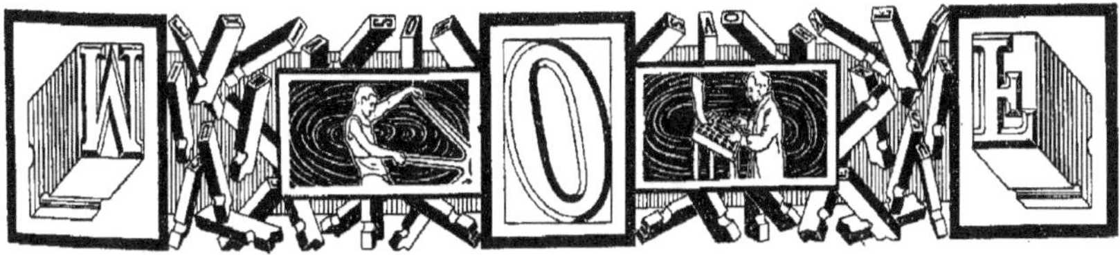

L'enfant est loin (de lui) qu'il parle encore; — on ouït :
« A l'école ! Cours » ! — Vers l'espace il lève sa figure —
illuminée de candide amour,

Et, à côté de la casse cellulée — comme gâteau à miel,
le composteur — à la main gauche qui le tient en plein, —
qu'il est rayonnant le Compositeur !

Auguste Fourès.

Castelnaudary, 7 juillet 1878.

August Fourès, *Le Coumpousitou*, Mountpelhé, Estamparia
centralo del Mièchjoun (Amelin Fraires), 1879. In-8. Texte
et traduction en regard.

LES TYPOS

Lorsque tremblotent les étoiles
Dans les découpures des cieux,
Que les rastas audacieux
Sur les trottoirs tendent leurs voiles,
Ils pompent, pompent sans repos,
    Les typos.

Lorsque l'aurore épand ses roses
Et ses rubans d'opale et d'or
Sur la grande cité qui dort,
Ils sont aux ateliers moroses,
Ne tenant plus de gais propos,
    Les typos.

Dans l'ombre s'achève le livre
Qui vous donnera le plaisir,
Gens d'étude, gens de loisir.
Chacun a sa façon de vivre ;
Il faut qu'ils soient toujours dispos,
    Les typos.

Pourtant, l'on s'éreinte et l'on s'use ;
La plainte n'est pas de saison,
On doit se faire une raison :
Ils ont du monde à la cambuse,
Ils ne pensent pas qu'à leurs peaux,
    Les typos.

Ils turbinent, la mine lasse :
Allons, encore un peu d'effort.
Mais on ne peut vaincre le sort :
Ils quittent trop jeunes la casse,
Trop tôt la femme et les crapauds,
    Les typos.

Uriel.

SEMEURS

Aux Typographes.

Typographe, ta tâche est belle !
Il est bon de t'en souvenir ;
Tu saisis le *Passé* par l'aile
Et le transmets à l'*Avenir*.
Du creux des cerveaux chaque rêve
Descend vers toi, pour prendre corps,

Et, par toi, l'étincelle brève
Devient flamme et survit aux morts.

. . . .

Souviens-toi donc, en ta carrière,
De tant d'ancêtres glorieux ;
Et que la tâche te soit chère
Comme un sacerdoce pieux.
Typographe, sois la vestale
Qui veille sur le feu divin,
Près de la Stèle colossale
Où flambe le Génie humain.

Paris 1900.   Octave Charpentier.

(Le Courrier du Livre, 15 mars 1904)

SALUT !

Cet homme qui parcourt la plaine,
Emplissant puis rouvrant sa main,
Prépare à la famille humaine
Du blé pour le nourrir demain.

De ce bon jeteur de semence
Je vous rapproche en vos labeurs,
Car du pain de l'intelligence
Vous êtes les nobles semeurs.

Comme le grain, le caractère
Se sème et donne une moisson :
Le composteur, c'est votre terre ;
La ligne est la sœur du sillon.

. . . .

Antoine Roule, poète stéphanois.

Banquet de la Société Amicale des Protes et Correcteurs de
Province, mai 1910. (*Circulaire des Protes*, juin 1910).

Croyons-en aussi Henri de Lacretelle, commençant ainsi une pièce de vers que lui inspira
la préparation d'un projet de loi sur la Presse :

LE TYPOGRAPHE

Que fais-tu, pauvre homme pâli
Dans l'atelier où l'ombre rampe ?
Tu ne dors jamais dans ton lit
Et chaque aurore éteint ta lampe.

Penché sur ta casse et d'aplomb,
Sous les frissons des veilles, blême,
Tu jettes les lettres de plomb,
Et c'est un épi que tu sèmes !...

S'il le faut encore, appelons à la rescousse,
non point tout le ban et l'arrière-ban des poésies
rimées en notre honneur, mais seulement les
meilleures d'entre elles.

LA TYPOGRAPHIENNE

Entendez-vous au sein du monde
Mugir l'Industrie aux cent bras ?
Partout son écume féconde
Couvre le champ de ses combats ;
Dans ce bruit de forces froissées,
Où tant de mains, tant de marteaux
Donnent une âme aux durs métaux,
Nous donnons un corps aux pensées.
    A nous gloire et fierté !
    C'est à l'Imprimerie,
    Reine de l'Industrie,
    Que la mère Patrie
Doit ses beaux jours de liberté.

Grâce à nous la pensée humaine,
Jour et nuit, devient sous nos doigts
Cette puissance souveraine
Qui soumet le Monde à ses lois.
Poussés par Dieu dans la carrière
Les hommes ne s'arrêtent pas ;
Du flambeau qui guide leurs pas
Nous alimentons la lumière.
    A nous...

L'Intelligence nous fait vivre ;
Sol vigoureux, plein de trésors,
Pour nous, chaque œuvre ou chaque livre
Est le pain de l'âme et du corps.
Ouvriers entraînant les autres,
Dans nos rangs, tout progrès nouveau,
A peine échappé d'un cerveau,
Crée une phalange d'apôtres !
    A nous...

O France ! de ta mâle histoire,
C'est nous qui gravons les hauts faits ;
De ton génie et de ta gloire
Nous multiplions les bienfaits.
Dans ton sein qu'un savant succombe,
La Mort ne frappe que sa main,
Et dans mille ans comme demain
Notre art fera parler sa tombe.
    A nous...

Dans cette éternelle conquête
Du travail sur l'œuvre de Dieu,
Deux fronts dominent notre tête,
Fronts purs étoilés en tout lieu.
Leur gloire qui sur nous rayonne
Est éclose à notre foyer;
Amis, Franklin et Béranger
Ont enrichi notre couronne.
    A nous...

Gutenberg, au nom de la France
Où brillent les arts triomphants,
Reçois, vainqueur de l'ignorance,
La prière de tes enfants :
O toi que le Monde proclame
Comme son second Créateur,

Viens, de ton esprit producteur
Féconder nos mains et notre âme.
    A nous...

A. BOUCHET (1846).
Musique de Edmond Bonnet.

LE COMPOSITEUR TYPOGRAPHE

    Faire et défaire
      Est mon affaire,
  Et toujours le compositeur
  Sait aligner son caractère
  Suivant le goût de son auteur.

Prendre des lettres dans la casse,
Puis avec ordre disposer
Les mots, les lignes à leur place,
C'est ce qu'on nomme composer.
Quand l'ouvrage a passé sous presse,
Il m'est rendu par l'imprimeur.
A le défaire je m'empresse
Et j'en fais un nouveau labeur.
    Faire et défaire, etc.

Mon emploi me rend l'interprète
De toutes les opinions.
Sitôt que la copie est prête,
Moi, j'entre dans mes fonctions.
De l'erreur je suis la bannière
Autant que de la vérité :
Avec l'un je fais la lumière,
Avec l'autre l'obscurité.
    Faire et défaire, etc.

Je ne connais que ma copie,
Et pour le mal et pour le bien.
Je suis dévôt, je suis impie ;
Je crois tout et je ne crois rien.
Suivant la couleur de l'ouvrage,
J'affirme blanc, j'affirme noir ;
Le matin je tiens un langage,
J'en tiens un tout autre le soir.
    Faire et défaire, etc.

Mon humeur fait la pirouette :
Je suis triste, je suis joyeux ;
Je suis prosateur ou poète,
Je suis chaste ou licencieux.
Tantôt grave et tantôt comique,
Je voltige d'un pied léger.
Souvent la lettre d'un cantique
Sert à composer Béranger.
    Faire et défaire, etc.

On dit que tel auteur radote.
Pour moi, loin de m'en alarmer,
J'applaudis fort à sa marotte
Quand il vient se faire imprimer.
L'ouvrage le plus excentrique
Peut toujours être utilisé,

Et maint emploi le revendique
Aussitôt qu'il est imprimé.
    Faire et défaire, etc.

En guise de choses nouvelles,
Que de gens réchauffent du vieux !
On voit se tourner des cervelles,
Et ce n'est pas pour faire mieux.
Aucun ne peut rester en place :
On change sans savoir pourquoi ;
Mais moi, quand je fais volte-face,
Du moins je suis dans mon emploi.
    Faire et défaire
    Est mon affaire,
Et toujours le compositeur
Sait aligner son caractère
Suivant le goût de son auteur.

Toussaint Michel.
(Journal des Typographes, 25 juillet 1896).

Musique de Léon Maresse.

LES PIÉÇARDS

(Chansonnette)

La copie abonde au metteur,
Bourrons, bourrons le composteur,
Et d'un mouvement de pendule
Pompons les lettres en régule
Tout en redoutant le bourdon.
Que notre espacement soit bon ;
Méfions-nous de la coquille :
Elle est ou cruelle ou gentille !

Refrain

Dans la casse plongeons nos doigts,
Plongeons-les mainte et mainte fois.
Clic, clac ! chaque lettre se lève
    Et la cote vite s'enlève.
    Clic, clac! clic, clac!
    Clic, clac! clic, clac!

Lisons la copie avec soin,
La rectifiant au besoin.
D'antidater prenons bien garde,
Car le correcteur y regarde.
Ponctuons le froid manuscrit
Qui souvent est fort mal écrit.
La ligne à voleur par prudence
Ne la tirons qu'avec science.

(Au refrain).

Lions fortement nos paquets,
Tartines ou petits béquets :
Le typo qui de trop se hâte
Risquera de les mettre en pâte.
Évitons de poser des ours,
Aux oursiers, il en cuit toujours ;
Le long mastic en est la preuve
Et se reflète sur l'épreuve.

(Au refrain).

La pige finie, à remplir
Sa boîte un piéçard doit tenir,
Sa casse à tétons il caresse...
Du regard ; quand le turbin presse,
Il s'en approche satisfait.
Imitons l'œuvre qu'il a fait :
Ayons toujours des casses pleines ;
Nous ferons de « choites » semaines.

(Au refrain).

Si parfois le mal aux cheveux
Trouble nos cerveaux et nos yeux,
Relisons deux fois la copie.
Sans risquer d'avoir la pépie,
Ménageons surtout nos pallas
Par peur de bafouiller, hélas !
Évitons de baisser l'espace
Sous l'abri peu sûr de la casse.

(Au refrain).

L'Havrais.
(Almanach des Typographes, 1898).

AU TYPO

Debout dans ta robe noire,
On voit, devant ton grimoire,
Ton front qui s'incline, tel
    A l'autel.
D'un geste plein de mystère,
Tu saisis le caractère
Et l'alignes sans repos.
    Va... typo!

Sous ta main agile et sûre,
Éclosent, sans un murmure,
Des mots qui mettront au cœur
    La rancœur,
Qui, demain, feront sourire
Ou bien... se figer le rire.
Tu n'en es pas moins dispos.
    Va... typo!

Oui, sur ce que tu composes,
Parfois l'avenir repose ;
Ton bras montre le chemin
    De demain :
Mais, en bonhomme pratique,
Dédaignant la politique,
Tu aimes mieux un bon pot.
    Va... typo!

Caressant, de guerre lasse,
Les durs tétons de ta casse,
Mieux vaut ton gaulois humour
    Que l'amour!
La boîte, c'est ta maîtresse ;
Ton triomphe, c'est la presse,
Et ton dieu, c'est le drapeau!
    Va... typo!

Obscur, parmi la lumière
Qu'a fait jaillir ta carrière,
Je t'admire en te pensant
    Si puissant.
Mais... hélas ! ta vie est brève,
L'air impur voile ton rêve ;
L'oubli recouvre ta peau...
    Dors... typo !

       ANDRÉ HUGOT.
(L'Intermédiaire des Imprimeurs, novembre 1899).

LE VIEUX TYPO

Certain auteur, au monstrueux génie,
Prenant en main le fouet de l'ironie
Pour fustiger les vices des puissants,
A dessiné des tableaux repoussants
Du jouisseur, avatar du satyre.
Dans son mépris, — pour corser la satire —
Toujours amer dans ses pensers profonds,
Il l'a cherché jusque dans les bas-fonds.
En tous les lieux où cet auteur nous mène
Nous rencontrons toujours la bête humaine.
Mais aujourd'hui, complétant ses tableaux,
Je veux montrer, sous des côtés plus beaux,
L'homme agissant dans un trait méritoire
Et vous narrer la si poignante histoire
D'un noble fait comme il s'en passe tant
Chez l'ouvrier, si méconnu pourtant.
A ce récit du trait que je raconte,
Puissent tout bas ressentir quelque honte
Les jouisseurs et leurs plats courtisans.
Un vieux typo, tout cassé par les ans,
Sur le déclin de sa force ravie,
Cahin-caha gagnait sa pauvre vie.
De l'atelier il était le doyen.
Vingt sous par jour était son gain moyen.
Et le vieillard — forcément économe —
Se suffisait avec la faible somme.
Vingt sous par jour !... Quelle dérision !...
Enfin, passons, car la compassion
Ne peut changer la fortune incorrecte.
Or, il advint qu'on fit une collecte
Pour secourir un ami d'atelier.
Chez les typos le fait est journalier,
Lorsque l'un d'eux du malheur est victime,
Toujours il trouve une aide légitime
Qui le soutient sur le rude chemin.
Un camarade, un cornet à la main,
Allait cueillant les dons, de place en place.
Près du vieillard, soudain son cœur se glace.
Ce pauvre ami... Ce serait un affront
De le passer ; en aurait-il le front ?...
Oui, mais... rogner sur sa maigre pitance !...
Non, mieux valait lui en donner quittance.
Discrètement, et comme par hasard,
Il s'éloigna, glissant comme un lézard.
Le pauvre vieux en pâlit sous sa neige,
Car, de son coin, il a vu le manège.
Mélancolique, il dit avec effort :
— « Quoi, parmi vous suis-je donc déjà mort !...
« Non, mes amis, car voici mon obole... »
La tête droite, au front une auréole,

Le fier vieillard aux portes du tombeau
Resplendissait radieusement beau.
Il tremblotait, recherchant dans sa bourse,
Et sur huit sous, son unique ressource,
En tira trois, qu'il exigea donner,
N'en réservant que cinq pour son dîner.
Et l'on reçut, se faisant violence,
L'aumône qui tinta dans le silence
Pour affirmer sa solidarité.
Puis le doyen, avec simplicité,
S'en retourna terminer sa copie.
Mais la fierté dont son âme est remplie
En un éclair dans son œil a relui,
Car il aidait à plus pauvre que lui.

       HENRI TAMINIAU.
(Le Siècle Typographique, janvier 1902).

SONNET ACROSTICHE

A mon ami Achille Piette.

Tout au plus, de nos jours, en certains ateliers,
Ne peut-on rencontrer quelques rares confrères
Pour qui le composteur, le choix des caractères,
Ont très peu de valeur en leurs mains d'ouvriers.

Aussi, combien sont loin les ouvrages grossiers,
Incorrects et sans goût, d'allures routinières ;
Maintenant, affranchi des formes coutumières,
Enfin, vaillant typo, tu cueilles des lauriers.

Tu fus un artisan ; tu deviens plus encore,
O, toi que le besoin de connaître dévore ;
Nul ne peut contester ton amour pour le « beau »...

Artiste, ton travail savamment se décore,
Recherche l'idéal dont le peintre s'honore :
Ta toile est la galée, et l'outil ton pinceau !

       FERNAND WILLEMS.
(Le Bœuf Illustré, avril 1913).

Parmi les beaux-arts auxquels de nombreux typos demandent une distraction à leur métier absorbant et parfois pénible, surtout au temps jadis des longues journées et des veillées fréquentes, le théâtre est, on le sait, un des plus en faveur ; il est passé même, chez quelques-uns, à l'état de passion. Est-ce parce qu'en province la fréquentation des coulisses et des artistes est facilitée par l'impression des affiches et des programmes, source d'entrées « à l'œil » et de familiarité avec le personnel ? et qu'à Paris le goût pour le spectacle en incite beaucoup à passer du rôle de spectateurs enthousiastes à celui d'acteurs ? Peut-être. En tout cas, et indépendamment de ceux qui se sont fait un nom sur la scène, nombreux sont ceux qui l'abordèrent en amateurs, et l'on cite plusieurs villes qui ont possédé leur théâtre et leur troupe de typos.

EUGÈNE GRANGÉ l'a constaté dans sa chanson *Le Compositeur d'imprimerie*, déjà citée :

> Chaque mortel a, prétend-on,
> Sa turlutaine, sa folie ;
> Or, du typo le hanneton
> Consiste à courtiser Thalie.
> Après tout, s'il se fait acteur,
> (Qu'on l'applaudisse ou qu'on l'agrafe)
> D'un confrère dans le malheur
> C'est pour être le bienfaiteur,
>   Le compositeur
>   Typographe.

THÉODORE ALFONSI, dans une pièce écrite spécialement, nous fait pénétrer dans la salle des typo-comédiens parisiens, un jour de gala charitable :

LES TYPOGRAPHES COMÉDIENS

Poésie dite par l'auteur à la Matinée dramatique du 29 juillet 1877, donnée par les Typographes de Paris, au bénéfice de la veuve et des enfants de leur camarade Ducrey, au théâtre de la Gaîté.

. . . .
Je vois les compagnons, au temps de Gutenber,
Dans leur noir atelier, qui semblait un Enfer,
Et n'était qu'un volcan où bouillonnait la lave
Qui déjà s'épandait sur le vieux monde esclave...
. . . .
Nous aimons à revoir, dans ces beaux écussons
Décorant notre salle et qui sont nos blasons,
Tous les grands noms des fils de la Typographie :
C'est Michelet, l'Histoire et la Philosophie ;
C'est Franklin, c'est Balzac ; c'est Proudhon et Leroux ;
C'est Béranger, si grand, et c'est Moreau, si doux...
Et c'est Brune, aussi, Brune : un maréchal de France !...
Puis d'autres noms qu'on lit avec reconnaissance,
Bien modestes pourtant, mais que chacun connaît :
Parmentier, Moulinet, Gauthier et Baraguet !...
Et tant d'autres encor...

(Aubades et sérénades. Paris, 1880).

Et puisque nous voici au chapitre des Compagnons, n'oublions pas de signaler — bien que ce ne soit ni un « éloge », ni même un poème — l'amusant et tout ce qu'il y a de plus véridique récit intitulé *Les Typos de Province*, que M. JULES DURAND, imprimeur à Avranches, fit en 1884 à ses confrères les membres de la Société d'Archéologie d'Avranches et de Mortain. Il y a là des tableaux inénarrables de ces bonnes vieilles « sortes » que nous avons tous vues ou entendues. Le début donnera une idée de la façon dont cela est conté.

Messieurs les typographes français ne sont pas tout à fait des gens comme d'autres : ils ont un air à part, des goûts à part, des vues à part, une instruction à part, une religion à part, un langage à part, des trucs à part, et souvent, hélas ! des adversités à part. Tout cela tient à leur tempérament qui se forme dans l'intimité du milieu qu'ils habitent. Je ne parlerai pas des confrères parisiens, je préfère aujourd'hui casser du sucre sur le dos de ceux de province...

Hâtons-nous de dire que ces derniers n'en sortent pas amoindris ; l'auteur — certainement un ancien typo « arrivé » — n'est pas méchant. Tout de même, que de « pallas » il dut y avoir à la composition, le jour où il y monta sa copie !

Dans le même ordre d'idées est à citer la pochade de MM. H. MADINIER et A. PARROT, *Amour et Typographie* (1856). Il y a encore là de ces croquis d'intérieur qui ne peuvent avoir été tracés que par des gens du métier ou par des transfuges du dit, la Typographie étant un métier dont on sort volontiers, mais dont on ne se détache jamais complètement.

Cette fidélité de souvenir est gracieusement relevée par la fantaisie suivante, cueillie dans la *Revue des Arts Graphiques* :

NOSTALGIE

Après cinquante années d'effort, sans paix ni trêve,
Le vieux typo, fourbu, réalisant son rêve,
Lâche le composteur et, dans un vert enclos,
Libre, enfin, et content, va goûter le repos
(Le repos, c'est-à-dire une vie sans contrainte).
Aux premiers feux du jour, dès que la cloche tinte,
Il bêche, arrose, puis, authentique rentier,
Savoure le journal sous « son abricotier ».
Après le déjeuner, vive la treille ombreuse,
L'odorant calumet, la sieste paresseuse,
Le bavardage avec un voisin bon enfant,
Enfin, pour couronner ce thème édifiant,
Le souper, escorté d'une longue manille...
Mais quoi ! son dos bombé fléchit, sa main vacille,
Il maigrit, se consume, exhale des soupirs
Et semble las, déjà, de ses nouveaux plaisirs.
D'où vient ce changement ? Hélas ! c'est la routine
Qui reprend son esclave et bientôt le domine.
Le pauvre libéré regrette l'ancien temps :
« Ah ! c'était le bon temps » ! soupire-t-il. Pourtant,
Que de fois n'a-t-il pas maudit la servitude
De « l'atelier-prison », la tâche ingrate et rude
Des timides forçats du « bagne industriel »,
Qui, pareils aux dévots, attendent tout du ciel !
N'importe ! il s'atrophie, la liberté lui pèse ;
Il éprouve à dormir un étrange malaise;
Les souvenirs d'antan le viennent talonner ;
Enfin, pour couper court, il s'esquinte à flâner !
Et, toujours obsédé par ses vieilles coutumes,
Il revoit des margeurs les sommaires costumes,

La blouse du typo, discrète en sa noirceur,
Les manches retroussées du vague balayeur ;
Il jouit du roulement, du fracas des machines ;
L'odeur des ateliers caresse ses narines ;
Près du chauffeur, debout à l'entrée de son four,
Il voit confusément défiler dans la cour
Les imprimeurs bleutés, les piquantes brocheuses,
L'essaim vif et bruyant des apprenties jaseuses,
Arpètes et metteurs, piéçards, consciencieux,
De tout sexe, tout poil, des jeunes et des vieux,
Les brillants conducteurs, les rêveuses typotes,
L'éloquent orateur dit le Jaurès des ch..tes,
Le subtil apprenti qui cache en son giron
Un vert apéritif ou quelque noir litron
Et brave en souriant les rigueurs du cerbère,
L'ingambe corrigeur, le correcteur austère ;
Il évoque l'hiver et la douce chaleur
De ce poêle incongru nommé radiateur ;
Aux parfums du jardin, sans vergogne, il préfère
Du latrino-fumoir le relent pestifère ;
Un air de caboulot lui semble plus exquis
Que le zéphyr jouant au sein des prés fleuris ;
Quand la chaleur augmente et que le jour décline,
Il rêve du bistro, de la fraîche chopine,
Des propos d'atelier toujours vifs et joyeux,
Des parties de billard aux coups audacieux ;
Et, tel l'humble carcan jadis cheval de guerre,
Qui se sent échauffé d'une ardeur passagère,
Frappe du pied la terre et s'apprête à partir
Lorsqu'il entend, soudain, le clairon retentir,
Le cœur du vieux typo bondit quand, d'aventure,
Il croit ouïr le sifflet de la maison Lahure.

D'autres tableaux feront encore pénétrer dans l'intimité des typos ; ils montrent les menus incidents de leur vie sédentaire, comme la pièce suivante, datant des temps quasi préhistoriques de la composition manuelle aux pièces, alors que la « copie à cadrats » était une source de gain facile, âprement convoitée quand la sorte ne manquait pas...

LES CADRATS

Du typo la mine est joyeuse
Quand, du manuscrit de l'auteur,
Ressort plus d'une ligne creuse :
Des alinéas ! quel bonheur !
Que la phrase soit mal écrite,
Il démêle tout ce fatras
Et s'écrie, en pompant très vite :
— Qui donne des cadrats ?

Ce cri, qui tout à coup éclate,
Fait retourner plus d'un copain.
Les uns lui répondent : « La jatte » !
D'autres offrent un coup de main ;
On fait cercle autour de sa casse ;
Sur sa veine on ne tarit pas :
Près du metteur est-il en grâce
Pour avoir des cadrats !

Mais, jugez un peu de sa peine,
Lui qui croyait avoir du bon,
Au magasin, quelle déveine !
La sorte manque... Furibond,
Il appelle d'une voix forte
Le chef qui répond d'un ton gras :
— Vous m'em... bêtez, avec vot' sorte,
Je n'ai pas de cadrats !

Du metteur qui désire plaire
Et régner en petit sultan
Le cadrat est l'auxiliaire,
Entre tous le plus important.
Car si la belle paquetière,
Qu'il voudrait tenir en ses bras,
Le repousse, il lui fait la guerre
En rognant les cadrats.

Après une faible escarmouche
Il triomphe : elle est à genoux !
En le baisant à pleine bouche
Elle lui dit : — Metteur si doux,
Je ne veux pas qu'une interligne
Nous sépare ; viens dans mes... bras,
Et va jusqu'au bout de la ligne
Sans mettre de cadrats !

A. PANIER.
(*La Musette*, mai 1885).

CADRATS ET CADRATINS

Dans la littérature,
Le talent de l'auteur
Croît au fur et mesure
Qu'on vide un composteur.
Moins il y a de texte,
Plus l'ouvrage est profond ;
La lettre est un prétexte,
Les cadrats c'est le fond.
Vive à jamais cadrats et cadratins ;
Pour égayer la vie, en fleurir les chemins,
Vive à jamais cadrats et cadratins.

Nous rêvons tous pour père
Un rédacteur charmant
Qui, dans sa tabatière,
Fourre les doigts souvent.
Chaque prise est la cause
D'un nouveau cadratin,
Et quand la pige est close,
Vide est le cassetin.
Vive à jamais...

PAQUOTTE,
Prote de *L'Indépendant Rémois*.

(Ed. Morin, *Dict. Typ.*, p. 39).

On se querellait parfois plus sérieusement que pour une poignée de cadrats, pour une « planque » subtilisée. Une chanson composée pour

83

le banquet typographique de 1845 et dont nous n'avons rencontré que deux couplets, tout en fêtant l'union enfin établie au sein de la corporation parisienne, révèle l'existence de réfractaires, les « sarrasins », on dirait maintenant les « jaunes ». Mais la vindicte semble être assez bénigne : la « chaussette à clous » n'était pas encore inventée.

. . . .

Quant à cette phalange infime
D'aveugles et d'intéressés,
Qui, malgré nous, court à l'abîme...
Que dire de ces insensés ?
Ayons pitié de leur démence,
Ayons dédain de leurs efforts ;
    Plaignons-les... la clémence
    Est la vertu des forts
Ref. Il s'est donc enfin levé
    Ce jour où l'on fraternise,
    Et qui pour nous réalise
    Un bonheur longtemps rêvé !
— Beau jour, chacun de nous bien longtemps t'a rêvé;
Toi qui nous réunis, sois le bien arrivé !

S'ils voyaient, malgré leurs bravades,
Le maître à l'ouvrier s'unir
Dans la plus sainte des croisades,
Et leur assurer l'avenir ;
A nos agapes fraternelles,
S'ils venaient !... je les avertis :
    Sarrasins, infidèles,
    Qu'ils seraient convertis.
Ref. Il s'est donc...

SUPERNANT.
(Ed. Morin, *Dict. Typ.*, p. 242).

Deux vieux souvenirs encore, presque de l'archéologie typographique, bien que l'auteur ne soit pas centenaire ; car qui met à présent des bonnets de papier, et où existe-t-il un sabot — un vrai — pour servir de poubelle aux lettres hors de service ?

LE SABOT

Quel pied mignon d'enfant ce vieux petit sabot
Chaussa-t-il au lointain de sa prime existence ?
Nul ne sait. Du plus loin qu'ils en ont souvenance,
Les aînés d'entre nous, guettés par le tombeau,
L'ont vu pendu toujours à la même potence.

Resté seul, séparé de son frère jumeau
Après un accident dont sans peine on se doute,
Quelque typo, l'ayant rencontré sur sa route,
L'offrit à l'atelier pour servir de bardeau
Aux lettres de rebut qu'à l'épreuve on déboute.

Et depuis, respecté de tous, ce vétéran,
Fendu dans maints endroits et tout noirci par l'âge,
— Ainsi qu'un mendiant qui vous guette au passage —
Attend, après un clou qui l'attache à mon rang,
L'aumône qu'on lui doit des fontes hors d'usage.

Ouida ! C'est à présent son rôle hospitalier :
Recueillir en son sein toute épave meurtrie...
Que n'en est-il de même, hélas ! dans l'industrie,
Où plus d'un, éloigné trop tôt de l'atelier,
Ne sait où terminer sa vieillesse assombrie !

LOUIS MORIN.
(*Almanach Typographique*, 1896).

MON BONNET DE PAPIER

L'hiver, à l'atelier, lorsque le vent fait rage
Par les fentes du mur ; quand, à flocons pressés,
La neige emplit les toits ; quand des rideaux glacés,
Délicats et légers, garnissent le vitrage ;

Pour protéger mon crâne où bout incessamment
Le rêve infructueux des cervelles meurtries,
Où rien ne vibre plus pour les idolâtries
Dont s'enthousiasmait mon jeune cœur aimant ;

Dédaignant la casquette à la forme vulgaire,
Et le béret tombé dans la banalité,
J'arbore avec orgueil le bonnet légendaire
Par les vieux imprimeurs si crânement porté.

Taillé dans le plein drap d'une maculature,
Un « chapeau de gendarme » aux trois coins rabattus
Et fixés sur l'ensemble en six angles obtus,
Voilà tout le secret de sa manufacture !

On sourit bien un peu de son étrange aspect
— Le monde est si méchant pour qui vit à sa guise ! —
Et les gamins parfois lui manquent de respect
Dans leurs propos naïfs que l'ironie aiguise.

Mais qu'importe, à mes yeux, la censure d'autrui,
Quand elle se fatigue à ces minimes choses ?
J'ai même du plaisir — tant de jours sont moroses !
A voir, à mes dépens, le prochain réjoui ;

Et, fier sans vanité de mon casque sommaire,
Doux comme une caresse à maint espoir déçu,
J'évoque, en le mettant, la mémoire éphémère
Des grands morts qu'abrita son fragile tissu.

LOUIS MORIN.
(*Almanach Typographique*, 1896).

Sur le même sujet, l'Alsace avait déjà fourni une page au chansonnier typographique. Oubliée depuis longtemps, on la retrouvera sans doute ici avec plaisir.

LES CASQUES DE PAPIER

Couplets dédiés aux ouvriers typographes, à l'occasion de la fête célébrée à Strasbourg, pour l'inauguration du monument de Gutenberg, en juin 1840.

Air : *A soixante ans il ne faut pas remettre,*
ou : *Vaudeville de la Robe et les Bottes.*

Plus d'un poëte, en ce jour mémorable,
Prendra l'essor pour célébrer ton nom,
O Gutenberg ! toi, dont l'art admirable
Donne aux auteurs et fortune et renom.
Ma muse à moi, muse de prolétaire,
Modestement visite l'atelier
Où travailla, dans un profond mystère,
Le premier prote en casque de papier.

En ce grand jour on l'oublîra peut-être,
L'humble artisan qui sut interpréter
Un mot, un geste, un regard de son maître...
Car le génie est bref à commander.
Sans doute, l'homme à haute intelligence,
Éclipsant tout, doit marcher le premier :
Mais tout se tient, et, par reconnaissance,
Je vais chanter les casques de papier.

Je vous aimai déjà dans mon enfance,
Bons compagnons, et presque tous les jours,
Petit furet, on me vit, en silence,
Près d'une « forme » épeler à rebours.
Je n'ai jamais eu l'humeur bien guerrière,
Enfant, j'ai fait rarement le troupier :
Mais je portais la tête haute et fière
Quand je rêvais le casque de papier.

Trop pauvre, hélas, pour achever ses classes,
Moulant le suif, ou façonnant le fer,
Franklin se mit, enfin, devant les « casses »,
Et dit adieu, le cœur gros, à la mer.
Représentant, plus tard, de sa patrie,
Au feu du ciel prescrivant un sentier,
Le petit « Ben », dans une imprimerie,
Avait porté le casque de papier.

Et Béranger, qui, de garçon d'office,
Est devenu Pindare, Anacréon,
N'eut pas non plus de muse pour nourrice :
Il s'éleva, tout seul, au biberon.
Avant qu'il eût orné sa noble tête
D'un populaire et durable laurier,
Péronne a vu le futur grand poète
Jeune gamin en casque de papier.

Sous l'Empereur dans sa toute-puissance,
La presse avait perdu sa liberté ;
Et l'on a vu comme sa dépendance
Touche de près à la servilité.
Napoléon, ce grand homme de guerre,
Que nul danger ne pouvait effrayer,
Redoutait moins l'Europe tout entière
Qu'un peloton en casques de papier.

A Waterloo finissait cette guerre
Dont la secousse ébranla l'univers,
Et, depuis lors, on n'a plus vu la terre
Boire le sang de vingt peuples divers.
Lorsque des arts la lutte pacifique
Des nations sera le seul levier,
On n'aura plus, en bonne politique,
Que des soldats en casques de papier.

Sorti des rangs du peuple, moins ignare
Que n'est le fils du serf industriel,
L'imprimeur touche au poteau qui sépare
Le monde brut de l'intellectuel.
Un pas de plus dans des routes nouvelles,
Et vous irez de pair, simple ouvrier,
Avec les Watt, les Jacquart, vos modèles...
Respect, honneur aux casques de papier.

Valentin Meyer-Koechlin.
(Mulhouse, impr. de P. Baret).

Il vient d'être question du rang. *Les Typographiques* lui consacrent un sonnet :

LE RANG

On y prend place en vrai soldat !
L'amour du métier vous y porte,
Et l'on est de cette cohorte
Dont le Livre guide les pas.

Peuh ! dira Mars, on ne voit pas
Que des travailleurs de la sorte
Sont les guerriers que je transporte
D'un seul ordre, au sein des combats !

Mars ne voit pas ce qui se passe,
Il ne sait pas ce qu'est l'*espace*
Et quels lascars sont les typos...

Quand les ferrés, dans leurs rangs piochent,
Ils sont des lutteurs d'à-propos,
Et leurs traits d'esprit se décochent.

Henri Turpin.

Du rang au composteur, nulle distance : l'un porte l'autre. Plusieurs typos ont chanté leur outil de façon non banale. Qu'on en juge :

A MON COMPOSTEUR

Tu n'es point, ô mon composteur,
De ces gigantesques machines
Que le souffle de la vapeur
Fait mouvoir au sein des usines,
Ou lance, alertes messagers,
Hors des confins et des rivages
Qu'appelait du nom d'étrangers
La langue éteinte des vieux âges.
Mon outil qui m'est cher,
Les lignes que j'enferme

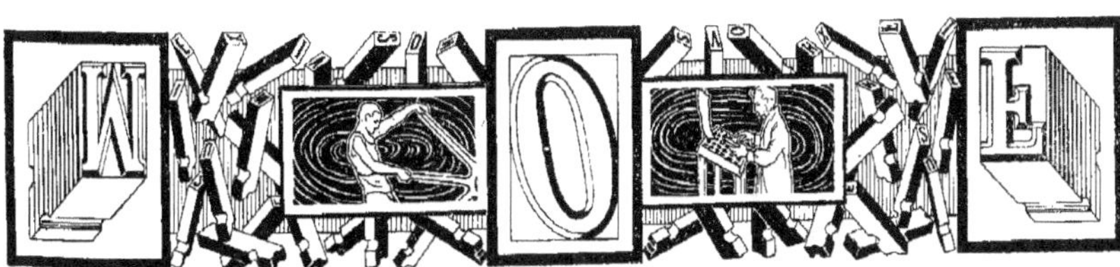

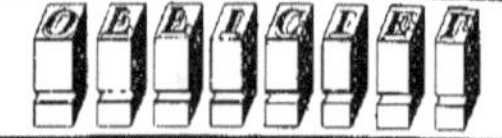

Dans tes parois de fer,
D'une main prompte et ferme,
Sont comme des sillons
Qui contiennent en germe
De fécondes moissons *(bis)*.

Lorsque dans ses brillants palais
L'industrie en ses jours de fêtes,
Pour de pacifiques congrès
Dresse l'état de ses conquêtes,
Éblouis-tu chaque regard
Par ton éclat ou ta stature ?
Non, simple et restant à l'écart,
Un court espace te mesure.
    Mon outil, etc.

Si l'on voit les plus durs métaux,
Se tordant sur leur lit de braise,
S'assouplir au choc des marteaux
Ou se fondre dans la fournaise ;
Sans déployer de tels efforts,
Sans tant de peine dépensée,
Tu sais, en lui créant un corps,
Donner la vie à la pensée.
    Mon outil, etc.

Tu ne fais point, triste destin,
Comme les instruments de guerre,
Couler à flots le sang humain
Au sombre bruit de son tonnerre ;
Lorsque tu te charges de plomb,
Aux abus tu livres bataille,
Et leur incrustes dans le front
Le cachet noir de ta mitraille.
    Mon outil, etc.

Pourquoi faut-il que sur ton flanc
Un spectre à la face ridée,
Le chômage, hélas ! trop souvent
Souffle son haleine oxydée ?
Sans le souci du lendemain,
Un jour, le cœur libre de peine,
Ne pourrons-nous dire à la faim :
« Va, nous avons brisé ta chaîne » !
    Mon outil, etc.

Ed. Maraux.
Musique de J. Durey.

(Boutmy, *Dictionnaire de la Langue verte typographique*, 1878).

A MON COMPOSTEUR

Cher et tendre bijou, confident de mes peines,
Tu m'égayais jadis de tes feux éclatants ;
Sur mon rang, tu trônais comme à la cour des reines,
Fier des nombreux chefs-d'œuvre échappés de tes flancs.

Aujourd'hui tu n'es plus que l'ombre de toi-même,
Ton acier s'est terni... Pauvre et cher composteur,
Ton regard semble éteint, ton front me paraît blême,
De te revoir ainsi, je me meurs de langueur.

Dis-moi donc, mon chéri, d'où te vient cette peine,
Qui donc a pu venir briser notre bonheur ?
— Ah ! me répondit-il dans un soupir suprême :
Mourons en pardonnant au progrès de malheur !

J. Bertholon.

(*Almanach des Typographes*, 1905).

Le progrès est venu, en effet, et d'un train d'enfer, amenant avec lui la machine à composer qui a fait mettre bien des compositeurs au rancart, bien des vieux typos à la... hélas ! non, pas à la retraite !

On n'y croyait guère, tout d'abord. Témoin Joseph Perrotin faisant, dans *La Sorte* (nº 133), la nique à sa future rivale :

LE TYPO ET LA LINOTYPE

Je te trouve très belle !... un amour ! un rubis !...
Une merveille, enfin, une riche compagnon !
Mais je crains fort pour toi — comme fit la montagne —
Que tu n'accouches, hélas ! d'une frêle souris.

Plus clairvoyant ou mieux renseigné, un confrère lui répondit par la fable de Lachambeaudie *La Locomotive et le Cheval*.

C'était en 1903. L'année précédente, de nombreuses équipes parisiennes avaient été licenciées et remplacées par ces merveilles de mécanique auxquelles on s'était si longtemps refusé de croire. Elle n'amenèrent pas, au surplus, le chômage que l'on pouvait appréhender ; mais il n'y en eut pas moins des existences bouleversées ; les vieux typos eurent de la peine à se recaser convenablement.

Georges Nicolas, qui, « piéton » au *Petit Parisien*, fut du nombre des sacrifiés, se vengea noblement, avant de mourir (le 10 décembre 1902), de la superbe inconsciente qui lui enlevait brutalement son gagne-pain :

LE COMPAGNON DE FER

A mes Collègues parisiens.

L'art puissant qu'à ses fils Gutenberg a légué
Subit un branle-bas qui n'offre rien de gai.
Passant des mains de l'homme à la machinerie,
Il descend au niveau de mainte autre industrie,
Et condamne à l'équerre, à la règle, au compas
Un maniement subtil qui ne s'y prêtait pas.
Les types, ces oiseaux libres sous leur volière,
Qu'aimait à caresser notre main familière,

Qu'on lançait dans l'outil d'un vol rapide et sûr
Sans que le plomb pesât à leur aile d'azur,
Ainsi que des forçats voués au surmenage,
Vont vivre, désormais, captifs de l'engrenage !
La touche va primer autant que le doigté.
A nouvel instrument, nouvelle habileté.
Aussi, jeunes et vieux, pour sauver leur bricole,
Reprennent-ils, navrés, le chemin de l'école...
Adieu les groupements d'actifs praticiens,
Modèles renommés taillés sur leurs anciens.
Qui, debout, souriant, jonglaient avec « la pige »
Et pour qui la doubler n'était pas un prodige !
A leur place, en leur lieu, le Compagnon de fer
Fera le tour de force — et coûtera moins cher.

Moins cher ! A parler franc, je l'ignore et j'en doute.
Ceux qui l'ont adopté verront bien ce qu'il coûte.
Je laisse aux gens experts le soin d'apprécier ;
Le poète, on le sait, n'est pas un financier.
Mais j'ai le droit de dire à ce nouveau confrère :
« Seras-tu mon ami ? Seras-tu le contraire ?...
« Les temps sont durs, bagasse ! et les besoins cruels.
« Viens-tu prendre ta part des devoirs fraternels ?
« D'un état languissant, qui penche au sacrifice,
« Dois-tu consolider ou saper l'édifice ?
« Sur notre terre libre et douce à l'étranger,
« D'un avenir meilleur es-tu le messager ?
« Que nous apportes-tu : la guerre ou la concorde ?
« Es-tu rouge ? es-tu blanc ?... J'arrête ici l'exorde,
« Et, t'espérant clément, je dis : — Brave inconnu,
« Prends place à notre ruche et sois le bienvenu !
« Mais si, sur tes talons, tu traînes des colères,
« Si tu dois menacer ou rogner nos salaires,
« Si tu viens assombrir la nuit où nous plongeons
« Et rendre plus amer le pain que nous mangeons,
« Alors j'évoquerai la sainte paraphrase,
« Je dirai : — Sois maudit, et que le ciel t'écrase » !

Quand la main d'un Derriey ou d'un Marinoni
Livre une rotative à tirage infini,
Leur presse a pour objet de fournir, feuille à feuille,
Un nombre d'imprimés qu'un receveur recueille,
Qu'un coupoir à dents tranche — et qu'on vient retirer.
Le travail est complet : il est prêt à livrer.
C'est simple et c'est très beau. Plus de vingt mille à l'heure.
La prouesse annoncée ici n'est pas un leurre :
Chef-d'œuvre industriel, digne d'un long succès,
Et la gloire et l'honneur de constructeurs français !

Tout autre est l'objectif, tout autre est le principe
Du Compagnon de fer, dénommé Linotype.
Son programme, en effet, surprend par sa grandeur :
Il est compositeur, distributeur, fondeur.
Quoiqu'il soit malaisé d'en fouiller les arcanes,
Essayons d'indiquer l'emploi de ses organes.
Sur un clavier les doigts courant, glissant, sautant,
Un composteur à jour s'emplit en un instant.
La ligne est, d'un seul coup, à la fonte portée
Et par l'élévateur au magasin montée.
L'élévateur retombe. On repart aussitôt :
Même jeu, même fonte, et même envoi là-haut.
Voilà l'*a b c d*... Quand ce jeu se prolonge,
Le spectacle devient surprenant, si l'on songe

Que les lignes, fragments du discours composé,
Changent, changent sans cesse en leur texte imposé,
Et que, malgré les heurts, les accrocs, les culbutes,
On en fait plus d'un cent en soixante minutes...
Rude avertissement du progrès qui nous dit
Qu'à l'esprit des chercheurs rien ne reste interdit !
Ainsi, las d'ajuster du plomb sur des coulisses,
On s'est ingénié d'ordonner des matrices ;
Ces tenons de métal, crénés de cent façons,
Dans une encoche, au fond, comportent des poinçons
Où la fonte, d'un jet, pénètre et s'insinue
Et qu'un sûr mécanisme assemble et distribue,
Car l'Œdipe moderne a, par un tour piquant,
Réduit l'ardu problème en le surcompliquant !
Là s'allonge une griffe, ici la dent vient mordre,
Rien ne semble imprévu, tout s'y place en bon ordre ;
De multiples réseaux c'est une vision
Qui confond l'intellect par sa précision.
L'instrument est parfait : aveugle qui le nie,
Et sa conception est un trait de génie.
Oui, pour « joindre » et « disjoindre », espacer, ponctuer,
Mille détails où l'œil devait s'évertuer,
Il fallait la merveille : elle est réalisée...

Elle n'a qu'un défaut, c'est qu'elle est sans pensée.

Elle ne sait point lire, observer, réfléchir,
Et ne peut du concours de l'homme s'affranchir.
Seul l'homme sait unir ces qualités modèles :
Corps, l'âme en lui palpite ; esprit, il a des ailes.
La machine est alerte. Or, il faut être « esprit »
Pour pénétrer le sens du moindre manuscrit,
Redresser, au besoin, les erreurs de copie,
Une date inexacte, un nom qu'on estropie,
Se faire des auteurs le « collabo » direct,
Enfin mettre d'aplomb tout passage incorrect...
Non, vraiment, ce travail n'est pas automatique !
Nul n'est moins machinal, quoique systématique ;
Sous peine de faillir à sa perfection,
Il est tout de pensée et de réflexion.
Si donc l'on met en marche un outil trop rapide,
L'ouvrage effectué risque d'être insipide,
Et si l'opérateur, parfois, reste hésitant,
Il n'en pourra tirer le gain qu'on en attend.
Quels que soient les ressorts dont l'instrument dispose,
Aux gens impartiaux ce dilemme s'impose :
Ou « l'activité lente » ou « folle activité ».
Or, jamais quantité n'a valu qualité...
Qu'on bâcle des journaux de six ou de huit pages,
Bourrés de faits divers, d'avis, de découpages,
De ces feuilles sans nom et sans lendemain, mais
Qu'on prétende établir de beaux livres, jamais !
Consolons-nous, typos : il nous reste le livre.
On en publie assez pour qu'ils nous fassent vivre ;
Ceux que nous façonnons ont tant de netteté,
Qu'on en loue en tous lieux la parfaite beauté.
Les livres — ces témoins de l'énergie humaine —
Sont et demeureront longtemps notre domaine,
Et les plus doux regards, qu'ils soient bleus, gris ou noirs,
Pourront s'y contempler comme en de purs miroirs !
Ils n'auront pas ces traits et ces égratignures
D'une fonte hâtive étalant les bavures,
Stigmates d'un progrès qui marche à reculons,
Et nous force à danser avant les violons !

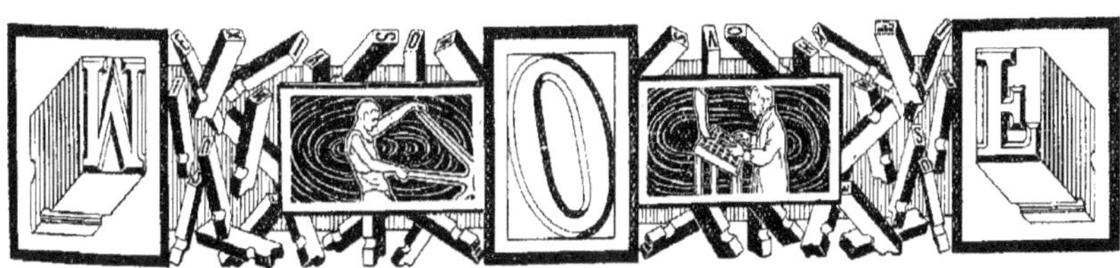

Contre l'adversité montrons une âme forte ;
Que l'espoir de plus hauts succès nous réconforte.
La Thorne, la Behrens ou la Méray-Rozar
Font œuvre de métier ; sachons faire œuvre d'art.

Cet art, que Gutenberg a transmis au vieux monde
Pour en porter au loin la semence féconde,
Par qui tout nouvel être, heureux ou délaissé,
Trouve dans son berceau les trésors du passé ;
Cet art, qu'ont propagé dans l'une et l'autre ville
Froben, Zarot, Caxton, Martens, Snell, Baskerville,
Maîtres qui, par leur zèle et leurs efforts savants,
Léguaient l'œuvre des morts au culte des vivants ;
Cet art, par ses bienfaits l'un des plus grandioses,
Dont Plantin et Didot furent les virtuoses,
Qu'illustre Alde à Venise, en Hollande Elzévir,
Que Chaix et Motteroz sont fiers de bien servir ;
Qui pour premier asile eut chez nous la Sorbonne,
Qu'aime un Geoffroy Tory, qu'un Cramoisy couronne,
Qui compte, dans un ordre où Turnèbe excellait,
Ces héros : les Estienne, et ce martyr : Dolet ;
Cet art, avec le pain le plus utile à l'homme,
Qu'a baptisé « divin » un pontife de Rome,
Et qu'enfin la machine envahit, mais en vain,
Malgré la Linotype est encore l'art divin !

GEORGES NICOLAS.
(L'Intermédiaire des Imprimeurs, juillet 1902).

De tels hommes, qui ne sont pas rares chez nous, répandent sur tous leurs confrères un éclat qui appelle la considération. Le typographe est plus qu'un ouvrier, il est un collaborateur pour l'écrivain dont il traduit la pensée. L'imprimeur parisien GILLES DE GOURMONT (environ 1480-1527) l'avait compris, lui qui plaçait en tête des ouvrages qu'il imprimait cette allusion à ses ouvriers :

Tost ou tard près ou loing
A le fort du foible besoing.

C'était également l'avis du jurisconsulte anonyme, auteur des *Remontrances et mémoires* pour les compagnons imprimeurs de Paris et de Lyon, en 1572 :

SONNET DE L'AUTHEUR SUR L'ESTAT DES IMPRIMEURS

Si les Anciens tant louer le tableau
   Et tant chérir ont volu la peincture,
   Qui représente en imitant nature,
   Du noble esprit seulement le tombeau ;
Les Imprimeurs dont l'éternel pinceau
   Fait de l'esprit vivre la portraicture,
   A meilleur droict doivent de toute injure
   Estre exemptez, et leur estat tant beau.
Sus donc, Esprits gentils, qui des neuf Muses
   Avez les dons et les grâces infuses :
   S'il reste en vous encor quelque bonté,

   Prenez en main l'équitable défence
   Des Imprimeurs, qui n'ont pour récompense
   De tant de peine enfin que pouvreté.
     A peine y suis.

(Bibl. Nat., recueil Thoisy, n° 328).

✿ ✿ ✿

LA CORRECTION
Correcteurs

On sait que la corporation des correcteurs s'honore de compter dans ses rangs nombre d'hommes doctes et célèbres. Alors que de nos jours, dans trop d'imprimeries, la correction est considérée comme une charge, presque comme une inutile perte de temps, elle était jadis une fonction hautement appréciée. C'était la gloire des grandes maisons de donner des éditions irréprochables au point de vue de la pureté des textes comme à celui de leur présentation typographique, et les censeurs dont l'œil averti, la science et l'attention permettaient d'atteindre la perfection rêvée, avaient été soigneusement choisis par le maître, quand lui-même ne se réservait pas ce rôle. C'étaient de véritables érudits, et de bons auteurs n'ont pas dédaigné d'en être.

Parmi ceux dont le nom a été mis en évidence figure CORNEILLE KILIAN (1), prote et correcteur chez Plantin, auteur de plusieurs pièces de vers latins dans lesquelles il parle du typographe d'abord, du correcteur, puis du libraire.

Ces épigrammes, insérées dans le tome VII du *Theatrum vitæ humanum* de Laurent Beyerlinck (1631), ont été citées, reproduites et traduites bien des fois.

Dans celle intitulée : *Typographus mercenarius*, il prend parti pour les compositeurs contre les maîtres exigeants et durs ; dans *Bibliopola*, il dénonce la rapacité, le manque de conscience des libraires ; dans *Corrector Typographicus*, il défend ses collègues d'être les auteurs des bourdes que des écrivains trop pressés de paraître laissent subsister dans leurs ouvrages, quitte à en rejeter ensuite la responsabilité sur les malheureux correcteurs.

Voici, de cette dernière pièce, une traduction en vers français par un rimeur anonyme :

---

(1) Voir : *Un collaborateur de Plantin*, par I.. B. (*Le Courrier du Livre*, mai 1923 et suivants).

Nous corrigeons des livres les erreurs,
Et nous notons les fautes des auteurs ;
Mais un brouillon, que la furie d'écrire
Pour nos péchés dans les lettres attire,
De ce bel art faisant un vil métier,
Souille la plume et tache le papier.
Loin de lécher son ourson, il s'empresse
De le jeter dans les bras de la presse ;
Et si l'on rit de son avortement,
Voilà ce sot de furie écumant.
Tout aussitôt il s'en prend pour excuse
Au correcteur : c'est lui seul qu'il accuse.
— Eh ! mon ami ! laisse le correcteur
Débarbouiller les marmots de l'auteur !
C'est bien assez que ce pauvre homme-lige
Soit l'ennemi de tous ceux qu'il corrige !...

(*Les Livres*, par Edmond Morin ; *Papyrus*, déc. 1922).

ANDRÉ CHEVILLIER, auteur de l'*Origine de l'Imprimerie de Paris* (1694), a émis au sujet de la correction quelques aphorismes qui n'ont pas cessé d'être aussi vrais que d'actualité :

Un livre peu correct, c'est un ouvrage plein de ténèbres. C'est une nuit où on ne fait point de pas sans craindre.

La correction, c'est la lumière avec laquelle on marche sûrement. Le plus grand ennemi de l'impression sont les fautes. Il est d'autant plus dangereux qu'il renait de ses propres cendres.

Souvent il croît plus de fautes qu'on n'en a ôté.

Un imprimeur se doit regarder comme un Hercule qui a toujours des monstres à combattre.

Si le correcteur moderne a un métier pénible, peu « reluisant » et gros de menues tribulations, il a comme compensation une fort bonne presse : il est — littérairement — estimé, surtout plaint.

LE CORRECTEUR D'IMPRIMERIE

A mon ami Henri Toinon.

Correcteur ?... ô quelle imprudence !
Mal placé, toujours à l'écart
Et comme faisant bande à part ;
Mais, responsable à toute outrance !

Ensuite, quelle patience !...
Lire et signer à tout hasard ;
Sur rien ne se dire en retard ;
Etre presque un puits de science.

Connaître le grec, le latin,
L'anglais, l'espagnol, tout enfin...
Etre vu par-dessus l'épaule.

Corriger du matin au soir ;
S'abîmer les yeux sans espoir,
Pour gagner quoi ? son pain !... C'est drôle !!

PASCAL ROUSTAN.
(Ed. Morin, Dict. Typ., p. 88).

Marseille, 1895.

LE CORRECTEUR

Il corrige, il corrige, humble en son petit coin ;
Son œil est attentif, vigilant son calame.
Le mot que le lecteur voit à peine, de loin,
Il en fouille le fond — si j'ose dire l'âme.

Il pèse exactement la paresse ou le soin
Qu'à son chef-d'œuvre a mis tel auteur qu'on acclame;
Du plagiat utile, il est le seul témoin,
Témoin inaccessible à déesse Réclame.

Un peu désabusé, cet homme est indulgent,
Des hommes de génie il connaît trop la gent,
Leur ayant corrigé leurs fautes d'orthographe !!!

J'ai dit qu'il a bon œil, mais surtout quel bon dos !
La sottise d'autrui sur lui tombe en cadeau.
« Coquille », dit l'auteur, quand lui murmure : « Gaffe » !

ET. L.
(Comœdia).

LA CHANSON DU CORRECTEUR

Le profane croit très heureux
Le correcteur d'imprimerie ;
Il croit l'emploi avantageux,
Il lui paraît digne d'envie.
Hélas ! dans la réalité
Que de soucis et que de peines,
Que de responsabilité
En échange de maigre aubaine !

En arrivant à son bureau
Couvert de copies embrouillées,
Il met de l'ordre en leur monceau,
Classe les épreuves mouillées.
Protes, typos et conducteurs
Viennent l'assaillir à la ronde.
Comment fera le correcteur
Pour satisfaire tout le monde !

Le bureau, blotti dans un coin,
S'il a peu d'air et de lumière,
Recueille avec beaucoup de soin
Le papier sale et la poussière.
Et c'est là que, la plume en main,
Sous l'ampoule qui tremble et brille,
Peine celui qu'avec dédain
On nomme « Pêcheur de coquilles ».

Tous les jours il use ses yeux
A pourchasser de ligne en ligne
Fautes, lapsus, bourdons nombreux,
Qu'il indique en d'étranges signes.
Texte français, grec ou latin,
Sont revus par lui sans tapage.
Instruit comme un bénédictin,
Il est modeste comme un sage.

O typos ! qui laissez passer
Les coquilles perfides, folles ;

Poètes qui, sans vous lasser,
Enguirlandez vos hyperboles
Dans des vers de quatorze pieds,
Combien serait longue la liste
Des mots par vous estropiés
Dont il devint l'orthopédiste !

Le correcteur à ce métier
Récolte peu de sympathie,
Il est suspect à l'ouvrier
Qui méprise sa minutie.
Il est critiqué méchamment,
On le crible de railleries,
Il ignore tout compliment
Ce forçat de l'imprimerie.

Si j'étais le Gouvernement,
De temps en temps à ces stoïques
J'offrirais en dédommag'ment
Les deux palmes académiques.
En place du rameau d'argent,
Ce que le travail leur attire
N'est-ce pas le plus fréquemment
Les palmes vertes du martyre ?

Le prote doit être l'ami
De ce méconnu solitaire,
Lui prêter un fidèle appui
Et l'aider dans son ministère.
Pour le prote et le correcteur
Rien ne vaut l'entente cordiale,
Ils la scelleront de tout cœur
Dans le sein de notre *Amicale*.

H. VALLÉE.

(Circulaire des Protes, septembre 1912).

La Dernière Épreuve, de DÉSIRÉ GREFFIER, qui montre ce souffre-douleurs du monde typographique, réclamant du destin cruel la faveur de pouvoir lire encore une épreuve avant de mourir, ne rachète-t-elle pas, par le sentiment apitoyé qui la dicta, bien des sarcasmes sans portée, bien des égratignures superficielles ?

Privé de son emploi pour avoir laissé passer une coquille un peu forte, un correcteur s'asphyxie et, sauvé tardivement, reçoit du moins la visite du médecin des âmes. C'est ce dernier qui parle :

« Mon fils, dit-il, l'âme s'abreuve
De tourments dans ce triste lieu ;
Mais voici la dernière épreuve :
Il faut la recevoir de Dieu ».

A ces mots du croyant, du prêtre,
On eût pu voir le moribond
S'animer, tressaillir, renaître,
Sur son grabat dressé d'un bond :

« Une épreuve ! oh ! donnez, mon père ;
Bien que je sois en grand danger,
J'aurai la force encor, j'espère,
De la lire et la corriger » !

Il expira..

(Cinquante pièces à dire. Paris, Ollendorf).

Sans doute, cela repose sur rien, sur un jeu de mots ; mais le tableau qui s'en forme, devant l'esprit, de ce pauvre diable amoureux quand même du métier dont il meurt, est plus émouvant qu'un beau discours mortuaire.

FLAVIEN MOUILLAN, correcteur de carrière, vieilli sous le harnois, a tracé dans *Le Siècletypographique* (décembre 1897-janvier 1898) un long portrait dont nous détachons quelques lignes :

Qu'est-ce qu'un correcteur ? Est-ce un homme érudit,
Un linguiste, un savant ? — Non, c'est sans contredit
Un modeste lettré corrigeant par principe
Et pour qui n'est qu'un jeu l'accord d'un *participe*.
Le typo sait sa langue à peu près, plus ou moins ;
Mais un bon correcteur la connaît dans les coins
Et marque à la vapeur les fautes d'orthographe
Commises par l'auteur ou par le typographe.

. . . .

Le correcteur s'escrime à rétablir les mots
Tronqués par le copiste ou les mauvais typos.
Ces derniers, en voyant leurs *paquets* noirs en marge,
Forcés de corriger ce travail à leur charge,
En critiquent surtout la ponctuation
Qu'ils taxent d'arbitraire et d'incorrection ;
Aussi, pour déverser sur lui le ridicule,
Le nomment-ils tout bas : « Monsieur Point et Virgule »,
Oubliant que Martin, d'après certain dicton,
Perdit, faute d'un point, son âne et son bâton ;
Qu'une virgule omise, en un cas de partage,
Fit perdre à l'ayant-droit un superbe héritage ;
Qu'une virgule en moins aux taxes d'Amérique,
Mais omise à dessein par d'infâmes pillards,
A grossi son budget de millions de dollars.
Un texte sans virgule est un être sans âme...

. . . .

« Virgule, c'est volonté », avons-nous dit aussi quelque part.

A côté du correcteur on trouve parfois un *Teneur de copie*. C'est le plus souvent un apprenti de l'un ou de l'autre sexe, un compagnon momentanément arraché à sa casse, parfois — dans les grandes maisons — un vieillard, un impotent qui achève dans cet emploi subalterne de gagner de quoi soutenir une vie près de s'éteindre. C'est de ce dernier type qu'on trouve, dans *La Musette*, un bien touchant tableau signé par LEGRAIN (mai 1884) :

LE CORRECTEUR
ET LE TENEUR DE COPIE

Un correcteur, sur certaines épreuves,
Avec amour chaque faute indiquait...
Or, sous sa plume, elles n'étaient point veuves,
De tous côtés la marge s'emplissait !...
— Lis donc ! dit-il au teneur de copie.
Un ronflement répond ; il dit plus bas :
— Ta tête grise en paix s'est assoupie,
Mon pauvre vieux ne te réveille pas !

. . . .

Barthélemy et Méry, ces deux inséparables courtisans de la muse facile, ont rassemblé eux aussi dans un petit poème fort goûté en son temps et en effet très spirituel, émaillé de termes techniques, tous les pièges que tendent l'Imprimerie et ses suppôts à un malchanceux auteur guetté par les coquilles.

C'est une sorte d'épître *A M. de Saintine, qui a bien voulu se charger de revoir les épreuves d'un de nos ouvrages*, datée de Marseille, 1829.

En voici le début, à titre d'échantillon. Il y en a cent quatre-vingt-six lignes sur ce ton.

Quand du frais Belleville au faubourg Saint-Germain
Tu viendras pour soigner l'œuvre de notre main,
Dans l'*atelier gothique*, aux lettres toujours neuves,
Tastu t'imposera de terribles *épreuves* ;
Saintine ! tu connais ce peuple d'imprimeurs,
Fléau du prosaïsme et tourment des rimeurs ;
Tu sais que rarement leur fierté se résigne
A marcher avec nous sur une même *ligne* ;
Par des *traits-d'union* s'ils nous charment d'abord,
Jamais sur un seul *point* nous ne sommes d'accord ;
Avec un *accent grave* ils font tant de folies !
Quel *verso* raboteux sous leurs *formes* polies !
A leur faux caractère on doit peu se fier ;
Ils nous font criminels pour se *justifier*.
Le travail manque-t-il ? leurs ongles de harpies
Viennent chez les auteurs extorquer des *copies* ;
Avons-nous besoin d'eux ? nous les cherchons en vain :
On les trouve toujours chez le marchand de vin.
Promets-leur des *canons*, gourmande leur paresse...

On trouve dans un vieux livre (*Les Sainctes Curiosités*, par Pierre Clément ; Langres, Jean Boudrot, 1651, p. 368) un curieux quatrain qui laisse le lecteur perplexe sur le responsable des tares qu'il a pu découvrir : ce sera sans doute la Fatalité, laquelle a bon dos !

Si tu as le jugement meur
Les fautes qui restent en ce livre
Ne tomberont sur l'imprimeur
Ny sur l'autheur qui te le livre.

La même idée est développée dans la pièce ci-après :

LES COQUILLES

Aux Typos distraits.

Reines de l'Océan, ô coquilles nacrées,
Que sur les sables d'or et les roches ancrées,
Un esclave bronzé va cueillir à genoux ;
Vous qui donnez le jour à ces douces merveilles
Que l'Amour va suspendre à de roses oreilles,
Non, ce n'est point de vous que me vient ce courroux :
Celles dont je me plains, dont maint livre fourmille,
N'ont avec vous, hélas ! aucun air de famille...
On a beau les traquer sans trêve et sans merci,
Et les prendre au collet, ainsi qu'est la coutume,
On les voit revenir sous un autre costume,
Et n'ayant du bon sens pas le moindre souci.
Lecteur, pardonne-leur ces coquilles atroces !
Combien de grands auteurs, en des rages féroces,
Ont maudit ces faiseurs de trous à leur manteau...
Mais à quoi bon crier ? La coquille est humaine...
Et qu'elle entre au taudis ou pénètre au château...
Le lecteur indulgent s'en formalise à peine.

Henri Steenaeckers.

Bruxelles, 1914.

Tout le monde, cependant, n'est pas aussi indulgent. A preuve :

A PROPOS D'UN OUVRAGE
MAL CORRIGÉ

A M. A. Didier.

Cet auteur, qui prétend faire leçon aux autres,
Dans ce livre a laissé quantité de défauts,
De fautes, de *lapsus calami*, de vers faux,
De définitions qui ne sont pas les nôtres.

Je sais, il se prévaut d'être un fervent apôtre
Du progrès souhaité dans l'art d'orner les mots,
D'habiller un volume et d'illustrer les peaux,
Art perdu sur lequel la routine se vautre.

Mais, il l'oublia trop : la suprême beauté
D'un ouvrage quelconque est dans la pureté
De son texte, qui seul est utile à l'étude ;

Et pour avoir omis de prendre un soin jaloux
De la correction et de l'exactitude,
Il a raté son œuvre et mis au monde un loup.

Louis Morin (1916).

On nous permettra de taire le titre de l'ouvrage si véhémentement et si justement flagellé. Il a trait, hélas ! à l'art typographique.

Mais François Coppée demande encore une fois la parole pour nous dire — il « disait » ad-

mirablement — la fin du *Sonnet liminaire* de ses *Paroles sincères* (1891) :

Qu'importe ! Un livre encor sort de ton encrier.
Ayant fait de ton mieux, comme un brave ouvrier,
Écris « Bon à tirer » sur la dernière épreuve ;

Et, sans plus de souci de la Postérité,
Sens-toi le cœur joyeux et fier d'avoir planté
Le bouquet des maçons sur une maison neuve.

L'image est jolie et supérieurement enchâssée au bout d'un sonnet de saine inspiration.

Pour en finir avec ce sujet bien nanti déjà, rien ne conviendra mieux que la fantaisie trop connue, puisque défigurée et amputée par certains de ses éditeurs. En voici, semble-t-il, le texte original — le plus ancien que nous connaissions, tout au moins, et pourvu du nom de son auteur alors qu'on la tenait jadis pour anonyme. C'est Gabriel Ricome qui a déniché ce nom pour les lecteurs du *Siècle* (celui de Junius-Joyeux).

LA COQUILLE

par Gust. Gaillot

Toi qu'à bon droit je qualifie
Fléau de la typographie,
Pour flétrir tes nombreux méfaits,
Ou pour mieux dire tes forfaits,
Il faudrait un trop gros volume,
Et qu'un Despréaux tînt la plume.
S'agit-il d'un homme de *bien*,
Tu m'en fais un homme de *rien* ;
Fait-il quelque action insigne,
Ta malice la rend in*digne*,
Et, par toi, sa *capacité*
Se transforme en *rapacité*,
Ce qui, soit dit par parenthèse,
Dénature un peu trop la thèse.
Un savant maître fait des *cours* :
Tu lui fais opérer des *tours* ;
Il parle du divin *Homère*,
O sacrilège ! on lit *Comère* ;
L'amphithéâtre a ses *gradins*,
Et tu le peuples de *gredins*.
Le professeur cite *Hérodote*,
Tu dis : le professeur *radote*,
Et s'il dit un joli *sonnet*
Tu lui fais prendre son *bonnet*.
Parle-t-on d'un pouvoir *unique* ?
Tu m'en fais un pouvoir *inique*
Dont toutes les *prescriptions*
Deviennent des *proscriptions*.
Certain oncle hésitait à faire
Un sien neveu son légataire,
Mais il est enfin décidé...
Décidé devient décédé ;

A ce prompt trépas, pour sa gloire,
Le neveu ne sait s'il doit croire,
Et même il est fier d'hésiter,
Mais tu le fais fier d'hériter.
A ce quiproquo qui l'outrage
C'est vainement que son visage
S'empreint d'une vive *douleur* :
Je dis par toi : vive *couleur* ;
Puis son émotion *visible*
Devient émotion *risible*,
Et s'il fallait s'*évanouir*,
Tu le feras s'*épanouir* !
Que sur un vaisseau quelque prince
Visite nos ports en province,
D'un brave et fameux a*miral*
Tu fais un fameux an*imal*.
Léonidas aux Thermopyles
Montre-t-il un beau dévoûment ?
Horreur ! voilà que tu jubiles
En lui donnant le dévoîment !...
Te voilà, coquille *effrontée* ;
Ton inconséquence é*hontée*
Ne respecte raison ni sens ;
Mais de m'arrêter il est temps...
Pour compléter la litanie
(Car se serait chose infinie)
Chaque lecteur ajoutera
De très nombreux *et cœtera*.

(Extrait du journal *Le Furet*, de Marseille, 1875).

L'Imprimeur-poète de Fécamp, M. Louis-Léopold Durand (1832-1886), lequel devait se connaître en coquilles, leur a consacré lui aussi deux chansons dont une au moins est « dédiée aux Typographes du *Journal de Fécamp* ». Etait-ce à leur adresse un reproche enrobé dans du sucre ? (*Les Œuvres littéraires* de Louis Durand, 1889).

La coquille, tant redoutée, tant honnie, a cependant presque des admirateurs. Si elle est la bête noire des auteurs et des correcteurs, elle fait la joie de certains amateurs ; du moins cela ressort de l'épigramme suivante :

LE BIBLIOMANE

C'est elle !... Dieux que je suis aise !
Oui... c'est... la bonne édition ;
Voilà bien, pages neuf et seize,
Les deux fautes d'impression
Qui ne sont pas dans la mauvaise !

Pons, de Verdun.

(*Les Loisirs, ou Contes et poésies diverses*. Paris, 1807).

La plus célèbre — et d'ailleurs d'existence non prouvée — survenue à une poésie de Mal-

herbe a donné lieu, entre autres allusions, à un sonnet qui bouclera notre chapitre :

COQUILLE

A mes Imprimeurs.

Et « Rosette » a vécu ce que vivent les roses.

Qu'est-ce qu'une coquille ? Est-ce un ver clandestin
Qui ronge le pronom, l'adjectif et le verbe ?
Est-ce un hideux mollusque ? Est-ce une fleur sous
|l'herbe ?

Du Perrier perd sa fille et maudit le destin ;

Rosette avait vécu l'espace d'un matin,
Ce que vivent, hélas ! les roses ; et Malherbe
Veut, dans un rythme calme, élégant et superbe,
Consoler en français le poète latin.

Rosette va revivre en strophes immortelles ;
A la place des T l'imprimeur met des L
Et dans la ciselure étincelle un bijou.

Le rossignol gazouille à la place du merle,
Le diamant scintille où reluisait le clou.
Cette coquille-là renfermait une perle.

GUSTAVE LE VAVASSEUR,
(Poésies complètes, t. IV).

❊ ❊ ❊

LA MÉCANIQUE

Presses et Pressiers

De la composition, le livre passe à la presse. M. H. TURPIN en présente l'animateur dans une de ses pièces les mieux venues :

LE PRESSIER

(Sonnet irrégulier)

Aîné du conducteur, maintenant son cadet,
Son suppléant heureux dans le travail de ville,
Il reste de l'état le serviteur utile,
Il est indispensable : il conserve un cachet !

Sa presse ! elle vivra du talent de Fichet,
Et tant que la machine et la pédale agile
Ne la briseront pas dans son tirage au mille
Ou ne l'effaceront sous leur propre reflet !

Poursuivant à la trace une œuvre hors d'étude,
Le fils de Gutenberg aura sans fin recours
Au barreau dont son bras doit garder l'habitude.

Il sera, restera représentant toujours
Du primitif moyen de faire des tirages
Avec la faculté de souffler sur ses pages.

Tout au bas de l'échelle du savoir et des salaires — car moralement toutes les catégories de travailleurs se valent et s'égalent — venait jadis le *Garçon imprimeur*, l'homme à tout faire, sans espoir d'avancement, l'« alloué » du règlement de 1723, qu'en temps de presse on embauchait parmi les manœuvres sans emploi des autres corps d'état : à Troyes, par exemple, les imprimeurs d'almanachs recouraient aux vignerons immobilisés l'hiver.

Ces pauvres diables ont pourtant trouvé l'un d'eux pour les chanter, dans le naïf récit de ses amours infortunées, inséré dans le *Thrésor des chansons amoureuses*, publié en 1606, à Rouen, chez Reinsart.

Quel contraste avec la fierté de V.-EUGÈNE GAUTHIER célébrant :

LA MÉCANIQUE TYPOGRAPHIQUE

Chantée au banquet des Conducteurs, le 17 mai 1855

A mon ami F. Garde (1).

De ma machine aux beaux rouages
J'aime les graves roulements ;
On croirait voir bercer les pages,
Tant sont légers ses mouvements.
Ses cordons frémissent d'étreindre
Les feuilles en captivité,
Qui vont prendre sous le cylindre
Le sceau de la postérité.

Ref. Poursuis en agile gazelle
Ton travail civilisateur ;
Sur tes deux rails, roule, ma belle,
Ton char qu'entraîne la vapeur !

Un conducteur pusillanime
Est pour elle un épouvantail ;
Il faut que son guide s'anime
Par le feu sacré du travail.
Talent, persévérance et veilles
Avec elle tout est profits,
Car elle enfante des merveilles
Qui font la gloire du pays !
Ref. Poursuis...

Ses bras, d'un poli qu'on admire,
Sont de véritables miroirs
Dans lesquels jamais je ne mire
Un front chargé de soucis noirs.
Pour moi qui, tout entier, me voue
Au plaisir de la gouverner,
Son cylindre est comme une roue
Que la Fortune fait tourner !
Ref. Poursuis...

---

(1) FRANÇOIS GARDE, prote d'imprimerie et bibliophile, dont les livres étaient timbrés d'une presse avec cette devise : JE LUI DOIS TOUT.

Aux prôneurs des droits d'un autre âge
Elle montre, en roulant par chocs,
Les dents de son fier engrenage
Comme un gros chien montre ses crocs.
Mais lorsqu'il s'agit de répandre
La lumière et la liberté,
Oh ! mes amis, rien ne peut rendre
Sa fièvre de célérité.

Ref. Poursuis...

Paris, le 14 mai 1855.

Encore un de nos humbles auxiliaires, dont un spirituel confrère a tracé le portrait sympathique :

LE LAVEUR DE ROULEAUX

On n'vient pas au mond' sénateur,
Ministre ou grand propriétaire ;
On peut se fair' spéculateur,
Même au besoin êtr' book-makaire...
Mon métier n'a guèr' d'agrément,
Y'a rien d'ma faute : j'ai pas d'culture ;
J'm'en cach' pas, je dis carrément :
« Moi, j'lav' les rouleaux chez Lahure ».

Avril revient ; le doux printemps
Env'lopp' la natur' de tendresse ;
Après l'hiver c'est un chouett' temps
Pour s'balader : quelle allégresse !...
J'suis presque toujours enfermé ;
J'peux pas admirer la verdure :
Un' fois qu'tout l'mondé s'est cavalé,
Moi, j'lav' les rouleaux chez Lahure.

Pour m'délasser, j'roupille dans l'noir,
Mes pauvr' arpions dans la potasse ;
Mais l'turbin vient, alors faut voir
L'mouv'ment que j'donne à ma carcasse.
C'est incomplet, faudrait m'marier ;
A cell' qui gob'ra ma figure
J'dirai : « Voulez-vous m'épouser ?
« Moi, j'lav' les rouleaux chez Lahure ».

C'est fini des révolutions,
La paix est un' excellent' chose ;
J'envie pas les haut' situations :
La grandeur, vrai, ça m'indispose.
Sous l'rapport du gouvernement,
En deux mots, laissez-moi conclure :
En Républiq' vivr' tranquill'ment :
Moi, j'lav' les rouleaux chez Lahure.

I' n'faut pas m'croir' indifférent
A la gloir' de notre bell' France,
Je jur' que je l'aime ardemment,
J'défends qu'on dout' de ma constance.
Quand viendra l'grand coup d'tra la la,
Si l'étranger montr' sa figure...
Ah ! nom de Dieu ! je n'vous dis qu'ça :
Je n'lav' plus d'rouleaux chez Lahure !

1890.   E. LECLERC.

LES PROTES

Montons un degré de l'échelle corporative. Nous atteignons le *Prote à tablier*, celui qui met la main à la pâte, qui sert d'intermédiaire entre les intérêts divers qui s'affrontent et se heurtent parfois autour de son rang mué en bureau sommaire, et sur qui retombent, naturellement, toutes les... bénédictions en cas d'accroc, pour une compensation matérielle le plus souvent disproportionnée avec ses efforts et une considération insuffisante de ses mérites.

L'un d'eux lui a consacré la chanson suivante à un banquet de la Société Amicale des Protes et Correcteurs de province (Saint-Etienne, 12 février 1905) :

LE PROTE A TABLIER

Aussitôt les portes ouvertes,
L'apprenti qui vient balayer
Entend sonner des pas alertes,
De qui ?... Du prote à tablier.
N'a-t-il pas la bonne habitude
D'être toujours là le premier ?
Un modèle d'exactitude,
C'est bien le prote à tablier *(bis)*.

Tout le monde est-il à sa place ?
Les margeurs baissent les rouleaux,
Les typos sont devant leur casse,
J'entends craquer les massicots.
Allons, mon vieux, avec courage
Donne l'exemple à l'atelier.
Faut avoir du cœur à l'ouvrage
Quand on est prote à tablier *(bis)*.

« Monsieur, le patron vous demande ».
— « J'y vais. » C'est l'heure du courrier.
— « Tenez... importante commande,
« C'est un labeur à étudier.
« Facture, affiche, circulaire,
« Dix ou douze bons à tirer ».
C'est un vrai métier de notaire,
Celui de prote à tablier *(bis)*.

« M'sieu, c'est la tierce de la thèse,
« Voulez-vous bien la vérifier » ?...
— « Monsieur, plus une parenthèse,
« Plus d'espaces pour justifier... »
— « Monsieur, y'a Jeanne et Véronique
« Qui sont en train d's'en...guirlander ».
— « Taisez-vous donc, quelle boutique !
« C'est à rendre son tablier » *(bis)*.

Mais au bureau qui donc réclame
Et fait un semblable boucan ?...
Un client jette feu et flamme,
— Le client n'est jamais content ! —

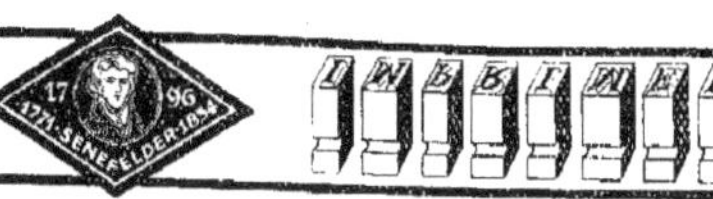

« Quelle composition mal faite,
« Quel tirage, quel sal'papier » !...
Qui doit apaiser la tempête ?
Toujours le prote à tablier *(bis)*.

L'heure rapidement s'écoule,
Au marbre il me faut imposer,
Et sous mes regards se déroule
Tout le travail de l'atelier.
Veillons aux pages qu'on transpose,
Aux coquilles qu'il faut payer.
Ah ! mes amis, tout n'est pas rose
Quand on est prote à tablier *(bis)*.

J'aime le bruit de la machine,
Le gamin noirci jusqu'aux yeux
Dont la peau blanche se devine
Sous le cold-cream de Lorilleux.
J'aime le frère en blouse noire
Piausseur et toujours sortier,
Qui commence le purgatoire
Du pauvre prote à tablier *(bis)*.

Le temps qui passe sur nos têtes
Viendra semer des cheveux blancs,
Sur nos nez mettra des lunettes,
Rendra nos doigts lourds et tremblants.
Ah ! quand sonnera la retraite,
Vieil ami, seras-tu rentier ?...
Sincèrement je le souhaite
Pour le vieux prote à tablier *(bis)*.

Malgré tout, mon métier, je l'aime,
J'aime l'art ancien, l'art nouveau,
J'en voudrais faire un long poème,
Chanter Comet et Thibaudeau !...
Mais voilà ma muse qui cale,
Amis, il faut que vous toastiez
Aux confrères de l' « Amicale »,
Qu'ils aient veston ou tablier *(bis)*.

VALLÉE.

(Intermédiaire des Imprimeurs, avril 1905).

C'est aussi ce que dit EMILE VERLET d'une manière plus concise :

LE PROTE

Nouvel Argus, traquant l'erreur,
Il devrait même être infaillible.
Plus avocat que procureur,
Il voudrait avoir l'air terrible.

Marteau, enclume tour à tour,
Il doit répondre sans relâche
Aux mille demandes du jour,
Et néanmoins remplir sa tâche.

Typo, comptable, bon à tout,
Il faut que rien ne lui échappe,
Qu'il évite tout chausse-trape,

Qu'il ait toujours un œil partout.
Aussi, plutôt que d'en médire,
A lui les palmes... du martyre !

(Circulaire des Protes, août 1912).

Notre dossier ne renferme rien sur le *Prote à manchettes.* Ce confrère n'a pas d'histoire...

◊ ◊ ◊

LES PATRONS IMPRIMEURS

Après le personnel de tout grade, présentons maintenant les *Patrons,* dont un sonnet récent définit le rôle dans la propagation des œuvres de l'intelligence.

L'IMPRIMEUR

A M. Louis Bertrand, de Nancy.

Imprimeur, ta besogne est noble comme l'Art...
De tes doigts d'artisan, tu sculptes les poèmes
Que notre Muse a lus dans les yeux de Chimène,
Un soir de flânerie au jardin de Ronsard.

Sous ta main, tout à coup, prodigieux bavard,
Le livre nouveau-né se multiplie, et sème
Sur le monde ébloui la volupté suprême
De goûter à l'amour du plus lointain regard.

Dans l'aride désert de la blancheur des pages,
Poussent les souvenirs ainsi que les feuillages ;
L'Histoire y naît sous l'œil indulgent de Clio...

Mais le savant, penché sur ton labeur qu'il fouille,
Oublie, Imprimeur, quelle invisible quenouille
A tissé tout l'esprit de ses in-folio.

PIERRE WEISS.

(Bulletin Officiel des Maîtres Imprimeurs, octobre 1909).

Le métier n'est pas toujours rose, et si ceux d'à présent se plaignent souvent en prose, leurs confrères d'avant 1870 avaient trouvé parmi eux un chansonnier pour les défendre.

DOLÉANCES DE M. PETIT-ROMAIN

IMPRIMEUR BREVETÉ

Air : *V'là c'que c'est qu'aller au bois.*

Payer vingt mille francs comptant
Le droit d'attendre le client ;
Puis, si l'autorité vous nomme,
Doubler cette somme,
Et, quoiqu'économe,
La dépenser chez un fondeur :
V'là c'que c'est qu'être imprimeur.

Quand sur un incertain espoir
On a risqué tout son avoir,
Chercher à capter le libraire
   Qui, peu débonnaire,
   Rogn' votre salaire
Et vous trait' du haut d'sa grandeur :
V'là c'que c'est qu'être imprimeur.

Après un travail onéreux,
Un éditeur minutieux
S'applique à blâmer votre ouvrage,
   Disant que l'tirage
   N'a pas son suffrage ;
Il s'ensuit un procès rongeur :
V'là c'que c'est qu'être imprimeur.

Travaill'-t-on pour le commerçant,
C'est un autre genr' d'agrément.
On satisfait à ses demandes ;
   Mais sur vingt commandes
   On a dix amendes ;
L' timb' touch' le fruit de vot' labeur ;
V'là c'que c'est qu'être imprimeur.

Pour ses travaux toujours craintif,
L'esprit tendu, l'œil attentif,
Examiner chaque copie,
   Faire l'autopsie
   De toute argutie,
En véritable inquisiteur ;
V'là c'que c'est qu'être imprimeur.

La jurisprudence et la loi
N'admettant jamais la bonn'foi,
Souvent pour une bagatelle
   Dessus l'escabelle
   D'la correctionnelle
On s'voit traduit comme un voleur :
V'là c'que c'est qu'être imprimeur.

C'qu'y a d'ennuyeux, sacré nom !
C'est qu'si l'on oubli' d'mettr' son nom
Sur les objets que l'on imprime,
   C'n'est pas un centime,
   Pas même un décime,
C'est trois mill' francs qu'on pay' l'erreur :
V'là c'que c'est qu'être imprimeur.

Enfin, après trente ans d'travaux,
Trente ans de tracas et de maux,
On s'voit plongé dans la misère :
   On se désespère,
   Et tout c'qu'on peut faire
C'est d'passer dans un mond' meilleur
Et de n'y pas être imprimeur.

GUILLOIS (1854).

(Ed. Morin, *Dict. Typ.* p. 37).

Le cinquième et le sixième couplet de cette chanson expliquent suffisamment celle que voici, écrite par un Troyen sujet à caution et dont l'imprimeur appréhendait avec raison les écarts de plume, levain d'amende et de prison. Mais comment résister à de telles supplications ?

A M. POLLET,
MON IMPRIMEUR ORDINAIRE

Tout en flânant, ma muse a d'un coup d'aile,
Sur mon album, fait tomber un refrain.
A mes péchés je suis resté fidèle :
Cher imprimeur, vous sermonnez en vain.
Interrogeant chaque phrase au passage,
Je vois déjà votre front se plisser...
... Une autre fois, vrai, je serai bien sage,
Mais, aujourd'hui, n'allez rien m'effacer !

« Ah !... dites-vous, je vois en embuscade
« Un vers ronflant qu'il faut vite écarter,
« Cet autre encore est une barricade
« Où plus d'un mot prétendrait s'abriter.
« Quand le progrès fait son apprentissage,
« Au moindre choc, son char pourrait verser » !...
... Une autre fois, vrai, je serai bien sage,
Mais, aujourd'hui, n'allez rien m'effacer.

Ouf !... qu'est-ce encor ?... votre coup d'œil se cabre...
Du moindre point vous faites un boulet ;
Toute virgule, à vos yeux, est un sabre,
Votre examen fusille mon couplet.
Maudit taquin, tournerez-vous la page ?
Sur un seul mot ne pourriez-vous glisser ?
Une autre fois, vrai, je serai bien sage,
Mais, aujourd'hui, n'allez rien m'effacer.

Il est un vœu que mon âme caresse,
Un saint espoir qui veille dans mon cœur ;
C'est que tout front que le malheur oppresse,
De par le Christ sera bientôt vainqueur.
« Mais, dites-vous, un semblable langage
« Froisse des gens qu'il ne faut point blesser... »
Une autre fois, vrai, je serai bien sage,
Mais, aujourd'hui, n'allez rien m'effacer.

« Une autre fois... mais, c'est fort élastique,
Reprenez-vous sans aucune façon...
« Une autre fois, c'est là votre réplique,
« Et l'autre fois... c'est la même chanson ».
— « Comme l'oiseau, tout penser souffre en cage ;
Ah ! donnez donc l'essor à tout penser !...
Une autre fois, vrai, je serai bien sage,
Mais, aujourd'hui, n'allez rien m'effacer...

ALEXANDRE GUÉRIN.

(*Chants et poésies*, février 1851).

Les vieux imprimeurs avaient eux-mêmes conscience de leur valeur ; ils ne se faisaient pas faute de la proclamer sur leurs ouvrages, joignant ainsi un « justificatif » à l'éloge. On connaît plusieurs exemples de cette légitime fierté ; en voici un moins répandu :

Arte nova pressos si cernis mente libellos
Ingenium totiens exuperabit opus.
Nullus adhuc potuit hujus attingere summum
Ars modo plura nequit : ars dedit omne suum.

(En voyant ce petit ouvrage imprimé récemment, il vous paraîtra le chef-d'œuvre de l'art. Personne n'a pu atteindre à une telle perfection. L'art ne saurait produire rien de mieux : il s'y montre tout entier).

Ceci se rencontre sur des éditions de *La Danse macabre hystoriée* (Troyes, Guillaume Le Rouge, 1491 ; Paris, G. Cousteau et J. Ménart, 1492), de cette fameuse et curieuse œuvre philosophique qui, dans une édition un peu postérieure : *La grand Danse des hommes et des femmes...* Lyon, 18 février 1499 ? (par Pierre Maréchal et Barnabé Chaussard ?), montre un compositeur, un imprimeur et leur voisin le libraire, appelés par la Mort, exhalant d'inutiles regrets d'avoir à quitter leurs travaux pour obéir à l'ordre fatal.

LE MORT

Venez danser ung tourdion
Imprimeur sus legierement.
Venez tost pour conclusion
Mourir vous fault certainement
Faites ung sault habillement
Presses et capses vous fault laisser
Reculer ny fault nullement
A louvrage on congnoist !ouvrier.

LES IMPRIMEURS

Helas ou aurons nous recours
Puisque la mort nous espie
Imprime avons tous les cours
De saincte theologie
Loix, decret, et poeterie,
Par notre art plusieurs sont grans clers
Relevee en est clergie
Les vouloirs des gens sont divers.

LE MORT

Sus avant vous irés apres
Maistre libraire me regardez de bien pres
Laissez vos livres maintenant
Danser vous fault, a quel galant
Mettez icy vostre pensee
Comment vous reculez marchant
Commencement nest pas fusec.

LE LIBRAIRE

Me fault il maulgre moy danser
Je croy que ouy, mort me presse
Et me contraint de me avancer
Nesse pas dure detresse
Mes livres il fault que ie laisse
Et ma boutique desormais
Dont ie pers toute lyesse,
Tel est blece qui nen peult mais.

ARNOLD DE KEYSER, imprimeur à Audenarde (Belgique), vers 1480, du *De quatuor novissimi* (ou *Dernières fins de l'homme*), n'est pas moins confiant en son travail : il rima en effet son « colophon » de la manière que voici :

Priiez pour l'impresseur de ce livre tres excellent
A Audenaerde impresse pour instruire toute gent

Un bien curieux document, c'est ce passage, plein de bons conseils, d'un fécond auteur du XVIe siècle, JEAN BOUCHET, cueilli dans son *Epistre de l'acteur aux Imprimeurs et Libraires*, où sont nombrez les livres par luy faictz iusques en lan mil cinq cens trente et quatre :

Si i'ay rescript d'epistres vng grand tas
Par cy deuant, à gens de tous estatz,
Et n'escriuois à vostre seigneurie
Qui exercez l'estat d'Imprimerie,
Serois ingrat, digne d'inimitié,
Parce que i'ay contractée amitié
Auecque vous, où n'auez eu dommage,
Dès trente ans a, voire trois davantage.

. . . .

Après avoir énuméré ses travaux (« douze traictez ») et annoncé qu'il en tient « quinze encore en réserve », l'auteur donne à ses correspondants supposés des conseils pratiques pour l'exercice de leur profession :

Ayez tousiours de bons compositeurs
Lettrez assés, et de bons correcteurs,
N'y espargnez argent, quoy qu'on vous trouble
Vous y aurez à la fin gaing au double.
   Ouures aussi tousiours en bon papier,
Et n'espargnez argent pour coppier
Liures nouueaux par gens de bonnes lettres,
Congnoissans prose, encores mieux les mètres,
Et vendez bien, car d'un liure correct
Bien imprimé sur blanc papier et net,
Vous trouuerez deux fois plus de pécune
Que d'un où n'a perfection aulcune.
   N'imprimez point de liures défenduz
Ne d'héréticz, car ce sont fraiz perduz,
Et aussi peu liures qui sont lubricques,
Liures monstrans choses dyabolicques,
C'est assauoir de superstitions
Dont vous auez les prohibitions,
Liures où a signes et caractères
N'estendez la iamais vos philatères.
   Mais imprimez liures bien approuuez,
Lesquelz ne sont de gens doctz réprouuez,
En ce faisant mériterez louanges,
Voire l'amour de Dieu et de ses anges.
   Car moiennant vostre art d'impression
Liures desquelz n'estoit plus mention
Latins, et Grecz, voire les Hébraïques,
Sont maintenant aux escoliers, publicques.

Pour petit pris on a grant quantité
De liures beaux, dont i'ay veu rarité,
Parce chascun s'il n'a lesprit trop rude
Est maintenant sçauant par briefue estude.
    Au temps présent plustost on a comprins
Quelque scavoir qu'on n'auoit pas apprins
Le temps passé seulement à bien lire,
Si ie l'ay veu, ie le puis bien escrire.

. . . .

(*Epistres morales et familières du Trauerseur*... A Poictiers. Chez
Iacques Bouchet a l'imprimerie à la Celle et dauant les Cor-
deliers. Et à l'enseigne du Pélican par Iehan et Enguilbert
de Marnef, 1545. Fol. 47 v° et 48 v° de la deuxième partie).

✿ ✿ ✿

LES MAITRES

Parmi les patrons imprimeurs, il en est qui
dominent par leur science, leur talent, leur caractère ; ce sont les *Maîtres*. Quelques-uns seulement peuvent trouver place ici.

GEORGES NICOLAS leur a consacré seize *Mé-
daillons typographiques* : en voici quatre. Puis-
sent-ils inciter à lire les autres dans *Brins
d'œuvre* !

JEAN GUTENBERG

Le plus grand inventeur, quel est-il ? — Gutenberg.
N'a-t-il pas du vieux monde abrégé la souffrance ?
N'a-t-il pas des esprits hâté la délivrance
En donnant aux vivants plus d'espace et plus d'air ?

Sans lui, nul n'échappait au fléau d'ignorance.
Comme un phare apparu sur un récif désert,
A l'homme émerveillé le Livre s'est offert,
Et sa nuit, s'éclairant, lui versa l'espérance.

La liberté naissante apaise les terreurs,
L'ombre qui voilait tout s'efface et se disperse.
Le flot des vérités submerge les erreurs.

Le monde, qui râlait, vit par la controverse.
Un pape peut encor bénir des empereurs,
Mais l'art de Gutenberg les sape et les renverse !

ALDE PIO

Au seuil de l'Art divin un géant s'est dressé,
C'est Alde ! et de sa main, qu'aucun effort ne brise,
On a vu sortir mieux que des livres d'église :
Il a ressuscité les maîtres du passé !

Grâce aux soins prodigués à sa vaste entreprise,
Un cycle littéraire est par lui commencé,
Et son éloge encor peut être ainsi fixé :
L'honneur du monde entier, la gloire de Venise !

Grecs et Latins : Lucain, Pline, Esope, Caton,
Virgile, Horace, Homère, Aristote, Platon,
Que de trésors versés sur l'Europe assoupie !

Car ils sont d'un beau texte et du grain le plus fin,
Les livres qu'enrichit la marque d'Alde Pic :
La grande Ancre marine où s'enroule un Dauphin.

PASQUIER BONHOMME

Bonhomme est peu connu des travailleurs du livre,
Il n'a point rang parmi les maîtres de notre art ;
Pourtant, s'il est ici, ce n'est pas au hasard,
A l'égal des meilleurs il a droit de survivre.

Quand sommeille au pressoir le vin dont on s'enivre,
Le premier flot qui coule éblouit le regard ;
Ainsi doit-on bénir la borne de départ
Quand s'empreint de soleil la route qu'on va suivre.

A l'époque lointaine où, fiers de leurs succès,
L'industrie était toute aux mains des Mayençais,
Pasquier ne craignit point d'entrer en concurrence.

C'est donc un précurseur, un pôle, une espérance ;
C'est le premier Français imprimant en français,
Et son livre a pour nom : *Les Chroniques de France.*

CHRISTOPHE PLANTIN

Anvers la belliqueuse — à jamais apaisée,
Ayant de l'Espagnol brisé le joug maudit, —
Garde, comme un joyau dont la valeur grandit,
La maison de Plantin convertie en musée.

Un tronçon de sculpture orne chaque croisée ;
Dans la cour, un vieux plant de vigne reverdit ;
L'écusson du Labeur au fronton resplendit ;
Sur les casses en rang la « copie » est posée.

Ici, le mobilier fastueux du syndic ;
Là, des portraits signés par Rubens et Van Dyck,
Les presses, d'où sortit la Bible polyglotte...

Kilian, Juste Lipse et maint autre savant
Ont veillé là... partout un grand souvenir flotte...
Le passé ressuscite, et Plantin est vivant.

L'introducteur de l'Imprimerie, ou mieux le
prototypographe parisien, Ulrich Gering, a été
choisi par un de nos confrères comme thème
d'une vingtaine de vers auxquels — qu'on nous
pardonne cette « sorte » — nous avons conservé
leur ponctuation originale, en dépit d'une vive
propension au *deleatur*, comme type de logique
abusive : cela sent le « Père la Virgule » d'une
lieue ! La Société fraternelle des Protes de Paris
en a reçu l'hommage à son banquet du 10 mai
1874.

A ULRICH GERING

LA SOCIÉTÉ FRATERNELLE DES PROTES DE PARIS

A ceux qui, les premiers, ont, de l'Imprimerie,
Importé les bienfaits au sein de leur patrie,
Le temple en lettres d'or, les inscrit au fronton ;
La Hollande a Coster, l'Angleterre, Caxton ;
Propageant l'art nouveau de la Tamise à l'Ebre,
Chacun d'eux, justement, est devenu célèbre.
La Cité d'où l'on vit sortir tant de travaux,
Chefs-d'œuvre d'industrie, aujourd'hui sans rivaux,
Ne pouvait pas laisser dans l'ombre et la poussière,
Du premier imprimeur le nom dont elle est fière.
Aux rives de la Seine, il est un monument,
Retrait paisible et sûr, cher au monde savant,
Cénacle de l'esprit ; là, sur un cénotaphe,
Un buste a retracé les traits du typographe,
Protecteur bienveillant, au seuil de ce palais,
Propagateur des biens qu'il garde désormais.
Non, non ! notre pays n'a point d'ingratitude,
Pour qu'il soit honoré chaque jour par l'étude,
Auprès de Gutenberg, sur le socle d'airain,
Paris a buriné le nom d'ULRICH GERING.

P. BOSC, prote.

ETIENNE DOLET, érudit, philosophe et poète, est une des figures les plus populaires du Panthéon typographique. Il le doit surtout au martyre que lui valurent d'imprudentes témérités et dont ne le sauvèrent pas, à la fin, ses hautes relations et ses protestations réitérées d'orthodoxie, dont voici un échantillon extrait de son *Second Enfer* (1544) :

> Fauteur ne suis d'heresie ou erreur,
> Liures mauluais i'ay en hayne et horreur,
> Et ne vouldrois ou vendre ou imprimer
> Vng seul fueillet pour la loy deprimer
> Antique et bonne, ou pour estre inuenteur
> De sens peruers, et contre DIEV menteur.

Le *Gutenberg* de LAMARTINE contient sur Dolet une phrase bien frappée :

> Il semble que chaque progrès de l'humanité doive s'acheter par des larmes, que la souffrance soit la loi fatale de toute initiative. L'Imprimerie avait eu ses apôtres : elle eut aussi ses martyrs. De tous, Etienne Dolet fut le plus illustre par l'éclat de son talent, la pureté de sa vie, l'atrocité de son supplice.

Un autre grand poète lui a ciselé ce sonnet dont Victor Breton possédait l'autographe :

ETIENNE DOLET

O Vérité ! longtemps, comme un geôlier jaloux,
Le Dogme avait rivé sur ton puits froid et sombre
Un couvercle de fer, dur complice de l'ombre :
Un par un la Pensée en arracha les cloux.

Ah ! debout saluée ou baisée à genoux,
Maintenant ton image a des autels sans nombre ;
Et, dans la nuit, plus rien de ta beauté ne sombre :
Le genre humain, ton prêtre, est sacré ton époux.

Il peut souffrir pour toi, sûr d'un fécond martyre :
Quand le Rêve muet du gouffre noir te tire,
Le Livre est ton héraut dans le soleil levant.

Et du grand Gutenberg consommant l'œuvre sainte,
Du haut de son bûcher, Dolet, flambeau vivant,
Fait luire au fond des cœurs ton immuable empreinte.

SULLY-PRUDHOMME.

C'est à lui sans doute que pensait THÉODORE DE BÈZE, le célèbre chef calviniste, quand il adressait à la Sorbonne sa malicieuse épigramme :

> Nos grandz docteurs au chérubin visage
> Ont défendu qu'homme n'ait plus à voir
> La sainte Bible en vulgaire langage
> Dont un chascun peut congnoissance avoir ;
> Car, disent-ils, désir de tout savoir
> N'engendre rien qu'erreur, peur et souci...
> *Arguo sic*, s'il en est doncques ainsi
> Que pour l'abus il faille oster le livre,
> Il est tout clair qu'on leur devrait aussi
> Oster le vin dont chascun d'eux s'enivre.

(*Les Livres*, par Ed. Morin. *Papyrus*, mai 1922).

Du même, à l'adresse de Robert Estienne, exilé de France pour cause de religion et retiré à Genève, un sonnet peut-être pas très poétique — le sujet ni l'époque ne le requièrent, au surplus — mais inspiré par une sincère amitié :

> Celui, qui d'un Sainct œil son Église environne,
> Estienne, t'enrichit de tant d'heurs et d'honneurs,
> Que la gloire tu fus de tous les Imprimeurs,
> Et de ton noble estat la très belle couronne.
>
> Outre plus ce grand Dieu de tant de graces t'orne,
> Qu'à Paris tu logeas les Muses Sainctes sœurs,
> De l'Hebrieu, du Latin, et du Grec les douceurs
> Au François ignorant ta saincte adresse donne.
>
> Ce nonobstant la France ingrate te chassa.
> Ton âme sur les cieux à la fin se haussa,
> Les Muses ont pleuré ton importune absence
>
> Les biens, qu'aux Imprimeurs en ta vie tu fis,
> Les scandals, esquels nos François sont confits,
> Nous font souventefois désirer ta présence.

THÉODORE DE BÈZE.

(*Stephanorum Historia*, par M. Maittaire. Londini, 1709. Vita Roberti Stephani primi).

En des temps meilleurs, ROBERT ESTIENNE, honoré à Paris d'une visite de la reine de Navarre, avait pu imprimer et offrir ces deux pièces :

QVATRAIN DE JEANNE, ROINE DE NAVARRE, A L'IMPRIMERIE DE R. E. [ROBERT ESTIENNE], IMPRIMEUR DU ROY.

Art singulier, d'icy aux derniers ans,
Representez aux enfans de ma race,
Que iay suiui des craignans Dieu la trace,
Afin qu'ils soyent les mesmes pas suyuans.

RESPONSE DE L'IMPRIMERIE A TRES HAULTE, TRES PVISSANTE ET TRES VERTUEUSE PRINCESSE, LA ROINE DE NAVARRE.

Sonet, par Robert Estienne.

Princesse, que le Ciel de graces fauorise,
A qui les craignants-Dieu souhaittent tout bon-heur,
A qui les grands esprits ont donné tout honneur,
Pour auoir doctement la science conquise :

S'il est vray que du Temps la plus brave entreprise
Au devant des Vertus abbaisse sa grandeur,
S'il est vray que les ans n'offusquent la splendeur
Qui fait luire par tout les enfans de l'Église :

Le Ciel, les craignants-Dieu, et les hommes sçauans,
Me feront racompter aux peuples suruiuans
Vos graces, et vostre heur, et loüange notoire :

Et puisque vos Vertus ne peuuent prendre fin,
Par vous ie demourray viuante, à celle fin
Qu'aux peuples à venir i'en porte la mémoire.

Le 21 may 1566.

C'est l'instant de placer le fameux sonnet de PLANTIN, qui montre l'idéal d'un bon bourgeois flamand du XVIᵉ siècle.

LE BONHEUR DE CE MONDE

Avoir une maison commode, propre et belle,
Un jardin tapissé d'espaliers odorans,
Des fruits, d'excellent vin, peu de train, peu d'enfans,
Posséder seul, sans bruit, une femme fidèle.

N'avoir dettes, amour, ni procès, ni querelle,
Ni de partage à faire avecque ses parens,
Se contenter de peu, n'espérer rien des Grands,
Régler tous ses desseins sur un juste modèle.

Vivre avecque franchise et sans ambition,
S'adonner sans scrupule à la dévotion,
Domter ses passions, les rendre obéissantes.

Conserver l'esprit libre, et le jugement fort,
Dire son chapelet en cultivant ses entes,
C'est attendre chez soi bien doucement la mort.

Ajoutons que ce sonnet, imité, plagié, parodié à l'envi, n'est pas très certainement de l'imprimeur anversois. La question est posée depuis longtemps, et en ce moment même, dans le monde littéraire. Il pourrait bien n'en avoir été que l'imprimeur.

Le bruit de plumes qui se fait autour de ce sonnet témoigne de son succès, et les négateurs auront beau faire, ils ne modifieront pas l'opinion acquise sur son auteur, même si cette opinion repose sur une légende.

On cite encore de Christophe Plantin les vers suivants, où il explique qu'un coup d'épée reçu par lui détermina sa vocation industrielle. Il serait, sans cet heureux incident, demeuré relieur toute sa vie. Sans doute, il nous aurait laissé des chefs-d'œuvre d'un autre genre ; mais ils n'auraient pas égalé ceux dont la littérature lui est redevable.

Vrai est que de nature
J'ai aimé l'écriture
Des mots sententieux ;
Mais l'alciate pierre
M'a retenu en terre
Pour ne voler aux cieux.
Cela voyant, j'ai le métier élu
Qui m'a nourri en liant des volumes.
L'estoc reçu puis après m'a ému
De les écrire à la presse, sans plumes.

Assurément, cela n'a pas l'allure du « sonnet de Plantin » et la comparaison des deux pièces vient à l'appui de l'opinion de ceux qui lui dénient la paternité littéraire de *Le Bonheur de ce Monde*.

Notre célèbre compatriote a inspiré à JEAN BERTHEROY (*alias* Madame Berthe Le Barillier) un bien joli roman, *Le Journal de Marguerite Plantin* (1899), où se trouvent reconstitués la maison, la famille, le personnel et la vie de Christophe, dans le cadre pittoresque de sa ville d'adoption et d'événements historiques racontés avec art.

De l'auteur du *Livre des livres* est ce sonnet à la mémoire d'un confrère bénévole qui lui devra un renouveau d'attention de la part des bibliophiles :

AMATEUR IMPRIMEUR

Calme et vieux dans ce champêtre séjour
Que l'horizon clôt d'une noble ligne,
Je préfère mes halliers et ma vigne
Au bruit des cours et des salons d'amour.

Et j'imprime moi-même tour à tour,
— Car nul travail de mes mains n'est indigne, —
Traité, poème ou chanson que je signe
Jean-Vincent Capronnier de Gauffecourt.

Comme un ancien maître d'imprimerie,
Sur champ d'azur, je porte en armoirie
Un livre ouvert d'argent à trois lys d'or.

Aussi je veux, sans honte et sans détresse,
Que vienne un soir me surprendre la Mort,
Las de labeur et courbé sur ma presse.

JEAN BONNEROT.
(*Mercure de France*, 1er janvier 1909).

Pour venger la mémoire du premier imprimeur de la liberté nationale, les vers suivants étaient, sous un voile presque impénétrable, entre les mains des typographes et d'hommes politiques du temps, lesquels ne s'en doutaient certes guère. Qu'on ouvre, dit M. Alkan, le *Traité élémentaire de l'Imprimerie* de Momoro et, armé d'une loupe, qu'on jette un coup d'œil sur la planche qui renferme le *visorium*, on y verra sur la copie les lignes suivantes :

MOMORO PREMIER IMPRIMEUR DE LA LIBERTÉ NATIONALE, 1789

Liberté d'imprimer, liberté de penser,
Il osa le premier d'un si beau droit user.
Il étoit citoyen ; il eut de l'énergie :
L'amour du bien public fait son apologie.

Comme dans Le Journal de Marguerite Plantin, c'est toute une famille d'artisans du burin et de la presse qui est dépeinte et très sympathiquement présentée dans *L'Imagier d'Épinal*, de LUCIEN DESCAVES (1918). Petite ville, petite industrie, simples gens, cœurs francs, intérieurs modestes, mœurs patriarcales ; c'est délicieux, et c'est une page d'histoire artistique que l'épopée napoléonienne frôle de son aile puissante.

Le Théâtre, auquel nous avons déjà fait des emprunts pages 40 et 62, nous offre encore :

Le libraire Paul Manuce et l'imprimeur Pierre Hammer, duo-drame, 1777.

Jean Kerver, drame en 3 actes, en vers, par Olivier de Gourcuff. Paris, F. Clerget, 1898.

LES ARTS AUXILIAIRES

L'Encre

Un collaborateur de *La Musette*, EUGÈNE VIGNON, avait, en novembre 1884, — et fort joliment, ma foi ! — chanté l'encre ordinaire à écrire. L'encre d'imprimerie, à son tour, a rencontré des thuriféraires pour célébrer ses vertus, exalter son rôle dans le monde. Et voici ce qu'elle leur a inspiré.

L'encre d'imprimerie préserve l'intelligence du monde ; elle arme le penseur pour sa tâche ; encourage les hommes à rassembler la flamme du passé pour éclairer la route et, rejetant l'erreur, regarder clairement vers l'avenir.

(*Traduit de l'anglais par* Ed. Morin)

LE MIEL NOIR

Poésie lue au banquet de *L'Abeille de l'Aube*, le 14 février 1899.

Convive habituel de votre ruche amie,
On m'a fait un reproche — amer, si mérité —
D'y demeurer muet lorsque, dans l'accalmie
Du dessert, l'appétit fait place à la gaieté.

Que voulez-vous ? Chacun suit sa pente native ;
L'un naît pour le silence et l'autre pour le bruit :
Il est clair, le nectar de votre abeille active !
Le miel que je distille est noir comme la nuit !

Ce miel, ah ! mes amis, la vilaine figure
Qu'il ferait sur la nappe où nous fûmes servis !
Son odeur, sa couleur de si fâcheuse augure,
Tout vous rendrait pénible un pareil vis-à-vis ;

Et vous, Mesdames, vous dont la chère présence
Fait de cette assemblée et le luxe et l'attrait,
Vous n'y toucheriez point, même si la science
Du maître de céans galamment vous l'offrait.

Mon miel, né de l'usine et promis à l'usine,
N'a pas, comme le vôtre, et parfum et saveurs ;
On ne le donne point à l'enfant en tartine,
Il n'a jamais sucré tisanes ni douceurs.

Il ne se prévaut pas des rustiques ancêtres
Qui font de celui-ci l'universel renom :
Insectes délicats, soleil, ni fleurs champêtres,
Ne sont rien dans son être et ses qualités ; non.

Aussi ne fut-il pas chanté par les poètes,
Qui du suc de l'Hymette ont fait leur aliment...
Sans dédaigner leur part dans les terrestres fêtes
Où de solides mets on s'aiguise la dent !

Il est pourtant célèbre et vaut qu'on le remarque,
Car il est du progrès le principal outil ;
Car il conduit le peuple, inspire le monarque,
Et par lui s'instruit l'homme, éternel apprenti.

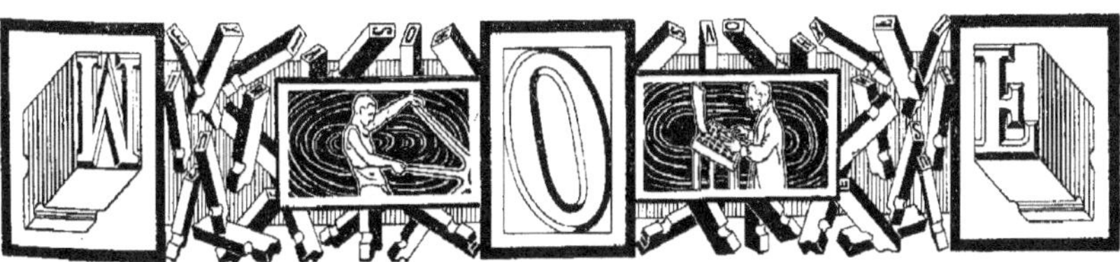

Bon ou mauvais, selon qu'on en sait faire usage,
Il aide à tous essors, il cède à tous penchants ;
Remède merveilleux entre les mains du sage,
Il est poison terrible en celles des méchants.

Par lui l'esprit humain ne connaît pas d'entraves,
Car il est du savoir le soutien respecté ;
Nous nous en nourrissons aux heures les plus graves ;
Il est chair de justice et pain de liberté.

Le miel dont je vous parle, aux vertus si diverses,
Qui du bien ou du mal est capable à la fois,
C'est l'Encre, répandue en de larges averses
Par les auteurs aimés dont nous suivons les lois.

L'Encre qui, se prêtant à toute confidence,
Provoque les conflits en propageant l'erreur ;
Messagère de paix, de crainte ou d'espérance,
D'où naît la confiance et d'où surgit la peur.

L'Encre qui, prodiguée en récits éphémères,
Permet un peu de rêve à ces pauvres enfants
Qu'avec leurs airs lassés de femmes trop tôt mères
On voit sortir si tard d'ateliers étouffants.

L'Encre par qui ne vit pas seul le solitaire,
Qui donne un compagnon au malade engourdi,
Qui chaque jour rattache au reste de la terre
Le lecteur attentif, dont l'horizon grandit.

L'Encre qui, par l'écrit, le livre, la gazette,
Sous mille noms d'emprunt clame la vérité,
Se fait de la raison l'éloquente interprète
Et projette partout des faisceaux de clarté.

C'est là mon miel à moi, qui du vôtre est le frère ;
Nous usons de tous deux en des cas différents :
Si l'un a sur le corps un pouvoir salutaire,
L'autre a sur l'intellect des effets bien plus grands.

Eh ! vous le savez bien, vous chez qui la pratique
Du métier apicole accepte avec bonheur
L'utile enseignement d'une sûre technique
Qui féconde et rend moins rude votre labeur !

C'est même ce qui fait qu'admis à votre table,
Comme imprimeur d'abord, comme rimeur aussi,
Je goûte avec délice à ce miel délectable
Et que vous écoutez mes vers — mon miel— ainsi.

J'ai donc cent fois raison de chanter l'alliance
Des bras et du cerveau, l'un sans l'autre incomplets ;
Parallèle est leur rôle et d'égale importance :
Quand nous les rencontrons unis, saluons-les.

Louis Morin.

ODEUR D'ENCRE
ET PARFUM DE ROSES

J'éprouve un sentiment de bien-être moral,
Et ne sais quelle fièvre en mon être s'allume,
Quand, d'un geste nerveux, je déplie un journal
Ou feuillette, patient, les pages d'un volume.

Outre que leur lecture assoupit mes désirs,
L'encre, encor tout humide et reflet de leurs proses,
A pour moi plus de prix, m'offre plus de plaisirs :
J'aime mieux son odeur que le parfum des roses !

Le profane, sceptique et railleur, me dira
Qu'à parler de relents ma cervelle s'abuse,
Que je manque de goût, et que mon odorat
Trompe, sur ce sujet, mon esprit et ma muse...
Mais s'il eût, comme moi, depuis l'âge du jeu,
Inhalé chaque jour l'encre à petites doses,
A ses lèvres, souvent, monterait cet aveu :
J'aime mieux son odeur que le parfum des roses !

L'encre d'imprimerie a le don d'émouvoir
Ma sensibilité, prête à vibrer sans cesse ;
Partout où vont mes pas, je me plais à revoir
Avec elle, un instant, le cours de ma jeunesse.
Mon œil perçoit alors un lointain horizon :
Mes débuts au métier, mille et mille autres choses,
Et je redis, joyeux, ma petite oraison :
J'aime mieux son odeur que le parfum des roses !

J'entends le roulement des presses en action,
Du composteur d'acier le cliquetis sonore,
Tandis que là, penché sur la composition,
Le typo fait un art du métier qui l'honore.
Ce milieu, c'est ma vie, et non sans quelque émoi
J'y revois maints amis, maintes paupières closes...
Oui, l'encre, enfin, me charme ; aussi, voilà pourquoi
J'aime mieux son odeur que le parfum des roses !

Fernand Willems.
(Le Bœuf Illustré, décembre 1913).

Nous aurions aimé faire suivre ces poésies austères de celle qu'un auteur avait perpétrée à la louange d'une marque bien connue. Impossible de mettre la main dessus ! Elle a disparu presque sans laisser de traces. Seul le premier vers nous a été chanté — car ça se chantait, vous le devinerez, sur un air de *Faust* :

Encre pure, encre Lorilleux...

Le Papier

Le papier, dont l'invention rendit possible le développement de l'Imprimerie en lui fournissant un champ de semence illimité, a bien droit à une place dans cette anthologie.

On connaît l'*Histoire d'une feuille de papier* de J. Pizzetta, travail de vulgarisation encore estimé, bien que n'étant plus au point. Voltaire a, avant la lettre, résumé ce volume en quelques vers dans lesquels il envisage non seulement l'origine et la fabrication du papier, mais son emploi, le sort des ouvrages nés de son intime

contact avec la presse, le tout couronné de réflexions philosophiques de la plus haute portée.
Tout un enseignement en dix vers !

> Tout ce fatras fut du chanvre en son temps ;
> Linge il devint, par l'art des tisserands ;
> Puis en lambeaux des pilons le pressèrent :
> Il fut papier. Cent cerveaux à l'envers
> De visions à l'envi le chargèrent.
> Puis on le brûle, il vole dans les airs.
> Il est fumée, aussi bien que la gloire.
> De nos travaux voilà quelle est l'histoire.
> Tout est fumée et tout nous fait sentir
> Ce grand néant qui doit tout engloutir.

(La Guerre civile de Genève, ou les Amours de Robert Co-
velle, 1768, chant IV).

On doit à M. J. LECONTE (*Choix de poésies,
contes et chansons*, 1884) quelques couplets sur
Le Papier, au sujet de l'impôt dont celui-ci fut
et continue d'être frappé, au grand dommage de
l'influence littéraire, scientifique et politique de
la France.

En voici d'autres — tout un répertoire ! —
que nous recommandons aux professionnels,
s'ils n'ont pas perdu l'habitude de chanter.

A UNE JEUNE PERSONNE

QUI ALLAIT ÉPOUSER UN MARCHAND DE PAPIER

Air : Si contre moi Dorilas. (Des Femmes).

> Hé quoi ! c'est vous que l'on marie,
> Chère Angèle ! c'en est donc fait !
> Et c'est d'une papeterie
> Que l'Amour a lancé son trait.
> Demain le fripon, je parie,
> A chacun dira volontiers
> Qu'il ne s'est jamais de la vie
> Trouvé si bien dans ses papiers.

> L'Hymen, ô ma pauvre Angélique !
> Est un dérangeur indiscret ;
> Dans votre petite boutique
> Il va fouiller comme un furet.
> Mais rassurez-vous : la nature,
> Avant qu'il soit dix mois entiers,
> Aura remis, je vous l'assure,
> L'ordre qu'il faut dans vos papiers.

> Mettez sur papier ordinaire
> Les compliments qu'on vous fera ;
> Au papier fou livrez, ma chère,
> Les doux propos qu'on vous tiendra ;
> Aux espérances chimériques
> Réservez le papier doré ;
> Pour nos modernes politiques
> Gardez votre papier timbré.

> Que chez vous toujours la franchise
> Tienne les soupçons à l'écart ;
> Reléguez cette marchandise
> Au rang de vos papiers brouillard ;
> Le bonheur naît de l'indulgence :
> Pour conserver ce doux accord
> Sur papier mort mettez l'offense,
> Et le bienfait sur papier fort.

> Au vil séducteur, s'il s'arrête,
> N'offre que du papier glacé ;
> Qu'à l'insidieuse coquette
> Le papier fin soit délaissé.
> Redoute un éclat éphémère ;
> Songe, en pensant au lendemain,
> Que le plus doux vélin, ma chère,
> Finit par être parchemin.

> Enfin dans ces douces retraites
> Vivez long-temps, vivez unis ;
> Que l'amitié rie à vos fêtes,
> Mais choisissez bien vos amis.
> Malheur à qui se fie aux hommes !
> Tournant au gré de tous les vents,
> Que d'amis, au siècle où nous sommes,
> Ne sont que des papiers volans !

DIEU-LA-FOI.
(Le Chansonnier du Vaudeville, an XIII).

ÉPITRE A MON PAPIER

> O toi, dont la vive blancheur
> Reçoit les secrets de mon cœur ;
> Toi dont j'admire la nature,
> Soutien de la Littérature,
> Je te consacre mes accens ;
> Accepte aujourd'hui mon encens ;
> Cher Papier, reçois mes hommages.
> Combien de fois tes avantages
> N'ont-ils pas frappé mes esprits ?
> Combien de fois de mes ennuis,
> Recevant les traits de ma plume,
> N'adoucis-tu pas l'amertume ?
> Oui, souvent tu sais à mes maux
> Faire succéder le repos.
> Par ton secours je me console,
> J'évite un entretien frivole,
> Où je vois la fatuité,
> Le dégoût de l'aridité.
> Par toi j'évite la présence
> Et l'assommante pétulance
> Du grand Conteur qui ne dit rien,
> Ou fait l'éloge de son chien.

> C'est toi qui, dans un doux commerce,
> Entretient l'amitié, l'exerce;
> De nos climats jusqu'au Jappon,
> De l'Ottentot jusqu'au Lapon,
> Tu franchis l'énorme distance ;
> Rien ne trompe ta vigilance.
> Digne Interprète des Amis,
> Tu rassembles, tu réunis
> Les sentimens de la tendresse
> Et les douceurs de l'allégresse.

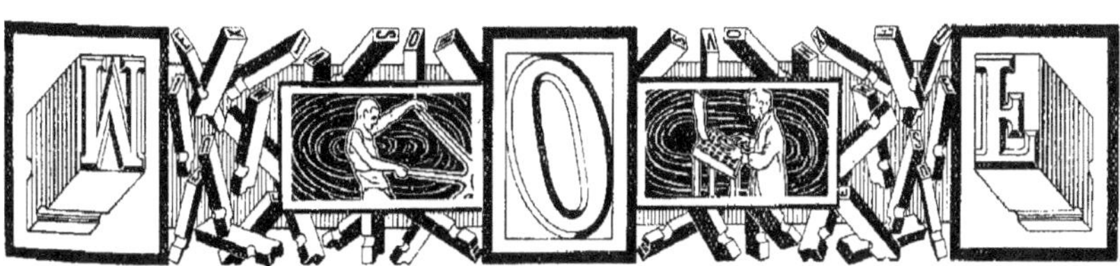

103

Qu'un autre chante les attraits
D'un sexe brillant par ses traits.
Pour moi dans l'ardeur qui m'anime
Je te conserve mon estime.
Qui la mérite mieux que toi ?
C'est ton noble et célèbre emploi
Qui, dans le temple de la gloire,
Des Héros fixe la mémoire.
Et jusques au dernier des jours,
Tout l'Univers, par ton secours,
Saura quels Mortels au Parnasse
De Phébus reçurent leur place.
Ces Grands, ces sublimes esprits,
Instruiront, dans leurs beaux écrits,
L'âge futur des autres hommes,
Ainsi que le siècle où nous sommes.

Abbé Courtalon-Delaistre, de Troyes.
(Journal de Verdun, septembre 1767).

VERS

SUR LE PAPIER NOUVEAU DE LANGLÉE

Le siècle de Louis, comme celui d'Auguste,
Dans le sein de la paix fera fleurir les Arts ;
Et sous l'empire heureux du prince le plus juste,
Cent prodiges nouveaux naîtront de ses regards.
Montgolfier, à ses yeux, vers la voûte azurée,
Avec l'air et le feu, rend la route assurée.
L'Anglois seul, en voyant le Globe aérien,
Prononce avec humeur, qu'il n'est utile à rien.
Si l'on vante Annonay, dont la Papeterie
Vit naître en Montgolfier un homme de génie,
Son rival en son Art, et son admirateur,
Delisle, dans Langlée, aux talens fait honneur.
Son cœur n'est pas jaloux, il n'a point la manie
D'exciter les sifflets des serpents de l'Envie :
Pour chanter son Émule, un papier tout nouveau
Naît de l'herbe qui croît sous le crystal de l'eau (1) ;
En le formant, la main donne un sûr témoignage
Qu'à son heureux confrère il rend un juste hommage.
Ainsi, les vrais talens sont unis par l'amour ;
Et si de l'Univers les vœux placent un jour
Montgolfier et son Globe au Temple de Mémoire,
Sur ce papier, Delisle en écrira l'histoire.

(Mercure de France, 27 mars 1784).

LA FEUILLE DE PAPIER

(Pot-pourri)

Air : *Des Pendus.*

Approchez, enfans d'Apollon ;
Vous qui cherchez gloire et renom,
Approchez et venez apprendre
A quel sort il faut vous attendre ;
Car vous n'obtenez le laurier
Qu'avec des feuilles de papier.

---

(1) Ce papier était fait uniquement d'herbes aquatiques.

Air : *Du vaudeville des Deux Jumeaux de Bergame.*

D'une de ces feuilles, Zelmire
Fit, l'autre jour, quatre feuillets ;
Sur l'un, son amoureux délire
Traça le plus chaud des billets :
C'étaient de grands mots de théâtre,
Des promesses d'un feu constant...
Comme le billet de la Châtre
Il fut emporté par le vent.

Air : *De la Croisée.*

Sur le second, elle écrivit
Une de ces chansons légères
Que la gaîté, le vin, l'esprit,
Inspiraient si bien à nos pères.
Mais du jour ce n'est plus le ton ;
Le bon goût, hélas ! se dissipe.
Un général prit la chanson
    Pour allumer sa pipe.

Air : *De Colpigi.*

Sur l'autre, un matin, chez Madame,
Un auteur fit le plan d'un drame :
En l'écrivant, il sommeillait ;
La dame, en l'écoutant, dormait *(bis)*.
Mais point ne dormait la soubrette ;
Le papier, pris sur la toilette,
En papillottes fut changé :
Les souris l'ont enfin rongé *(bis)*.

Air : *Daignez m'épargner le reste !*

Un feuillet blanc restait encor ;
Mais un de nos fameux lyriques
Le couvrit, dans son noble essor,
De vers pompeux et Pindariques.
Je ne vois là rien d'affligeant,
Le sublime est chose céleste ;
Mais Zelmire eut, en les lisant,
Une colique et dans l'instant...
    Daignez m'épargnez le reste *(bis)*.

L. Philipon La Madelaine (1734-1818).
(L'Élève d'Épicure, ou Choix de chansons. Paris, Habert, s. d.)

LES VIEUX CHIFFONS

Rien ne se perd dans la nature,
Tout meurt, mais retrouve un emploi ;
Les vieux chiffons, je vous le jure,
Bien mieux qu'autre chose en font foi.
Les papillottes de Clémence,
De rentes une inscription,
Le certificat d'indigence
Sont enfants du même chiffon.

Le vieux mendiant qui se lasse
De nous duper soir et matin,
Expire en laissant sa besace,
Dont on fait un papier vélin ;
Respectant son premier usage
Malgré sa transformation,
Un mendiant de haut étage
En fait une pétition.

Ami Paillasse ! tes défroques,
Qu'on exhume d'un vieux grenier,
S'en vont, par mille et mille loques,
Sous les hachoirs d'un papetier ;
Ris de leur changement magique,
Car tu verras tes oripeaux
Servir demain la politique
De tes confrères les journaux.

Que fait ce notaire à l'ouvrage,
Griffonnant tous ces papiers blancs ?
C'est un contrat de mariage
Qui doit enchaîner deux amants ;
Ah ! les chaînes seront bien mises,
Car ce papier peut-être est né
D'un vieux tapis de cour d'assises
Ou des haillons d'un condamné.

Gracieux petit papier rose,
Confident de plus d'un secret,
Sur ton satin souvent se pose
Un baiser furtif et discret.
Pour servir d'aussi doux mystères,
D'où viens-tu ? Quels sont tes aïeux ?
Les linges séchant les ulcères
D'un invalide ou d'un lépreux !

Nous pouvons crier au miracle
En voyant le génie humain
Faire une affiche de spectacle
Des caleçons d'un capucin,
De la guimpe de la nonnette
Et des atours de la beauté,
Faire... mais ici je m'arrête
Dans la crainte d'être arrêté.

ÉDOUARD VICQ.
(Cent Chansons. Nancy, N. Collin, 1869).

PAPIER-FORT ET PAPIER MOU

(Fable)

(La Fable, vous le savez, cher Lecteur, peut se permettre une grande liberté d'allures et d'allusions ; je vous demande néanmoins la permission de confondre ici, pour les besoins de la cause, sous le nom de *Papier-Mou*, tous les papiers qui ont quelque souplesse, pour les mettre en face du terrible *Papier-Fort*, ce Bismarck de la papeterie. On peut bien, pour une fois, laisser les différents papiers se « déchirer » entre eux, à condition que la morale y trouve son compte).

Papier-Fort, un grand personnage,
Le roi, pensait-il, le premier
Dans le monde du Papier,
Se contemplait. (C'est l'usage :
Chacun, tout naturellement,
S'admire et se trouve charmant).
Il se disait : « Non, je ne comprends guère
Que Papier-Mou, ce chétif adversaire,
Ose se comparer à moi !
Ah ! tudieu ! qu'il se tienne coi !
Surtout, qu'il me laisse la place ;
Sinon, je lui jette à la face
Mes titres de noblesse, enfin ma qualité
En même temps que son indignité...,

Je veux avoir les bénéfices
De mes innombrables services !... »
Lors, surgissant : « Tout beau ! répondit Papier-Mou,
Il ne faut pas ici faire le loup-garou ;
Vous êtes fort, mais j'ai la souplesse et la grâce.
Quoi que l'on dise et que l'on fasse,
Je suis, ne vous déplaise, en tout votre parent,
Mais je suis le papier soyeux ou transparent.
Ne voit-on pas dans plus d'une famille
Des mérites divers ? Chacun y brille
Par ses propres talents, par ses propres vertus.
Il faudrait vraiment être obtus
Pour dénier ce fait, pour ne pas le comprendre.
Or, cher cousin, nous devons nous entendre ;
Écoutez-moi donc, s'il vous plaît,
Car ce n'est qu'à ce prix que l'on peut vivre en paix :
Papier-fort, papier-ministre,
C'est par vous qu'on ad-mi-nis-tre ;
Mais vous sait-on toujours bon gré
D'être le papier timbré ?
Les avis de naissance, avis de mariage,
Il est vrai, sont votre apanage ;
Mais l'on vous doit également
Avis de deuil, avis d'enterrement !...
Vous êtes le papier des huissiers, des notaires ;
Papier du Panama (pauvres actionnaires) !
Je suis le malotru, moi, je suis le vilain ;
Vous êtes, monseigneur, *le beau papier vélin* !...
De grâce, je vous prie, un peu moins de volume...
Si l'on vous perforait d'un joli coup de plume !
Ou plutôt non, car il suffit d'un mot
Pour arrêter parfois tel qui parle très haut.
Retenez bien ceci, beau sire :
N'avez-vous donc pas lu, car vous savez bien lire,
Ce simple avis des éditeurs
S'adressant à leurs *chers lecteurs* :
« ... Exemplaires tirés sur beau papier de Chine,
« Sur papier du Japon... » Vous faites triste mine !
Le papier de Hollande et le Whatman anglais
Sont bien plus « forts » que moi, mais ne viennent qu'après
Sachez le reconnaître, oh ! je vous en conjure :
Le Chine et le Japon sont faits pour la gravure,
Et ce papier, si souple et si doux à la main,
Pour le bibliophile est un papier divin...
Mon cher ami, soyez donc plus modeste !
N'êtes-vous pas assez souvent de reste !
Vous laisse-t-on jamais approcher de l'écrin
Où les yeux enchantés du sexe féminin,
Éperdus et ravis, voient briller une flamme
Qui porte ses reflets jusques au fond de l'âme... » ?

Papier-Fort répondra sans doute à Papier-Mou...
Je ne sais quand, je ne sais où
Finira le débat ; mais vous pouvez m'en croire,
N'est-ce pas l'éternelle histoire
De Messieurs X..., Y..., tous gens de qualité
Qu'il ne faut pas confondre... avec ceux d'à côté ?...
On s'enthousiasme fort vite
Pour sa noble personne ; on a seul du mérite ;
On est aveugle et sourd pour juger le prochain.
Papier-Fort symbolise assez le genre humain...
En vérité, que voit-on sur la terre ?
Trop souvent on se bute à plus d'une chimère.

105

Tout comme Papier-Fort, se dénigrant entre eux,
Les hommes pourront-ils être jamais heureux ?...
Mais quelle est la morale, en toute cette affaire ?
    N'être pas jaloux et bien faire !

    C. Perréal.
    (*Le Papier*, 20 nov. 1898).

VERS DÉDIÉS A M. RENÉ DOUMIC

... Des voix criaient : « Abattez le noyer !
Coupez le cèdre auguste où passe le vent libre !
Car il nous faut du bois, du bois pour le broyer,
Du bois pour qu'on le râpe et pour qu'on le défibre »!

Ces cris se distinguaient dans l'innombrable cri :
« Pour chaque arbre abattu j'offre un billet de banque !
Abattez les forêts — car tout le monde écrit,
Le papier va manquer ! Le papier manque ! Il manque. »

Car le nombre croissant des écrivains profonds,
Puissants, probes, nouveaux, sincères, purs, utiles,
Devient supérieur au nombre des chiffons
Que trouvent les crochets dans l'ordure des villes !

Puisque le haillon manque aux boîtes du préfet,
Abattez, bûcherons, tous les arbres en hâte !
Et qu'on mette leur bois en pâte, puisqu'on fait
Du bon papier avec le bois qu'on met en pâte !

. . . .

Et tandis que des chars emportaient ces piliers
Dont la longueur traînant aux chemins se profane,
On entendait crier des ordres singuliers :
Mêlez le carbonate avec la colophane !

Au travail ! L'atmosphère est à deux cents degrés !
Cylindrez ! Calandrez ! Couchez ! Mettez en colle !
Pour défibrer le bois nos meules sont en grès !
Vite ! Le monde écrit comme une immense école !

Quand passent deux passants, soyez sûr que dans l'un
Un Montaigne est éclos, ou va dans l'autre éclore.
C'est pourquoi, préparez la fécule et l'alun !
Neutralisez, avec des sulfites, le chlore !

    Edmond Rostand.
    (*La Papeterie*, 1891).

Voici quelque douze ans, à la cinquantième assemblée générale de la Chambre syndicale du Papier et des industries qui le transforment, M. J. Bachollet, membre de la dite Chambre, fit précéder le rapport de M. le secrétaire Plateau d'un prologue en vers, pas tous très corrects mais bien amusants et qui ne seront pas déplacés au milieu des nombreuses pièces consacrées au frêle produit de l'industrie papetière. C'est traité « à la manière de » Rostand.

Pas encor !
    Ces feuillets, c'est du papier qui vole,
Et quand des papiers vont voler, vrais roitelets,

On ne saurait avoir d'impatience folle,
Et c'est charmant d'attendre en voyant ces feuillets.

C'est charmant de bien voir du papier qui palpite,
Qui frissonne tout près de la barbe à Plateau.
Ah ! le meilleur moment, c'est quand la main s'agite
Et que le papier crisse au-dessous du rideau.

Or, ce bruit, nous voulons que ce soir on l'écoute
Et, pour se mettre un peu déjà dans le décor,
Que notre réunion, que le papier tient toute,
Rêve longtemps après qu'il a pris son essor.

. . . .

Songeons aux bonheur, pleurs, que causent sur la route
Papiers très parfumés, tendres billets d'amour,
Papiers mal présentés de l'huissier qu'on redoute,
Feuilles minces au trois tons du percepteur balourd.

Songeons aux bonheur, pleurs, que causent sur la route
Journaux du jour, billets désirés des gros lots,
Romans aimés, chansons anciennes que l'on goûte,
Triste liste reçue et lue avec sanglots.

Qu'entends-je ? des noms chers vibrent à mon oreille,
Ils semblent s'amoindrir en craignant un danger.
Allons, n'ayez pas peur, oh ! mes vieux de la vieille,
Doux noms de nos formats que l'on veut abroger.

Doux noms de nos formats, vous êtes un vestige
D'un siècle disparu que le temps a chassé,
On vous vénère, car autour de vous voltige
Un peu de l'âme des époques du passé.

Salut à vous, Poulet, Pot, nés à la campagne,
Cloche au frais monastère, et Couronne à la Cour,
Salut à vous, Écu, que Coquille accompagne,
Salut à vous, Raisin, Jésus, à votre tour.

Salut, gai Colombier, que trouva le vrai sage,
Salut, enfin, Soleils, astres éblouissants
Que dominent les Aigles et Mondes de passage,
Vieux noms de nos formats, vous êtes étincelants.

. . . .

Dans une note un peu différente, ultra-moderne en dépit de son faux air moyenâgeux, la toute récente foire Saint-Sulpice (mai-juin 1923) nous a procuré le « boniment » ci-après, prônant une marque en gestation de notoriété :

ÉCHO DE LA FOIRE AU PAIN D'ÉPICES

BONIMENT D'UN MARCHAND PAPETIER
(Roulement de tambour prolongé ; la foule s'amasse)

Mon nom est Papyrus et mon arbre ancestral
Porte dans ses rameaux la marque d'Annibal,
Celles d'Agamemnon, d'Eurypide et d'Homère,
Et commence à Noë, du côté de mon père ;
Non moins noble, à coup sûr, dans l'ordre maternel,
Ma souche en remontant s'arrête à Jézabel,

Englobant dans son cycle Otero, de Mérode,
Tartempion, Porthos, Napoléon, Hérode.
D'ailleurs, s'il me fallait vous décrire en son tout
Ma longue parenté, de l'un à l'autre bout,
J'en aurais pour neuf mois, sans manger et sans boire,
Pareil à l'embryon enfermé dans sa poire.
Vous savez d'où je sors, mesdames et messieurs,
Apprenez quel objet m'amène dans ces lieux.

(Coup de baguettes)

Votre sort, avant tout, me touche et m'intéresse
Et j'éprouve pour vous une extrême tendresse ;
Aussi ai-je voulu vous enrichir soudain
Par un procédé simple, en tous les cas certain.
Examinez de près cette sorte extra-fine :
On la dirait vraiment couverte en paraffine,
Pourtant il n'en est rien, et son lustre éclatant
De la simple calandre est l'effet surprenant.
Approchez-vous, jugez de sa blancheur laiteuse ;
Voyez, touchez, palpez sa surface onctueuse ;
Ici je suis venu vous la donner pour rien.

(Coup de baguettes)

Contre quatorze sous, quatorze, entendez-bien,
En boîtes je délivre, élégamment dressées,
Cent feuilles de papier, pompeusement parées,
Enveloppes en sus, réunies en paquets
Comme les harengs secs au fond de leurs baquets.
Approchez donc, vous dis-je, enfants, vieillards, nour-
Soldats, cochers, savants, crétins, fêtards, actrices, [rices,
Approchez, il est temps, avocats, médecins,
Cocottes, magistrats, austères capucins,
Votre argent à la main, demandez à la hâte
Ce merveilleux papier estampillé en pâte,
Et portant dans son sein, *visiblum omnibus,*
L'illustre filigrane : Augustin Papyrus,
Archiduc de Pékin, vicomte de Gascogne,
Marquis du Dahomey, baron de la Dordogne ;
Revendez le coffret quarante et quelques sous
Et d'un peu plus d'un franc, vite enrichissez-vous.
Mais, ne vous bornez pas, amis, je vous conjure,
A ce gain de beaucoup trop faible en sa mesure ;
Augmentez vos achats, enlevez-moi ce stock,
Gagnez cinq mille écus en le plaçant en bloc.
Allons, chrétiens, mormons, musulmans, salutistes,
Idolâtres, hébreux, protestants et bouddhistes,
Du Papyrus extra faites provision
Et vous récolterez l'or à profusion ;
Du boulevard Haussmann à la rue de la Lune,
Mille clients sont là, courez à la fortune,
Prenez, payez, filez, Papyrus vous bénit,
Partageant tout le bien que le ciel lui fournit ;
Car, étant, sachez-le, archi-millionnaire,
Il donne sans regret, chose extraordinaire,
Part dans ses gros profits, rentes et revenus,
A ceux qui, par bonheur, près de lui sont venus.

(Coup de baguettes)

Accidentellement, je parais à la foire,
Mais ma place habituelle est près l'Observatoire ;
Là, j'ai des magasins, ateliers et bureaux,
Et pour mes livraisons, voitures et chevaux ;

De mes divers papiers, en nombre incalculable,
Sur un in-folio j'ai fait dresser la table.
On y trouve, messieurs, les blancs et les couleurs,
Les bulles, les chinés, les teintés pour labeurs,
Les buvards assoiffés, les amoureux sans colle,
Le pot et la couronne employés à l'école,
Le registre nerveux, le parcheminé pur,
Les rouleaux à dessin, les coquilles d'azur,
Le journal préparé en bobines, en rames,
Fait pour la politique et surtout les réclames,
Le phormium lustré, le goudron protecteur,
L'affiche colorée attirant le lecteur,
Le vrai sulfurisé solide, imperméable,
Couvrant la nudité du beurre délectable,
Le vélin, le vergé fabriqués à la main,
Le ciré, le bleuté, le Whatman à gros grain.

(Coup de baguettes)

On y rencontre aussi, écoutez bien, mesdames,
Du bois et du chiffon les nombreux amalgames,
La tige de l'alfa, le pur chanvre et le lin,
La paille de froment et force kaolin.
Le mélange savant de toutes ces substances,
Amplement complété, selon les circonstances,
Par le plâtre, l'alun, l'étoupe et les cassés,
L'ocre et les colorants en morceaux concassés,
La soude, la fécule et la blonde résine,
Mélangé, trituré lentement à l'usine,
Soumis à l'action d'énergiques agents
Acides, alcalins, chlorurés, astringents,
Le rendant tour à tour pâteux, visqueux, fluide,
Est ensuite placé sur machine rapide
Qui le presse, l'étend, le couche tendrement,
Procède peu à peu à son desséchement
Et le transforme enfin, véritable prodige !
En blanche mousseline, ornement qui voltige
Élégant, roux, doré et simili-Japon,
Si ferme qu'on pourrait en border un jupon,
Morose et noir brouillard, fruste papier de paille,
Enveloppant le lard, le bifteck, la volaille,
Encartage soigné, dépourvu de boutons,
Comme le doux jersey qui garde vos nichons,
Pelure et dossier, surfine cordelette,
Vulgaire et gris, pailleux, article à cigarette,
Extra-glacé, couché, ivoire transparent
Et classique bristol, son très proche parent.

(Coup de baguettes)

Au risque d'abréger cette nomenclature,
Je vais comme au théâtre afficher la clôture ;
Apprenez toutefois que dans le monde entier
Papyrus est allé acheter son papier ;
Qu'il possède à lui seul, sans la moindre lacune,
Tous les produits fournis par la Terre et la Lune
Aux papetiers, cartiers, libraires, imprimeurs,
Emballeurs et brocheurs, graveurs et parfumeurs,
Et dans tous les formats, depuis la mignonnette,
Aussi sobre en contours que la chaste nonnette,
Jusqu'au large éléphant, d'aspect prodigieux,
Si grand qu'on le croirait fabriqué dans les cieux.

(Coup de baguettes)

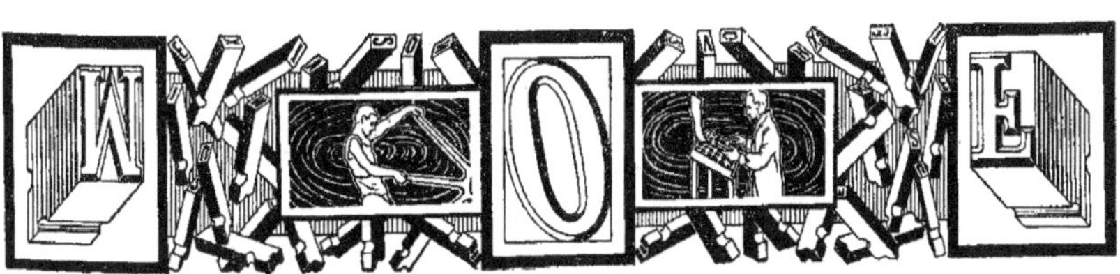

Allons, êtres chéris, la main vite à la poche,
Quatorze sous, vous dis-je, et mon départ approche,
Quatorze, encore un coup, quatorze argent comptant,
Quatorze, en vérité, moins que le prix coûtant.

(Roulement de tambour prolongé).

Les jeux de mots l'ont également mis à contribution. On dit que :

Les monarques emploient du papier couronne.
Les religieux, du papier jésus.
Les légitimistes, du papier d'Angoulême.
Les bonapartistes, du papier grand aigle.
Les canotiers, du papier à la rame.
Les anglophiles, du papier bristol.
Les dames, du papier mousseline.
Les marchands de vin, du papier raisin.
Les ivrognes, du papier buvard.
Les amazones, du papier cavalier.
Les géomètres, du papier carré.
Les patineurs, du papier glacé.
Les électriciens, du papier en bobine.
Les buveurs, du papier gris.
Les grands, du papier ministre.
Les fous, du papier timbré.
Les jardiniers, du papier vergé.
Les carillonneurs, du papier cloche.
Les marmitons, du papier pot.
Les Chinois, du papier porcelaine.
Les gens grincheux, du papier chagriné.
Les débiteurs, du papier réglé.
Les cordonniers, du papier à la forme.
Les amateurs de pigeons, du papier colombier.
Les fumistes, du papier parcheminé.
Les gens emportés, du papier d'emballage.
Les légumiers, du papier végétal.
Les soldats au bloc, du papier collé.
Les danseurs, du papier quadrillé.
Les joueurs de whist, du papier-affiche.
Les éplucheurs, du papier pelure.
Les aviateurs, du papier toile.

Nous ignorons à quelle époque fut perpétrée la facétie qui précède ; mais dès 1876 le journal *L'Aube* en publia une à peu près semblable où l'on attribue encore :

Aux voyageurs, le papier parchemin.
Aux gens chastes, le papier Joseph.
A Louis Veuillot, le papier coquille (?)

et où l'on réserve :

Aux moribonds, le papier d'emballage

La Lithographie

Moins favorisée des Muses que sa sœur aînée, la Lithographie a très peu de littérature. Il lui a manqué, pour inspirer les poètes, l'attrait du mystère qui entoure les débuts de la Typographie. Sa naissance à elle fut banale. Issue d'une opération accidentelle de chimie; près de nous, elle n'a pas bénéficié du recul de temps qui auréole les choses comme le flou des faits aide à les poétiser.

FRANÇOIS BARRILLOT, qui fut imprimeur lithographe et chansonnier, a été peu inspiré par son métier. Nous n'en connaissons qu'une pièce, datée de 1852, par son titre seulement *(Senefelder, ou la Découverte de la Lithographie)* et par les deux premiers vers :

Après Laurent Coster, l'homme au burin habile,
Gutenberg inventa le vrai type mobile...

Et alors que la Lithographie permit, sous la Restauration, à toute une pléiade artistique de se révéler en démocratisant l'image, c'est précisément par une amusante satire de son rôle en cette occasion qu'elle va être représentée dans notre galerie.

Voici, en effet, le rondeau que lui ont consacré MM. ARMAND DARTOIS et GABRIEL dans *Les Bolivars et les Morillos*, vaudeville-revue donné aux Variétés en 1819 :

VIVE LA LITHOGRAPHIE !

Vive la lithographie !
C'est une rage partout ;
Grands, petits, laide, jolie,
Le crayon retrace tout.
Les boulevards, tout du long,
A présent sont un salon,
Où, sans même avoir posé,
Chacun se trouve exposé.
On tapisse les murailles
De soldats et de hauts faits ;
On ne voit que des batailles
Depuis qu'on a fait la paix.
Sur les assiettes, les plats,
On dessine des combats ;
Jusqu'au fond des compotiers
On va placer des guerriers ;
Sur nos indiennes nouvelles
On voit prendre des remparts
Et sur les fichus des belles
On voit charger des hussards.
Les paravents, les écrans
Sont ornés de combattants.
Mille canons en travail
Font feu sur un éventail.
Là des villes assiégées
Sur les foulards les plus beaux,
Ou des batailles rangées
Sur des schalls de mérinos.

Nos mouchoirs de poche aussi
Ont leurs combats, Dieu merci.
Grâce à cette nouveauté,
Une sensible beauté
Peut, quand la douleur l'attaque,
Essuyer ses yeux très bien
Avec le bras d'un Cosaque
Ou la jambe d'un Prussien.

Sur l'air (?) de *Vive la Lithographie !* un imprimeur parisien vantait, en 1831, les produits de son atelier sous une forme alors inaccoutumée, pliant ainsi l'art régi par Boileau à des besognes pour lesquelles il n'a pas été donné aux humains :

IMPRIMERIE LITHOGRAPHIQUE

Grâce à la Lithographie,
Ce brillant produit du sol,
On distingue l'industrie
D'Alexandre Cabassol.
Cet imprimeur chaque jour
Dans le passage Basfour,
Numéro cinq, à Paris,
Travaille au plus juste prix.
A qui se met en ménage,
Il fait sur papier vélin,
Des lettres de mariage
Qui donnent goût à l'hymen ;
S'il survient un nouveau-né,
De ce bienfait fortuné
Il prépare un prompt avis
Dans un billet très concis ;
Quand pour les sombres demeures
Un mourant fait ses paquets,
Il sait donner en deux heures
Les lettres de son décès.
Il fait pour les commerçants
Factures et prix-courants,
Adresses et prospectus,
Circulaires, et, de plus,
Il dessine la vignette
Au goût de chaque amateur,
Et compose l'étiquette
Et le billet au porteur.
Quand approche le premier
Du fameux mois de janvier,
Il fait pour les gens polis
Des cartes au plus bas prix.
Grâce à la Lithographie,
Ce brillant produit du sol,
On distingue l'industrie
D'Alexandre Cabassol.

(*Les Muses et l'Imprimerie,* par Pierre Cuchet).

Pour n'être ni rimée, ni rythmée, les lignes du distingué directeur des travaux à l'École Municipale Estienne, à Paris, n'en sont pas moins riches en couleur et profondément poétique par l'émotion artistique qu'elle révèle :

LITHOGRAPHIE

A côté de l'eau-forte rude et décisive, du bois gravé aux tailles aérées et franches, la Lithographie, toute tendresse et suavité, incarne la poésie dans les arts graphiques. Sur la pierre aux grains délicats où l'onctueux crayon se promène, une image apparaît en ses voiles limbaires. C'est comme un pastel en grisaille qui peu à peu se précise en laissant jouer les lueurs bises de la pierre. En toute liberté, couvrant les « repentirs », le crayon caresse les formes, enveloppe l'image d'une atmosphère tendre, la laisse vivre dans le rêve.

Lithographie trop méconnue et souvent dédaignée des artistes, ton charme n'échappe pas aux grands sensibles. Prud'hon le divin, Raffet l'héroïque, Nanteuil le populaire, Puvis de Chavannes le grand sincère, Carrière le savant et profond poète du gris, Abel Faivre le subtil et Léandre l'humoriste en ont joué avec une virtuosité qui la rend immortelle. Et Fantin-Latour a transposé la musique wagnérienne en ses trames vibrantes comme des ondes sonores. Willette et Neumont l'ont muée en mélodies dans les domaines de Watteau.

Je t'aime, poésie du crayon, parce que ton langage n'est jamais rude, parce qu'il peut traduire *Daphnis et Chloé, Estelle et Némorin, Werther*, les légendes et les poèmes, et que Charles Guérin a su paraphraser *Les Fêtes Galantes* sans les trahir, dans la noblesse subtile de tes tendres réseaux. Art direct aux mains des habiles, tu peux tout suggérer dans tes essais savants. L'acide qui laisse le grain monter en relief t'allège sans rien détruire, et ton imprimeur, s'il a nom Duchâtel, apporte à l'artiste la joie d'une réalisation sans déception. Ceux qui veulent t'affirmer, te définir en des traits appuyés sont tes ennemis. Tu es vaporeuse comme le rêve ou les matins d'automne et, plus tendre que mélancolique, tu sais dire des choses qui sont au fond secret de l'âme.

Il faut y revenir à cet art délicat, parce qu'il est bien dans notre expression française, quoiqu'il nous vienne des bords du Rhin. Mais il n'est vraiment parfait que dans le domaine de pure spéculation artistique. Commercialisé, il n'est qu'un moyen assez commun de publicité.

Considérée comme la benjamine de l'eau-forte et du bois, la Lithographie, moins virile, est encore une belle fille.

EDMOND ROCHER.

La Reliure

La Reliure, elle aussi, eut ses poètes. C'est d'abord, par rang d'ancienneté, l'auteur resté inconnu (qui pourrait bien être le DUFRÈNE qui écrivit *La Misère des Apprentis imprimeurs*) de *Le Petit-Collant ou la Misère des Apprentis relieurs*, poème burlesque. Nous en connaissons une édition de Paris, 1747, et quelques reproductions ou analyses.

Ecrite dans le même style que celle des imprimeurs, cette composition énumère les travaux et les fatigues du jeune apprenti de Tranchefilard, établi relieur sur le Mont Saint-Hilaire et dont l'officine n'est guère plus agréable, aux yeux de son élève, que celle de son voisin le typographe. Ici, cependant, il y a quelque sentiment grâce à la présence d'une aimable brocheuse qui s'intéresse à Petit-Collant, et finalement l'épousera :

Enfin mon temps coula. Devenu compagnon,
Je remerciai le Ciel de ma profession.
Je sentis de l'amour pour l'aimable *Brochette* ;
Nous nous aimions tous deux, sans fard, sans amourette,
Et nous fûmes unis, en face des autels,
Par des nœuds qui seront aussi doux qu'éternels.

On voit que *Petit-Collant* avait fini par aimer la reliure, en dépit des misères du début. Voici un de ses confrères, plus proche de nous, J.-C. LUSINE, qui, chansonnier, a voulu chanter un de ses outils, preuve manifeste d'attachement envers une carrière qu'il dut quitter à regret. Ce n'est pas génial, certes, mais c'est tout plein de bons sentiments. Paix donc sous la terre !...

MON FUT

Chanson du Relieur de Livres,
dédiée aux Ouvriers Relieurs de France. (Janvier 1819).

La lecture est un flambeau
Qui met l'erreur au tombeau
ÉMILE DEBRAUX

FUT qui sers à rogner le livre
Que l'on confie au RELIEUR,
Il faut qu'en rognant je me livre
A te chanter en travailleur.
Ton but ennoblit notre ouvrage ;
Tu donnes du temps au savant,
A l'ouvrier tu dis : Courage !
Ouvre et lis, et marche en avant !

Ref. Va, mon fût, la science humaine
Peut à tout feuillet te bénir ;
Glisse, glisse : ouvre son domaine
Aux travailleurs fiers de s'unir *(bis)*.

La *presse* qui tient le volume
Soutient tes *jumelles* d'aplomb,
Ta *vis* à mon ardeur s'allume
Quand ta lame est *juste au talon*.
Rognant *tête*, ou *queue*, ou *gouttière*,
Que la raison règle nos pas,
Et nous soumettrons la matière
Par l'équerre unie au compas.

Ref. Va, mon fût...

Relié, quand le livre s'ouvre,
Qu'il prouve qu'on l'a su rogner ;
Généreux que l'art s'y découvre :
Le progrès y saura gagner.
Déjà le TRAVAIL voit sa gloire
Promettre la paix aux humains :
Par toi qu'il ouvre à tous l'histoire
Écrite en tous lieux par ses mains.

Ref. Va, mon fût...

Courage, ô mon fût ! l'ignorance
Disparaît de notre métier ;
Chacun y veut la tolérance
Qui doit régir le monde entier.
Plus tu produis, moins la routine
Proscrit l'essai d'un outil neuf ;
Plus l'union nous prédestine
A féconder Quatre-Vingt-Neuf.

Ref. Va, mon fût...

Ta lame, en aidant la lumière
A s'offrir plus tôt à nos yeux,
Du faible adoucit la carrière :
L'atelier s'en fait plus joyeux.
A l'homme de peine, à la femme,
Prédis le gain mieux réparti,
Et fais, au profit de son âme,
Donner la paix à l'apprenti.

Ref. Va, mon fût...

De Jean Gutenberg le génie
Fait relever l'homme à genoux ;
Sois heureux de voir l'harmonie,
Grâce à lui, grandir parmi nous.
Demain, et pour chacun sur terre,
Il te livre : (et sans outrager) !
Rousseau, Lamennais ou Voltaire,
La Bible, Homère ou Béranger.

Ref. Va, mon fût...

C'est alors la terre promise :
Des petits les maux sont finis ;
De tous la science est admise :
Égaux, les hommes sont unis.
Au fût la vapeur agencée,
Des bras sait enfin tenir lieu :
L'outil sert enfin la pensée,
Et la pensée unit à Dieu.

Ref. Va, mon fût...

J.-C. LUSINE,
Ancien ouvrier relieur.

Une chanson encore, d'un « Caviste » peu connu, relève l'amusante prétention d'un relieur qui essaie de se hausser presque à la taille du père de la Typographie. Pardonnons-lui cette faiblesse : être fier de son métier conduit à l'exercer en conscience, et la fierté est permise au mérite.

LE RELIEUR

Gutenberg est, ma foi,
    (Ça vous défrise
    Que je le dise),
Gutenberg est, ma foi,
Bien petite chose sans moi.

Comme valant bien son voisin,
Sinon plus, tout chacun s'estime,
J'ai pris ce dicton... limousin,
Et je le coiffe de ma rime.
    Gutenberg est, ma foi, etc.

De tous côtés, au diable vert,
S'envolerait sa paperasse,
Si je n'avais pas découvert
Ce qui l'assemble et la cuirasse.
    Gutenberg est, ma foi, etc.

En *paquets*, il livre l'auteur,
Paquets aussi gros que citrouille,
Et, pour lui, tout littérateur
Se voit fic'lé comme une andouille.
    Gutenberg est, ma foi, etc.

Sans le relieur, pourrait-on
Mettre en poche histoire, anecdote ?
Pour emporter Thiers ou Milton,
Il faudrait avoir une hotte.
    Gutenberg est, ma foi, etc.

Vous figurez-vous quel amas,
Quel tas dans la bibliothèque ?
En ballots, Voltaire et Dumas
Empliraient la Casbah d'la Mecque !
    Gutenberg est, ma foi, etc.

Et, pour compulser, avec fruit,
Tous ces ballots infeuilletables,
Il faudrait emplir son réduit
De pantagruéliques tables.
    Gutenberg est, ma foi, etc.

Et puis, dans le parler, quel choc !
On dirait : Joseph ? Alphonsine ?
Passez-moi donc ce sac de Kock
Ou bien ce paquet de Racine !
    Gutenberg est, ma foi, etc.

En peau d'chagrin j'mets tout Boileau ;
Dans la toil' l'auteur dramatique,
Et j'ai toujours logé dans l'veau
Tous les beuglants d'la politique.
    Gutenberg est, ma foi, etc.

Oui, sans moi, l'feuillet imprimé
Vivrait ce que vit l'étincelle ;
Mais, dans ma cuirasse enfermé,
Aux siècles futurs je le scelle.
    Gutenberg est, ma foi, etc.

Comm' nul ne m'emboîtait le pas
Pour louanger ma destinée,
En m'célébrant j'ai fait, n'est-c' pas,
D'la charité bien ordonnée ?...
    Et j'reconnais, ma foi,
    Quoiqu' ma binette
    Le complète,
Que Gutenberg, ma foi,
Peut être couronné sans moi.

VILMAY.
(*Les Métiers d'hommes*. Paris, Dentu, 1882.

Il y a bien aussi la *Déclaration d'amour d'un imprimeur typographe à une jeune brocheuse*, de FLAVIEN MOUILLAN (1879) ; mais, mais...

Mais le lecteur français *doit* être respecté...

Sans cette règle de principe, que n'aurions-nous pas publié !

Bien au-dessus de ces productions vulgaires se place *La Reliure*, poème didactique en six chants, par LESNÉ, relieur à Paris (1820).

C'est une œuvre de longue haleine (près de quinze cents vers) dans laquelle sont décrites par le menu, et d'une façon très claire, très compréhensible, au moins pour qui connaît déjà ce que c'est qu'un livre, toutes les opérations de la reliure. Sans doute, il n'y faut pas chercher de véritable poésie ; c'est un Traité de la Reliure, mis en vers non par luxe, mais comme moyen mnémotechnique, à l'usage des professionnels. L'ouvrage est d'ailleurs impeccable au point de vue prosodique, et le manque d'art y est compensé par un amour du métier qui fait que l'auteur atteint parfois, dans ses conseils, dans ses exhortations pressantes, à un lyrisme du meilleur aloi. Ecoutez ce passage :

Il faut des apprentis aider l'intelligence ;
N'exigez pas en eux la même expérience
Que si depuis dix ans ils exerçaient votre art.
Souvent les facultés se développent tard.
Tel d'un caillou tout brut jaillit une étincelle,
L'homme qu'on croit inepte en lui-même recèle
Un germe de talent qui n'ose se risquer,
Qui paraît aussitôt qu'on le sait provoquer.
La nature toujours se montre en quelque indice :
Sachez donc épier, saisir l'instant propice ;
Ayez soin de citer à propos devant eux
Les ouvrages, les noms des ouvriers fameux ;
Vantez le bien, le beau, plus que le magnifique,
Et surtout n'exercez qu'une juste critique...
. . . .
Mais c'est peu qu'un artiste à bien faire s'applique,
S'il ne captive pas l'opinion publique,

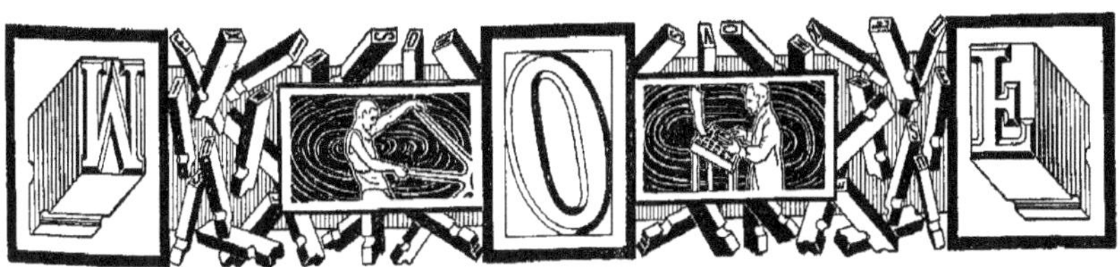

111

Si cette opinion ne le cite en tous lieux
Comme un homme d'honneur, intact, judicieux,
Préférant les vertus à l'intérêt sordide,
Incapable jamais de suivre un autre guide...

Et ce début du chant III :

Vous êtes responsable aux siècles à venir
Des livres qui sans cesse en vos mains vont périr.
Si vous n'êtes pas né pour cet état sublime,
Allez prendre plutôt la truelle ou la lime
Et n'avilissez pas un art si précieux :
Sachez qu'il doit transmettre à nos derniers neveux
Les livres publiés par Didot, Baskerville,
Par Bodoni, Renouard, Crapelet, Déterville,
Et ceux qu'ont imprimés dans les siècles derniers
Les Alde, les Étienne et les Elzéviers.

. . . .
N'épargnez pas les soins, le temps ni la dépense ;
Gardez-vous de jamais faire rien au hasard ;
Qu'on reconnaisse en vous l'homme épris de son art.
Devenez pour vous-même un critique sévère,
Ou vous n'obtiendriez qu'un succès éphémère...

Hélas ! que dirait Lesné s'il voyait à quel degré d'avilissement son « art » est tombé, à quelques rares et honorables exceptions près !

On a encore de lui, sur ce sujet, une lettre (prose mêlée de vers) adressée à M. *Th.-F. Dibdin*, ministre de la religion (et bibliographe) à Kennington, qui avait maladroitement et injustement critiqué son poème et les relieurs français en général ; une *Epître à M. Thouvenin*, son confrère ; une *Epître à M. Simier père*, sur l'exposition de 1823 ; enfin une *Satire à mon esprit* dans laquelle il développe différents chapitres de *La Reliure*.

M. Jean Bonnerot, qui nous paraît aimer plus encore que le Livre proprement dit, c'est à dire le texte et sa présentation typographique, la matière dont il est fait et l'habit qu'il porte — cet habit qui, nous en convenons, s'il ne fait pas le livre, ajoute tant au plaisir de sa lecture — M. Jean Bonnerot, disons-nous, le délicat auteur du *Livre des Livres*, a décrit en de fort beaux poèmes certains ouvrages bien reliés, et chanté l'artisan de l'un de ces chefs-d'œuvre. Les premières de ces petites pièces sont un peu spéciales et dépasseraient notre cadre. Mais la dernière, un sonnet moderne, peut prendre place dans notre chapitre, qu'elle enrichira :

RELIEUR

Grâce à mon art, l'humble livre éphémère,
Sous ses habits de cuir ou de linon,
Plus merveilleux qu'un prince et plus mignon,
Brave le temps et rit de la poussière.

Et l'on verrait s'abattre pierre à pierre
Tous les temples sous les coups du démon,
Avant qu'aux plats ne s'efface mon nom,
Louis Baltazar de la Chevardière.

Je travaille sans gloire et sans éclat,
Et mon orgueil est de suivre ceux-là
Dont le génie en mainte œuvre s'atteste.

Car vélin blanc ou soie pourpre de Tyr
La reliure est la robe prétexte
Qu'un livre vêt pour ne jamais mourir

Donnons-lui pour pendant celui-ci, du maître des *Trophées* :

VÉLIN DORÉ

Vieux maître relieur, l'or que tu ciselas
Au dos du livre et dans l'épaisseur de la tranche,
N'a plus, malgré tes fers poussés d'une main franche,
La rutilante ardeur de ses premiers éclats.

Les chiffres enlacés que liait l'entrelacs
S'effacent chaque jour de la peau fine et blanche ;
A peine si mes yeux peuvent suivre la branche
De lierre que tu fis serpenter sur les plats.

Mais cet ivoire souple et presque diaphane,
Marguerite, Marie, ou peut-être Diane,
De leurs doigts amoureux l'ont jadis caressé ;

Et ce vélin pâli que dora Clovis Ève
Evoque, je ne sais par quel charme passé,
L'âme de leur parfum et l'ombre de leur rêve.

José-Maria de Hérédia.

(4)

VARIA

CECI n'est pas tout à fait le *Cassetin au diable*, où nous avons mis les pièces définitivement écartées. Ce sont seulement celles qui n'ont pas pu rentrer dans les séries précédentes ou qu'on en a « sorties » comme encombrantes, ou celles arrivées trop tard.

Sachant cela, on s'expliquera mieux le désordre réel qui y règne. Y pourrons-nous mettre assez d'art pour le rendre supportable ? C'est bien difficile. Essayons toujours !

Et d'abord, vidons le portefeuille qui contient les souvenirs de *La Fête Corporative du Livre*.

On a vu plus haut (page 18) que COLLETET, poète de cour mais non de génie, s'était chargé de présenter au roi, chaque année, au nom des maîtres imprimeurs de Paris, un éloge de l'Imprimerie :

Un poète jadis tous les ans les chantait ;
Un seul !... et ce poète, hélas ! c'est COLLETET !

C'est donc à lui qu'il faudrait attribuer *Le Triomphe de saint Jean l'Evangéliste à la Porte Latine*, composé pour l'année 1658 et qui a été signalé par M. PIERRE CUCHET.

Il n'était pas seul. En 1660, un sieur LA CORBINIÈRE, sur lequel nous manquons absolument de renseignements, accouchait péniblement de *L'Imprimerie sur le martyre de S. Jean l'Evangéliste*, ode à la louange de Louis XIV et de Richelieu.

Pourtant, la corporation avait alors un poète tout désigné, c'était Thiboust l'imprimeur ; pas celui de *Typographiæ excellentia*, Claude-Louis, mais son père CLAUDE THIBOUST, qui décora en 1662 le « May des imprimeurs » de deux quatrains qu'Edmond Morin a recueillis dans son *Dictionnaire Typographique*, lequel contient beaucoup plus de choses qu'il n'en a l'air :

Ma chère Imprimerie, aimable confidente,
J'estimeray toujours la manière excellente
Par qui ton Inventeur, plus grand que les Césars,
A fait multiplier la Science et les Arts...

Cet art ingénieux sçait braver le destin,
Par son secours l'esprit en devient plus divin,
Il conduit les sçavants au Temple de Mémoire,
Il fait de l'Univers et l'amour et la gloire.

Ce n'est pas du grand art, mais ça tient debout sur ses douze pieds et, venant d'un professionnel, d'un Thiboust, on doit le croire sincère.

Avant eux, à des dates indéterminées qu'il faut néanmoins fixer entre celles extrêmes du ministère de Mazarin (1642-1661), un religieux Célestin, frère ETIENNE CARNEAU, s'était livré à ce petit exercice, sans doute bien rétribué. On connaît de lui, en ce genre :

L'Imprimerie Royale, à Monsieur l'Eminentissime cardinal Mazarin, sur son heureux retour. Stances.

Ad S. Joannem Evangelistam Carmen familiare. L'Imprimerie à sainct Jean l'Évangéliste, sur la Grâce.

L'Imprimerie au Roy. Pièce de vers imprimée en hébreu, en arabe, en grec, en latin et en français, à l'occasion de la fête de la communauté parisienne.

Cette fête corporative a survécu à toutes les transformations qui ont eu lieu, depuis la Révolution, aussi bien dans le domaine des idées que dans le domaine industriel. Et si la religion n'est plus guère appelée à en consacrer les réjouissances, si celles-ci ne sont plus demandées qu'aux arts lyriques et surtout à la cuisine, du moins est-ce toujours « le Précurseur » qui en est le patron, et le 6 mai, date de son martyre, n'a pas cessé d'en déterminer la célébration.

Nous avons dû laisser de côté une centaine au moins de pièces écrites à l'occasion de réunions typographiques : banquets, congrès, fêtes patronales surtout. C'est un peu dommage, car si nos confrères ont avec juste raison conscience de tenir un certain rang parmi les ouvriers intellectuels — le premier rang, a dit Lamartine — ils n'en sont pas plus fiers et cela ne les empêche pas de s'amuser quand ils le peuvent. Et il est bien rare que la Muse ne soit pas appelée à dire son mot dans les réjouissances professionnelles, un mot toujours spirituel, souvent fort drôle,

parfois polisson : il faut bien faire contrepoids à la contrainte de l'atelier, du pupître ou du bureau : c'est de bonne hygiène !

Mais les pièces de cette origine sont trop, beaucoup trop nombreuses, et bien que notre cadre primitif ait été à plusieurs reprises élargi, il n'y reste de place que pour deux ou trois spécimens de cette littérature de circonstance, productions éphémères dont la tenue parfois débraillée trouve dans ce fait son excuse.

V.-EUGÈNE GAUTHIER a pris *Une Saint-Jean-Porte-Latine* comme sujet d'un drame-vaudeville en un acte que des typos ont joué au théâtre Saint-Marcel le 24 décembre 1855. Cette boutade ne semble pas avoir été imprimée, mais il en reste quatre chansons, dont :

La Ronde des Typographes,
La Presse mécanique (on la trouvera, page 93, sous le titre *La Mécanique typographique*),
Hymne à Gutenberg, mis en musique par Prosper Hugonis.

BÉRANGER a peu écrit sur l'Imprimerie ; cependant, en 1809, le 6 mai, il est à Péronne, où il fête la Saint-Jean-Porte-Latine. Il se met à la tête des ouvriers, revêt le tablier de pressier, se coiffe du bonnet de papier, dans la confection duquel il se faisait gloire d'être passé maître (*Lettre* à M. Paul Dupont), et présente le bouquet traditionnel en ces termes :

> Nos bourgeois, ma toilette est faite
> Avec bonnet et tablier,
> J'ai, pour chanter à cette fête,
> Les droits d'un ancien ouvrier.
> L'amitié m'anime,
> Amis, c'est cela
> Qu'il faut qu'on imprime,
> Qu'on imprime là. (*La main sur le cœur*).
>
> Qu'à travailler chacun s'empresse ;
> Savants, prenez le composteur.
> Nous autres, courons à la presse :
> Tout ira bien sans correcteur.
> L'amitié m'anime, etc.
>
> Saint Jean, à qui nous allons boire,
> Devrait me reprendre au cassier :
> Que l'art qui fait vivre la gloire
> N'est-il mon père nourricier !
> L'amitié m'anime, etc.
>
> *(Ma Biographie)*.

A défaut de ceux du maître chansonnier, les couplets ne manquèrent jamais ; en voici des échantillons.

LA FÊTE DES IMPRIMEURS

> C'est à l'époque où blanchit l'aubépine,
> Où l'oiseau chante, où les prés sont en fleurs,
> Que nous fêtons saint Jean Porte-Latine,
> Ce vieux patron des braves imprimeurs.
> Éternisons, mes amis, cette fête,
> Et tous les ans, répétons au dessert :
> « Réchauffons-nous les bras, le cœur, la tête,
> Sous les rayons du Soleil-Gutenberg » !
>
> Gloire à ce maître ! Il a, par son génie,
> D'un monde vieux fait un monde nouveau.
> Il a brisé la vieille tyrannie
> Et chassé l'ombre au feu de son flambeau.
> Le jour paraît, la nuit de l'ignorance
> D'un pied furtif regagne le désert,
> Frères, ouvrons nos cœurs à l'espérance
> Sous les rayons du Soleil-Gutenberg.
>
> La presse parle, et sa voix éternelle
> D'un monde à l'autre éveille les échos ;
> A cette voix l'homme se renouvelle,
> Il est savant, il n'était que héros.
> Dans l'atelier, au sein de la chaumière,
> Sous le vieux toit que la neige a couvert,
> Près du foyer se glisse la lumière
> Que fait briller le Soleil-Gutenberg !...
>
> Soldats de plomb de la Typographie,
> Serrez vos rangs, sublimes bataillons !
> Par le savoir l'homme se fortifie,
> Par le travail il jette ses haillons.
> Du Borysthène aux rives de l'aurore
> Le livre part sur des ailes d'éclair,
> Et l'union des peuples doit éclore
> Aux chauds rayons du Soleil-Gutenberg !
>
> BARRILLOT (1857).

Fête de l'imprimerie Vialat, à Lagny. Musique de J. Bovery.

LES ENFANTS DE L'IMPRIMERIE

Chanson bachique pour la Saint-Jean-Porte-Latine

> Gais enfants de l'Imprimerie,
> Le jour de *boire* est arrivé ;
> Contre nous plus de tyrannie,
> A la *boîte* nul n'est rivé...
> Allons-nous-en dans ces campagnes
> Où l'on peut faire un bon repas,
> Ayant d'*un cran* lâché le bras
> De nos belles, de nos compagnes.
>
> *Ref.* Typos, le verre en main, fêtez votre patron !
> Chantons *(bis)*, car du Progrès il trace le sillon !
>
> Mais que veut la bande importune
> De clients, d'auteurs conjurés ?
> Nous tenir loin de la commune
> Où nos *trucs* sont tout préparés...
> Bien cruelle serait la *sorte*,
> Quel *bœuf* cela ferait *gober* !
> Aucun de nous ne va couper...
> Amis, vite gagnons la porte !
> Typos, etc.

Quoi ! des écrivains mercenaires
Feraient la loi dans l'atelier !
Quoi ! des phalanges littéraires
Surchargeraient le *paquetier !*
Aujourd'hui, que l'on dise ou fasse,
Désertons notre *cassetin*
Et n'employons plus notre main
Qu'à lever... le verre ou la tasse !
    Typos, etc.

Mes frères, soyons magnanimes,
Apaisons notre grand courroux ;
De la cave trop de victimes
Tomberaient, hélas ! sous nos coups...
Et pour *pomper* dur à la *casse*
Les *canardiers renauderaient*,
Peut-être même *bloqueraient*,
Pour aller sucer de la glace !
    Typos, etc.

Amour sacré de la bouteille,
Conduis, soutiens tous les *typos*,
Que le jus divin de la treille,
En ce beau jour coule à pleins brocs !
Et si la *barbe* les *allume*,
Ils parleront de leur *batiau*,
Raconteront plus d'une *piau*,
Selon leur charmante coutume !
    Typos, etc.

COUPLET DES ATTRAPE-SCIENCE

Nous suivrons la ligne tracée
Par nos aînés, dignes tuteurs ;
Aussitôt la fête passée
Résonneront les composteurs !
Si pour la *pige* on nous invite,
Notre savoir s'affermira...
Et quand *l'espace lèvera*,
Nous saurons la *baisser* bien vite !

          JULES CELLIER.
Forges-les-Eaux.
      (*Les Coquelicots*, 1ᵉʳ mai 1889).

COUPLETS CHANTÉS A UN BANQUET DES MAITRES IMPRIMEURS DE PARIS, LE 9 AVRIL 1811

Air : *Trouverez-vous un Parlement ?*

Sans y penser, notre EMPEREUR
Est au nombre de nos Confrères :
Ce puissant et riche Imprimeur
A chez lui tous les Caractères.
Il tient sa *Perle* d'un Fondeur
Que l'on renomme dans Vienne.
De cette Perle, par bonheur,
Il a fait une *Parisienne*.

Il a trouvé dans son Sénat
Une bonne *Philosophie*,
Et dans ses Conseillers d'État
Des *Cicéro* qui font envie ;

Il a mis en *Saint-Augustin*
Plus d'un discours qui nous étonne ;
Et son joli *Petit Romain*
Est fondu sur corps de *Mignonne*.

De ses exploits, de ses talens,
Le *Trismégiste* est bien l'image.
Ses *Textes* sont, pour tous les tems,
Ceux du Génie et du Courage.
Il a *Gaillarde* et *Gros-Canon*
Dans sa Garde qui toujours veille ;
Il est lui-même un *Parangon*
Et sa gloire est la *Nonpareille*.

          ÉVERAT,
Imprimeur des Écuries de Sa Majesté l'EMPEREUR et ROI.

  (*Fonderie Typographique*, août 1901, d'après le *Bulletin de la Chambre syndicale des Imprimeurs typographes*).

Encore deux spirituelles ballades nées en pays troyen. Elles se feront pendant, ayant toutes deux été écrites à l'occasion de la Saint-Jean-Porte-Latine, par des littérateurs du cru :

Nous, les typos, toujours amis
Du composteur et de la casse
Et de la ligne que l'on ... casse
Quand l'alinéa n'est pas mis,
Quittons la blouse dans laquelle,
Maîtres des mots, nous nous drapons.
Par Colin, Lemerre et Fasquelle,
Ce soir nous aurons nos pompons !

Fermons le binocle aux yeux graves,
Dors « normande » et dors « elzévir »,
Laissons les « flexes » et les « graves »
Coiffant les lettres à ravir ;
Sur le marbre jetons un voile,
Avec les cadratins rompons :
Le vent va souffler dans la voile,
Ce soir nous aurons nos pompons !

Désertons — entre deux tirets —
Les indéchiffrables copies
Où, bavardant comme des pies,
Les « rédacs » pondent sans arrêts ;
Veille si tu veux sur l'épreuve,
Correcteur, ô roi des crampons !
Nous faisons la fête, la preuve,
Ce soir nous aurons nos pompons !

ENVOI

Lecteur exigeant, si, demain,
Tu remarques quelque coquille,
Rétablis ce qui se maquille
En « grecque », « latine » ou « romain » ;
Passe, passe avec diligence,
Bien peu souvent nous nous trompons,
Et dis : Ayons quelque indulgence,
Hier ils avaient leurs pompons !

          GABRIEL FRÉTEY.
    (*La Tribune de l'Aube*, 19 mai 1902).

BALLADE EN L'HONNEUR DE LA SAINT-JEAN-PORTE-LATINE

Excusez-moi, Messieurs, mais j'ai besoin
— Peur de rétention de poésie —
De soulager ma muse dans un coin.
La pauvre veut qu'aussi je l'associe
Aux vœux de cette assistance choisie.
Vas-y, ma vieille, après tous les tailbouis,
Les gens de loi, dans le code enfouis,
Étale un peu ta modeste tartine
Et verse un pleur sur ce pauvre Jean-Louis.
Chantons saint Jean près la Porte Latine.

Quel vieux savant, bête à manger du foin,
Peut bien vanter Elzévir !... Facétie.
Moi, j'en sais un, demeurant pas très loin,
Qui fait bien mieux, car je le supplicie
De mes produits sans qu'il dise : oh ! la scie !
Portons-lui donc des travaux inouïs ;
Des bordereaux, des vers pour cinq cents louis ;
Faisons rouler sans cesse sa machine,
Que Gutenberg en bave des ribouis !
Chantons saint Jean près la Porte Latine.

Aussi serais-je un scrofuleux sagouin
Si j'entamais cette cérémonie
Sans lui voter sans plus de baragouin
Prospérité, succès, joie infinie.
Que son hymen rayonne d'harmonie,
Qu'il ait, tandis que nous irons, vieillis,
Un tas gourmand de mômes réjouis,
Qui, la prenant pour de la galantine,
Choiront dans l'encre et luiront de cambouis.
Chantons saint Jean près la Porte Latine.

ENVOI

Prince des crus par qui, tout éblouis,
Les nez sont des pavots épanouis,
Butat, teins-nous de pourpre la narine,
Dussent les flics troubler nos gazouillis,
Chantons saint Jean près la Porte Latine.

Lucien Morel.

26 mai 1906.

A propos de fêtes, rappelons le rôle particulièrement actif et brillant que tenait l'Imprimerie dans les «chevauchées de l'asne» par lesquelles la population lyonnaise manifestait, au seizième siècle, avec sa vitalité puissante, son amour du faste et du goût mis au service des plus folles conceptions.

Dans la première de ces chevauchées (1566), «invention d'un nommé Iean Perron, imprimeur» pour fêter la venue de la duchesse de Nemours, femme du gouverneur de Lyon, figuraient «la Dame Imprimerie, le Seigneur de la Coquille, et leurs Suppostz, ...tous montez lesdicts Suppostz sur asnes...». Devant ce groupe, composé d'une soixantaine de personnes, était porté un guidon présentant d'un côté une coquille d'or, de l'autre, en grandes lettres aussi d'or : L'IMPRIMERIE ET SES SUPPOSTZ (1). C'est la première fois que l'on trouve la *coquille* attribuée en symbole à l'Imprimerie; la première fois également que celle-ci est personnifiée en «la Mère Imprimerie nommée MINERVE, Mère de science, qui portoit vne sphère en la main, couverte d'vng voile...», et qui se retrouve dans le frontispice de Prosper Marchand et dans le poème d'Auguste Rigaud.

Le milieu du XVIIᵉ siècle fut particulièrement fécond en écrits légers, satiriques ou courtisanesques, selon le cas, qui empruntaient la forme poétique pour soutenir la frêle armature des idées. La corporation des imprimeurs figure pour quelques numéros dans cette catégorie toute particulière.

C'est ainsi qu'en la même année 1649, deux mazarinades ont été lancées sous son patronage, non avoué, cela va sans dire, mais peut-être accepté *in petto* sans trop de protestations. Bien entendu, ces œuvres sont anonymes; la Bastille se fût bientôt ouverte pour leur auteur.

Le Burlesque remerciement des Imprimeurs et Colporteurs aux autheurs de ce temps, 1649. — Les dits « Autheurs » y sont remerciés de tous les petits écrits qu'ils publient et dont la vente fait vivre les imprimeurs, les libraires, etc.

Remerciement des Imprimeurs à M. le cardinal de Mazarin. Signé : (L. I. d. P. [Les Imprimeurs de Paris]). — Paris, N. Boisset, 1649. — C'est également un factum ironique où l'on apprend au ministre que les presses roulent avec activité sur les nombreux ouvrages consacrés à l'expression des sentiments de chacun à son égard.

Le titre d'un poème latin publié en 1718 par l'imprimeur Claude-Louis Thiboust (1667-1737), traduit en français et réédité par son fils Claude-Charles en 1754 : *Typographiæ excellentia, L'Excellence de l'Imprimerie*, promet plus qu'il ne donne en réalité.

Sauf ce passage du prologue :

Souffrez, Grand Roi, que je chante dans mes vers l'Art de l'Imprimerie ; que j'en expose à vos yeux les sçavantes merveilles. C'est par elle que sont transmis aux siècles futurs tant d'ouvrages célèbres, et leurs sçavants Auteurs semblent tenir leur immortalité des mains de l'Imprimeur...

(1) Arnould Locard, *Recherches historiques sur la Coquille des Imprimeurs*. Lyon, A. Rey, 1892.

et ces quelques lignes encore de l'épilogue :

Voilà quel est notre travail et les merveilles de l'Imprimerie (miracla Typorum). Le Monde entier ne renferme rien de plus utile et de plus précieux. Et je ne sçai si les siècles à venir pourront rien produire qui lui soit comparable.

tout le reste est une description absolument technique du travail du *Fondeur*, du *Compositeur* et de l'*Imprimeur*. Et il n'apparaît pas que la poésie du confrère Thiboust ajoute beaucoup de charme à la sécheresse de son sujet.

Il sentait cependant bien ce qui était à dire : il ne pouvait en être autrement chez un praticien lettré; mais le souffle lui manquait sans doute, malgré une bonne volonté que la finale du poème montre comme très évidente :

... Ces miracles de l'Art vieillissent, et bientôt sont plongés dans la nuit des tems qui les absorbe et les dévore. L'Art de l'Imprimerie au contraire brille d'un éclat qui ne souffrira jamais d'éclipse. Sa gloire passera d'âge en âge avec les célèbres Écrits qu'elle se hâtera d'y porter. Par son moyen la postérité la plus reculée fera encore ses délices de Cicéron, le Père de l'Éloquence Romaine ; de Virgile à qui Mantoue est si fière d'avoir donné la naissance ; d'Homère si caressé des Muses, ausquelles il fit tant d'honneur ; d'Ovide si galant, si frippon dans ses amours; d'Horace qui enchanta toute l'Italie des sons mélodieux de sa Lyre; de cet ancien Écrivain (Hésiode? Hérodote ?) sans lequel nous ne connoîtrions pas les mœurs des premiers âges. Tous ces Écrits enchanteurs fleuriront à jamais par l'Impression, elle leur fera braver à tous les ruines du tems.

Nous nous arrêterons moins encore sur une autre pièce latine dans laquelle le même auteur sollicitait, dès 1699, son admission à l'Académie des Sciences, en qualité de fondeur-typographe-libraire. Il y décrit les principales opérations de ces diverses professions et démontre, par l'exécution de sa plaquette, qu'il serait digne de participer aux travaux de la docte compagnie, objet de sa légitime ambition. C'était une première forme de *Typographiæ excellentia*.

Un confrère de Claude-Louis Thiboust, M. Louis-Antoine-Prosper Hérissant le jeune, libraire, maître ès arts en l'Académie de Paris (1745-1769), a laissé aussi un poème latin qui fut publié en 1764. Il a pour titre : *Typographia, Carmen*. C'est une description du matériel de l'Imprimerie, suivie de l'indication des membres les plus célèbres de la corporation.

Il y aurait, s'il ne fallait se borner, bien des choses à extraire du tryptique littéraire que M. François Fertiault, poète et bibliophile, a consacré à l'objet de ses amours spirituelles : *Les Amoureux du Livre* (1877), *Les Légendes du livre* (1886), *Drames et cancans du Livre* (1900), renferment de jolis vers, des opinions éclairées, des anecdotes délicieuses, des croquis et des portraits plein de saveur.

En voici deux sonnets qui peut-être donneront envie de lire les quelques centaines d'autres:

ACCÈS DE TYPOGRAPHIE

A Louis Goujon.

Pourquoi ce contre-sens, trop osés typographes ?
Avez-vous demandé si ce jeu convenait ?
Non contents d'ébahir avec vos orthographes,
Voilà que vous scindez notre pauvre Sonnet !

Jusqu'au *verso* lointain pourquoi des paragraphes
Que le goût si logique au *recto* retenait ?
Les poètes, voyez, — ces mauvais calligraphes, —
Le transcrivent d'un coup, tout entier, comme il naît.

Non, rien n'irrite plus mon œil et ma pensée
Que de voir, d'un côté, cette œuvre commencée
Attendre, pour finir, un tourner hasardeux.

C'est un mur sur la route... Oh ! des règles plus sages,
Chers protes !... Un Sonnet qu'on imprime à deux pages,
C'est comme un Médaillon qu'on casserait en deux.

(Les Amoureux du Livre, 1877).

LA PUBLICATION DES « ADAGES »
(1508)

(Erasme 1467-1536. — Manuce 1449-1515).

En ses *Adagia*, moins légers que le vent,
Erasme a mis les fleurs de la sagesse antique.
Il se rend à Venise et, d'imprimeur rêvant,
Choisit Alde Manuce et gagne sa boutique.

Dès qu'il a reconnu ce Hollandais attique,
Alde, flatté, l'accueille et veut le voir souvent.
Il suspend tous labeurs pour le livre exotique ;
Il admet à sa table et loge le savant.

Mais bientôt l'Allemagne, ô prétexte futile !
Se trouve, en ce railleur, à l'Italie hostile.
Les deux hommes, d'abord amis, rompent soudain.

Du grave typographe, ah ! la table est frugale ;
L'érudit, qui boit sec, ne craint pas qu'on régale... —
Sobre contre friand... De là trouble et dédain.

(Les Légendes du Livre, 1886).

Des travaux sérieux passant aux *bilboquets*, rappelons ce passage de Viennet, dans son épitre *A mes amis, sur le premier Jour de l'An* (1822), où il stigmatise la mode des *Cartes de visite* :

Nous pouvons, il est vrai, sans fiacre ni remise,
Nous voir par ambassade ou bien par entreprise.
Vingt bureaux m'ont offert de me distribuer ;
A deux sous par ami, je puis tout saluer.
Cent courriers, s'éreintant pour les uns, pour les autres,
Vous rendront mes billets, et me rendront les vôtres.
Le moyen est commode ; il est reçu partout ;
Et cette impertinence est déjà de bon goût.

Un rimeur troyen, Magloire Thévenot, ancien maître de pension (1746-1821), s'est occupé pour en rire de la même carte de visite, laquelle d'ailleurs ne s'en porta pas plus mal, continua d'être à la mode et a même résisté à la Grande Guerre, tueuse de la politesse :

LES VISITES A LA CARTE

Un an vient d'expirer, un autre va s'ouvrir.
Cadeaux vont circuler et messages courir ;
. . . .
Je préfère, en riant, exercer ma critique
Sur un plaisant abus, qui prend force de loi,
De voir tous ses amis sans sortir de chez soi.
On sonne à votre porte, un brillant équipage
Annonce quelque haut et puissant personnage :
Deux chevaux élégants, harnachés à grands frais,
Le cocher, le chasseur, un page, deux laquais.
L'honneur inattendu d'une telle visite
Vous fait trémousser fort, et vite, et vite, et vite,
Qu'on prévienne Madame !... allumez au salon :
Que chacun au service apporte attention !
Saint-Jean ! Du linge blanc, mon habit d'étiquette !
Un marquis me visite, et je suis sans toilette !
A quoi bon ce tourment ? Assis près d'un bon feu,
Vaquant à ses travaux, l'autocrate du lieu,
Laissant aux bons bourgeois le trop banal usage
De porter, en personne, à chacun son hommage,
Nous offre, par ses gens, ses titres et son nom,
Artistement gravés sur un brillant carton...
(La Paix, Troyes, 2 janvier 1850).

Opposons à ces critiques — car nous voulons être impartial — une appréciation plus sereine du rôle de la carte de visite, qu'un de nos confrères a récemment citée ; elle est de Mme Anais Ségalas :

Venez-vous des bois et des prés ?
Non... on n'imprime pas encor les feuilles d'arbre.
Vous êtes, beaux feuillets lustrés,
Les cartes de visite. On vous jette à ma porte,
Vous ne jonchez pas le vallon.
Ce n'est pas l'ouragan qui souffle et vous transporte,
Et Bidault est votre aquilon.

Dans un ordre d'idées différent, une pièce fort ancienne qui trouvera ici un refuge où elle sera conservée à nos arrière-neveux, si le papier dure :

ÉNIGME SUR L'IMPRIMERIE
(1690)

Nous sommes, ô mortels, d'un très-utile usage
Nous sommes bien des sœurs et toutes d'un mesm'age
Comme à vous nous servons à vos predecesseurs
Mais nous ne faisons rien si l'on ne nous assemble
Tant est puissant l'accord d'entre nous autres sœurs
Et pas une de nous à l'autre ne ressemble.

Il est bien asseuré que dans nostr' assemblage
L'on n'a pas le pouvoir de nous mettre en ouvrage
Mais nous n'exigeons point qu'on garde un ordre exprès
Et point ne nous importe où nous soyons placées,
Tantost l'une est devant, tantost elle est après
Et chacun nous arrange au gré de ses pensées.

Nous souffrons tous les jours pour nous rendre commodes
Que toutes nations nous forment à leurs modes
On nous void tout d'un coup en mille endroits divers
Et par un autre effet aussi rare à connoistre
Bien que de longue main soyons en l'Univers
L'on peut à tous momens nous y voir encor naistre.

Nous avons en depost les anciens oracles
Nos plus communs effets égalent des miracles
Nous donnons aux muets le moyen de parler
Enfin par nostre adresse à nulle autre seconde
Sans qu'aux pays lointains il soit besoin d'aller
L'on y peut aisément parler à tout le monde.

Sans langue bien souvent nous disons des merveilles
Aussi pour nous entendre il ne faut point d'oreilles
Notre taille est sujette à bien du changement
Le fer, le feu, le sang, l'or, l'argent, la peinture
Peuvent nous faire éclore assez diversement
Sur une couche molle ou bien sur une dure.

Sacrées quelquefois et quelquefois profanes
Nous servons aux Vénus aussi bien qu'aux Dianes
Rien que les plus brutaux ne nous sont à mépris
Nous avons avec eux si peu de sympathie
Que nostre nom se donne aux plus divins esprits
Et fait de leur honneur la meilleure partie.
Réponse : Les Lettres.

(Bibl. Nat., mss. fr. 22.108, coll. Anisson-Duperron, fol. 157).

On est «sortier» dans la corporation, oh ! combien ! et blagueurs, oh ! combien plus encore ! Mais comme on l'est avec esprit, généralement, les égratignures s'oublient dans un éclat de rire.

Nous avons négligé les productions de ce genre ; trop d'autres nous sollicitaient. En voici cependant, à titre d'exemple, une toute récente

qui essaie de nous amuser, sur le compte de notre confrère René Billoux, administrateur du *Bulletin Officiel des Maîtres Imprimeurs*, à propos du prix Montyon qu'il a reçu en 1918 :

PRIX DE VERTU

Air : *Le Pendu.*

Postulant au grand Institut,
Un de nos plus maigres confrères
Rédigea en style ingénu
Un mémoir' qu'il croyait austère,
Affirmant là, non sans vergogne,
Au nom de trois mille poilus,
Qu'un typo natif de Bourgogne *(bis)*
Méritait un prix de vertu.

Pour émouvoir les Immortels
Notre ami ne barguignant pas,
Agita le spectre irréel
Des rigueurs de l'Orphelinat.
Pleurant qu'une mère Gigogne
N'eût pris garde à ce pauv' Jésus.
Qui devait, natif de Bourgogne *(bis)*
Mériter un prix de vertu.

A neuf ans, dit-il sans rougir,
J'étais déjà un bon typo.
J'f'sais des coquilles dans l'elzévir,
J'mastiquais les antiques litho.
L'air de Dijon m'faisait une trogne
Comme jamais on n'en avait vu.
J'suis l'typo, natif de Bourgogne *(bis)*
Qui mérite un prix de vertu.

A douze ans et déjà point gourde
Il recherche une petite combine
Près d'un train en partance pour Lourdes
I' s'fait enlever par sa pèlerine.
Par bonheur c'était une nonne
Toute de douleurs, perclue.
La soignant, le typo d' Bourgogne *(bis)*
Voulait gagner son prix d'vertu.

Le directeur du pèl'rinage
Tout charmé de tant d'attention,
En lui-même s'dit : « Quel dommage,
Il mérit' bien le prix Montyon ;
Faudrait bien pourtant qu'on le nomme
Ce bambin à peine poilu.
Il est typo, dans sa Bourgogne *(bis)*
Faut lui décrocher l'prix d' vertu.

Voyant la veine lui sourire,
Not' blanc-bec redouble d'efforts
Et se dit : je m'en vais servir
L'Orphelinat en am'nant d' l'or.
V'là donc parti le p'tit jeune homme
Dans Dijon, chassant les écus.
Le simple typo de Bourgogne *(bis)*
Espérait son prix de vertu.

A dix-neuf ans, première guigne.
Le boulot vient à lui manquer.
Alors il dit : J'me paie des guignes
Si j'deviens commis épicier.
Puis, sur tous ses pourboir's il rogne,
Économisant tant et plus.
Le typo, natif de Bourgogne *(bis)*
Désirait son prix de vertu.

A vingt ans, c'est un vrai prodige
Dont s'enorgueillit la Nation.
Il arrive à faire la voltige
Sur des filets d'trois points en plomb.
Son patron dit : c'est un surhomme,
C'est un gars comme on n'en fait plus.
On n'en peut trouver qu'en Bourgogne *(bis)*
Il mérit' bien un prix d' vertu.

Puis appliquant un vieil adage,
En Europe il s'en va fouiner.
Sa jeunesse support' les voyages,
Il ne se sent point fatigué.
De plus en plus économe,
Se dispensant du moindre abus,
Le typo, natif de Bourgogne *(bis)*
Veut mériter son prix d'vertu.

Pendant la guerre, chez les ministres,
On le voit s' faufiler partout,
Vitupérant les pessimistes
Qui sèment l'effroi parmi nous.
C'est à ce moment qu'on le nomme
L'empereur des « M'as-tu vu ? »
C'est toujours le typo d' Bourgogne *(bis)*
Qui court après son prix d'vertu.

Un jour, enfin, grâce à Keufer,
Il obtint satisfaction
Et maintenant il est très fier.
D'êt' Lauréat du Prix Montyon.
Il ne craint plus qu'on le dégomme
Depuis qu'il a obtenu
En bon type de la Bourgogne *(bis)*
Un véritable prix de vertu.

Voulant se fair' un' bon' réclame
Not' typo songea au *Cass'tin*
A seul' fin que nul ne le blâme
Ou le traite de plaisantin
Disant même d'un ton bonhomme
Typomètr' ne m'en voudra plus
Quand il saura qu'typo d'Bourgogne *(bis)*
J'ai mérité un prix de vertu.

Alors sur un bel exemplaire
Il griffonna ces quelques mots :
« De ton sympathique confrère
« Accepte cet humble cadeau ».
Typomètre que rien n'étonne
Se gondola quand il reçut
Du typo, natif de Bourgogne *(bis)*
Le mémoir' clamant sa vertu.

(Le Cassetin aux Apostrophes, octobre 1921).

Nous aurions pu mettre, pour faire contrepoids, un sonnet de Taminiau, daté de l'heureux temps (1900) où nous fîmes tous trois connaissance, lui, Billoux et nous... Mais à quoi bon appeler à l'aide contre une fantaisie sans consistance et sans méchanceté ?

Pleins d'esprit, et du meilleur, sont nos ouvriers d'imprimerie. Qu'on en juge.

QUATRAINS

Sans calomnier les typos
On peut dire qu'ils n'ont pas l'esprit en repos,
    Car dans un jour ces prolétaires
    Changent vingt fois de *caractères*.

Par contre, ce sont gens fort sérieux
Et, lecteurs, vous pouvez mettre
Votre confiance absolue en eux,
Car ils font tout *à la lettre*.

Connaissez-vous la différence
Entre nos amis les typos
Et les débitants de faïence ?
— . . . . ?
— Tous vivent de la *casse*, pots !

PIE-BRAQUE.

De C.-L. MOLLEVAUT, membre de l'Institut, déjà mis à contribution plus haut, trois autres quatrains, plus sérieux que ceux du signataire précédent, nous les feront pardonner :

A MONSIEUR FIRMIN DIDOT
POÈTE ET GRAVEUR CÉLÈBRE

Émule de Virgile et du plus grand Corneille,
Du nectar d'Apollon tu bois la volupté,
Et, de ton art vainqueur élevant la merveille,
Tu graves de ta main ton immortalité.

(*Poésies diverses*, Paris, Lelong, 1831)

LA COUVERTURE ET LE SAVANT

Un Livre bien doré, sous un brillant manteau,
Prétendait au succès d'une grave lecture ;
Un savant l'ouvre, et dit : « L'habit seul en est beau » !
Pour bien connaître un cœur lève la couverture.

LES DEUX ROULEAUX DE PAPIER

Un Rouleau, frais collé, se moquait d'un Rouleau
Bien ployé, remployé, jusqu'au fond des entrailles :
« Vois-tu ? je me soutiens, tout droit sur ces murailles ».
« Non, le mur te soutient, toi, tu n'es qu'un roseau ».

(*Cent Fables nouvelles et Quatrains*. Paris, l'auteur, 1836).

C'était fatal : nous voici revenus — sans regrets, au surplus — à la Lettre, base de toute littérature, clé d'or de l'Imprimerie, microbe bien ou malfaisant qui pullule autour de nous, dont nous vivons, matériellement et intellectuellement.

L'importance sociale de cet infiniment petit ne l'a pas empêché de servir de thème à des élucubrations tout à fait cocasses : on nous a communiqué, en ce genre, une amusante boutade du poète BARTHÉLEMY, auteur de *La Némésis* ; elle est extraite d'un recueil de morceaux choisis publié à Saint-Pétersbourg, en 1850, à l'usage des demoiselles russes.

ORIGINE
DES LETTRES DE L'ALPHABET
ET VIEILLE ORTHOGRAPHE

N'en doutons point, au temps de nos premiers aïeux,
Les lettres n'étaient pas des traits capricieux,
Des lignes au hasard, des empreintes frivoles,
Mais des signes réels, des portraits, des symboles
Qui, sur la pierre dure incrustés par l'acier,
Rendaient de mille objets le type encor grossier.
Ce présent qu'envoya l'héritier des califes,
Ce vaste bloc chargé de noirs hiéroglyphes,
Tout peuplé d'anubis, de couleuvres, d'oiseaux,
Monolithe formé de cinq ou six morceaux,
L'obélisque thébain, sur sa quadruple face,
Porte un récit muet que le dessin retrace,
Un tableau de granit que l'art imitateur
Burina de portraits dans toute sa hauteur.
Et ne prétendons pas qu'aux jours du premier âge
L'éloquente écriture ait borné son usage ;
Ces types descriptifs en Égypte imprimés,
Par d'inhabiles mains quelquefois déformés,
Mais conservant toujours, symbole alphabétique,
Un vestige apparent de leur figure antique,
Œuvre des Chaldéens, des Perses, des Indous,
Par la Grèce et par Rome ont passé jusqu'à nous :
Oui, chaque mot écrit dans notre langue même,
Porte un jalon parlant, un véridique emblème.
Ce signe capital, je ne puis le nier,
Tantôt se montre en tête et tantôt le dernier ;
Dans l'épaisseur du mot quelquefois il s'enfonce,
Mais un œil exercé le voit et le dénonce.
Ah ! si je ne craignais d'être trop importun,
J'en citerais ici mille exemples pour un :

L'*A* qui de l'angle *a*igu porte la ressemblance,
Ainsi qu'un *c*hevalet sur ses pieds se balance.
Le *B* sort du *b*issac. Avec un bon coup d'œil
On voit l'*E* qui se roule en forme d'*é*cureuil.
L'*F* imite la *f*ente et fuit par la *f*enêtre.
Dans les flancs de la *g*ourde un *G* dut prendre l'être.
Convenez avec moi que l'*H* correspond
Au *c*henet de cuisine, au *c*rochet, au *h*arpon.
L'*I* chargé de son point est un modeste signe ;
C'est un nain résigné qui marche dans sa ligne.

Le *P* comme un *p*iton *s*e *p*lante dans un mur.
Sur la lettre qui suit jetons un voile obscur.
Le *K*, que l'Orient mit dans notre écriture,
De l'esclave d'un *k*han garde l'humble posture.
Le *D* que par oubli je laissais en chemin,
Le *D* marque le doigt, l'*M* et l'*N* la *m*ain.
L'*O* paraît de rigueur dans toute chose *r*onde :
Une *p*omme, une *o*range, une *b*oule, le *m*onde,
Un *o*bus, un canon, une *g*ourde, un grel*o*t.
L'*L* brille à la lance, au pa*l*, au jave*l*ot.
Est-il une copie, un portrait plus sévère
Que le *V* qui désigne et le *v*ase et le *v*erre ?
Dans croissant et dans sabre on trouve en commençant,
L'*S* qui fait le *s*abre et le *C* le *c*roissant.
L'*R* est majestueuse, on croit voir une *r*eine
Serrant par la ceinture une robe qui traîne.
L'*U* dans un objet creux a trouvé son patron,
Il se plaît dans le tr*ou*, la c*u*ve ou le cha*u*dron.
Sans le *T*, glorieux de sa haute importance,
Il n'est pas de ra*t*eau, de mar*t*eau, de po*t*ence ;
Et le *Z* bizarre, au corps ratatiné,
Deux fois dans le *z*ig-*z*ag se montre dessiné.

Chaque lettre, en un mot, porte en elle un indice,
Un but qu'elle ne peut perdre sans préjudice ;
Et puisque le bon sens des hommes d'autrefois
Voulut pour l'orthographe instituer des lois,
Que leur postérité les suive et les respecte.
Comment se peut-il donc qu'une moderne secte
Ose bouleverser ces emblèmes parlants,
Symboles glorieux respectés six mille ans ?
Novateurs, protégés même à l'Académie,
Ils ont changé des mots la physionomie ;
Ils ont destitué des caractères saints,
De la création véridiques dessins.
Dirai-je les excès de leur fureur vandale ?
Ils ont privé la clef de sa lettre finale :
De l'*f* dont la forme étant placée au bout
Se révélait aux yeux comme un passe-partout.
S'il exista jamais une image fidèle
D'une fau*l*x à faucher, cette image est une *L*.
Et depuis que cette *L* est ravie à la faux,
Ce mot ainsi tronqué n'offre plus qu'un sens faux.
Le ble*d* que par un *d* terminaient nos ancêtres,
La méthode du jour l'a réduit à trois lettres,
Sans songer que ce *d*, qu'on prive de ses droits,
Représentait l'épi qui penche sous son poids.

Nulle lettre n'échappe à leur brutale rixe :
Jadis au pluriel les loi*x* prenaient une *X* :
Désormais à sa place une *S* se fait voir,
Et ces lois sur le peuple ont perdu tout pouvoir ;
Car l'*x* d'autrefois, expressive peinture,
Montrait le chevalet, instrument de torture,
Et rappelait sans cesse au coupable attentif
La croix de Saint-André pour le rouer tout vif.
Ah ! pour leur rage aveugle il n'est plus de limite :
Ils ont arraché l'*h* au respectable *h*ermite ;
Barbares ! voulez-vous qu'il se mette en chemin
Quand il ne trouve plus un bâton pour sa main ?
L'*h*, autrefois, montrant sa forme principale,
Du sépul*ch*re sortait comme un *ph*antôme pâle ;
L'*h* seule marquait le dessin bien précis,
Le t*h*rône véritable, où les rois sont assis.

—Mais *trésor*, direz-vous, pourquoi comme un panache
La tête de ce nom s'ornait-elle d'une *h* ?
Je n'en vois pas la cause. — Et moi je la vois bien,
Claire comme le jour ou je n'y connais rien :
Vous savez que l'avare, entouré de mystères,
Enfouit ses *th*résors dans le sein de la terre,
Sous une dalle humide ou dans le trou d'un mur :
Or, pour les enfouir, pour les mettre en lieu sûr,
Il faut un instrument, une bêche, une pioche,
Un outil qui de l'*h* à peu près se rapproche ;
L'*h* est le seul moyen de sauver un *th*résor...
Voilà ce qu'ils ont fait ; ce n'est pas tout encor :
Le vénérable *Y*, troublé dans son empire,
A disparu du *l*is, des aïeux, de la *l*ire ;
Qui mieux que lui pourtant retraçait à nos yeux
Le tronc et les rameaux de l'arbre des a*y*eux ?
La l*y*re, comme lui, née au sein de la Grèce,
De ses deux bras ouverts déployait sa souplesse,
Tandis que d'une tige et d'une fleur formé,
Le l*y*s était pour nous un *y* embaumé.
J'ai parlé de la l*y*re ; hélas ! ainsi brisée,
La l*i*re n'est pas seule un objet de risée,
Le poëte lui-même a subi leur affront :
Au lieu de ces deux points qui brillaient sur son front,
De ce noble tréma qui, tel qu'une planète,
Couronna si longtemps sa radieuse tête,
Ils ont courbé ce front sous le poids d'un accent,
Virgule prosaïque au biseau menaçant,
Qui, de sa destinée emblème dérisoire,
Paraît un ennemi suspendu sur sa gloire.

J'ai fini : j'ai voulu raconter dans ces vers
Tout ce que le langage essuya de revers,
Dire par quels excès la réforme hérétique
Souilla la sainteté de l'écriture antique.
Vainement, pour venger l'orthographe aux abois,
Chaque jour je réclame en faveur de ses droits ;
Vainement je m'obstine à lancer sur l'épreuve
Mon prote forcené pour la méthode neuve ;
Mon exemple, ma voix, mes plaintes, mes regrets,
Rien ne peut du torrent arrêter les progrès ;
Et l'erreur, poursuivant la détestable orgie,
Foule aux pieds la raison et l'étymologie.
Ah ! si j'avais un jour, par la faveur du ciel,
Dans la littérature un titre officiel,
Si jamais, introduit sous la grande coupole,
La palme académique, éclatante auréole,
Dilatait ses rayons sur mon front réjoui,
Je t'en fais le serment, ô paternel Jouy !
Avocat du malheur, je prendrais la défense
Des caractères saints qu'honora mon enfance ;
Aux rois de l'Alphabet en congrès réunis
Ma voix demanderait grâce pour les bannis ;
Tu m'entendrais, du haut de ma chaise curule,
Sur les réformateurs secouer la férule,
Foudroyer leur système absurde, impie et sec,
Et rendre à leurs honneurs l'*H*, l'*X*, et l'*Y*.

Inutile d'ajouter que l'Académie ne s'est point
laissé attendrir par cette *plaidoirie* émouvante.

L'auteur de la pièce précédente a prétendu
retrouver l'origine des lettres dans leur forme.

Oh ! on sent qu'il l'a fait en riant, il ne pose pas au philologue.

Dans celle qui suit, nous roulons en pleine fantaisie quoique, surtout au début, l'histoire ancienne soit mise à contribution.

ORIGINE DES LETTRES DE L'ALPHABET

A

Par une chance sans égale,
L'A doit sa naissance à l'amour :
Car chacun sait que certain jour
Hercule *fit l'A* près d'Omphale.

B

Du B pour expliquer la clef,
En de très galantes histoires,
La Putiphar, dans ses mémoires,
Nous dit : « Le *B naît* de Joseph ! »

C

Pour le C, pas besoin qu'on beugle
Quelque conte mal inventé :
Le premier cas de *C cité*
Appartient au premier aveugle.

D

Un navigateur le premier
Trouva le D, la chose est sûre :
Car un marin ne s'aventure
Jamais sur la mer sans *son D*.

E

Un potier, dans son humeur brusque,
Brisant un vase mal tourné,
S'écria : « Ce vieux pot *fait l'E* » !
L'E nous vient donc d'un vase étrusque.

F

Jusqu'aux paladins, tant chantés,
De l'F remonte l'origine :
On vit en pleine Palestine
L'F naître au milieu des croisés.

G

Le G n'est pas blanc, ça s'explique :
Le soleil lui grilla la peau :
S'il a le teint d'un moricaud,
C'est qu'on *trouva l'G* en Afrique.

H

L'H, ça ne fait plus question,
Dans le Rhône a plus d'une attache,
Puisque l'on appelle *Père H*
Son faubourg natal à Lyon.

I

Quand la vache Io, grasse et blonde,
A Jupiter donna son lait,
Dans l'Olympe alors apparaît
La première *lettre I* au monde.

J

Le J, on ne m'en a rien dit ;
Mais il dut paraître sur terre
Sur une pierre tumulaire :
Car c'est là qu'on trouva *six J*.

K

K précéda le maquillage :
Prenez un très vilain vieillard,
Faites-le jouer au billard,
Vous verrez que *K rend beau l'âge*.

L

D'être fille d'un criminel,
La lettre L n'est point accusée :
Les filous, chose bien prouvée,
N'ont point besoin *d'L* pour voler !

M

De l'Égypte, c'est authentique,
L'M nous vient du temps où là-bas
Les anciens adoraient les chats :
L'M y naît... la chose est logique.

N

On m'assure que l'N a pris
Naissance dans une bataille :
Pourtant, cent fois sous la mitraille
En déroute, on vit les *N mis*.

O

C'est l'O qui préside au programme
De maint journal partout vanté :
Car l'O *fils de Publicité*
Y fait l'annonce et la réclame.

P

Dangereuse est la lettre P
Et d'un maniement difficile :
Car qui se sert, dit l'Évangile,
Des P périra pas les P.

Q

Cette lettre, sans doute antique,
Dut naître chez un monnayeur,
Puisque aujourd'hui chaque changeur
Des Q d'or orne sa boutique.

R

Sur l'R nos illustres savants
Etaient d'accord, on peut le croire,
Car c'est Jean de Meung, dit l'histoire,
Qui dut inventer l'*R au Mans*.

S

Homère, ce dieu de la Grèce,
Errant aveugle et sans soutien,
Afin de mieux suivre son chien,
Le premier, se servit de *l'S*.

T

Depuis Paris jusqu'au Thibet,
Du Champ-de-Mars à Constantine,
Chacun doit savoir que la Chine
La première importa le *T*.

U

Cette lettre, le fait est rare,
A cent mille papas... et plus,
Puisqu'on déclare *pères d'U*
Tous les objets que l'on égare.

V

C'est un antique cuisinier
(Si ma mémoire n'est point courte)
Qui prit pour en faire une tourte
De la pâte et en fit *le V*.

X

Un nommé Culpa, d'aventure,
Trouva l'X, le fait est certain,
Si vous lisez saint Augustin :
Fait l'X Culpa, dit l'Ecriture.

Y

Pour abriter plumes et bec,
Il naît au pays des Hellènes :
Car une hirondelle d'Athènes
Doit se loger dans *un Y*.

Z

Pour appliquer tous ses remèdes,
Un docteur de la Faculté,
Par tant de travaux éreinté,
Un beau jour inventa *les Z*.

(*Intermédiaire des Chercheurs*, n° 985).

Voici d'autres amusettes, si l'on veut nous suivre dans cette voie.

L'ALPHABET EN RIMES

O toi, que mon cœur aim .. A
Pour un doux regard tom .. B
Sur mon front d'espoir ber . C
Laisse-moi te gourman ... D

Quel gage m'as-tu donn ... E ?
Aucun ! ton langage est br. F
Et ton œil d'éclairs char ... G
Sur le mien plus ne s'att ... H

Mon bonheur évanou I
Au fond de mon âme ..... J
Donc, si tu me remar...... K
C'était un jeu de cru L

Aime-moi puisque je t' .... M
Sinon la rage m'entr ..... N
Je deviens un Othell....... O
Tremble ! car tu m'as trom . P

Peut-être es-tu convain .... Q
C'est là d'où vient ta col ... R
Que je te veux pour maîtr . S
Pour ensuite te quit ...... T

Non, je crois à la vert...... U
C'est l'hymen que j'ai ré .. V
Et, sans être plus prol...... X
Prions sans latin n .... Y
Le bon Dieu pour qu'il nous Z

Les lecteurs pointilleux observeront que cet *Alphabet « en rimes »* n'est pas rimé. Nous n'y pouvons rien. Nous l'avons extrait tel quel de l'*Almanach des Typographes*, lequel le tenait Dieu sait d'où, et encore n'est-ce pas sûr... Or, Comet était un bon typographe, un excellent confrère, un organisateur ingénieux et persuasif ; mais la prosodie lui était tout à fait étrangère, ce qui ne l'empêchait pas, à l'occasion, d'y toucher sans légèreté. Il doit être au moins l'auteur du titre.

Qu'importe le titre, au surplus, si la pièce « colle » !

*
* *

Réflexion faite, nous ne devons pas clore sur des gaudrioles, ce serait indigne de notre sujet. Précisément, d'aimables confrères, mis au courant de notre entreprise, se sont ingéniés à y contribuer en nous faisant parvenir le fruit de leurs lectures. Qu'ils en reçoivent nos vifs remerciements.

Nous logeons ici ces feuillets tard venus, en manière de supplément. Le lecteur les reportera par la pensée à la place qu'ils devraient logiquement occuper.

Et d'abord, une bien jolie définition des Lettres, par LAMARTINE :

... L'âme est infinie, et les langues ne sont qu'un petit nombre de signes façonnés par l'usage pour les besoins de communication du vulgaire des hommes. Ce sont des instruments à vingt-quatre cordes pour rendre des myriades de notes que la passion, la pensée, la rêverie, l'amour, la prière, la nature et Dieu, font entendre dans l'âme humaine...

(Préface des *Méditations*, 2 juillet 1849).

Ecoutons maintenant comme CHARLES PON-CY (1821-1891) a traduit dans un court poème les sentiments de Gutenberg, assistant à sa

propre glorification, récompense de son intelligence et de ses efforts persévérants :

GUTTEMBERG

|clame !

Guttemberg ! Guttemberg ! C'est mon nom qu'on pro-
Oh ! combien ces lauriers, cette gloire et ces fleurs
M'ont coûté de travail, de veilles et de pleurs !
Mais quelle immense joie inonde enfin mon âme
Et combien mon triomphe efface de douleurs.

> A l'Olympe, qu'un vautour venge,
> Prométhée a ravi le feu ;
> Jacob a lutté contre l'ange,
> L'invincible envoyé de Dieu.
> Comme eux, je cherchais un problème
> Qui brûlait mon front et mon cœur,
> Et, comme eux, du combat suprême
> Je me suis relevé vainqueur.
> La nuit régnait sur le monde,
> Quand mon œuvre y resplendit.
> Je chassai la nuit profonde,
> Et la lumière se fit !

> Oui, je sentais que mon génie
> Enfantait un soleil nouveau.
> La faim, la fièvre et l'insomnie
> Embrasaient en vain mon cerveau.
> Sachant bien qu'un jour le Dieu juste
> Viendrait féconder mes sueurs,
> Je poursuivais le but auguste
> Dont j'entrevoyais les lueurs.

> Et maintenant on me couronne
> Comme un héros, comme un martyr ;
> Maintenant la gloire environne
> Mon nom qu'elle fait retentir.
> Par moi l'intelligence humaine
> Sort enfin de l'obscurité
> Et je lui lègue pour domaine
> La science et la vérité.

J'ai donc ravi ma part de la céleste flamme,
Pour rendre les humains plus heureux et meilleurs.
Je n'ai donc pas perdu mes veilles et mes pleurs.
« Guttemberg ! Guttemberg » ! C'est bien moi qu'on
O combien le triomphe efface de douleurs ! |proclame.

(Poésies, Regains, vol. V, 1868).

On le retrouve, en compagnie de ses associés,
dans une pièce qui nous semble avoir été faite
pour une cavalcade organisée à Fécamp :

GROUPE DES PREMIERS IMPRIMEURS

Air : Vive Paris.

Chaque industrie est orgueilleuse et fière
Des artisans dont les nobles essais,
De l'inconnu franchissant la barrière,
Ont reculé les bornes du progrès.

De nos auteurs, la trinité féconde
Au ciel ravit son plus brillant éclair :
L'Imprimerie est le flambeau du monde.
Honneur à Faust, Gutemberg et Schæffer !

Les Elzévirs, les Aldes, les Estienne
Ont fait renaître un monde enseveli :
La poésie et l'histoire ancienne
Par leurs travaux sortirent de l'oubli ;
En dissipant l'ignorance profonde,
Ils ont conquis leur immortalité :
L'Imprimerie est le flambeau du monde,
A son foyer éclôt la vérité.

Maurice Bordot.
(Extrait de L'Imprimerie)

Sur l'Imprimerie, un éloge placé par Jean de
La Caille en tête de son *Histoire de l'Imprimerie
et de la Librairie* (1689) :

Si les ignorans regardent l'Imprimerie sans l'admirer,
c'est qu'ils la voyent sans la connoistre : les sçavans en
ont toûjours jugé tout autrement ; et ils ont estimé avec
raison, que depuis près de trois siècles que cette merveille
s'est fait voir dans l'Europe, l'esprit humain n'avait
jamais rien inventé de plus heureux, ny de plus utile
pour l'instruction des hommes.

Cette vérité est si universellement reconnue, qu'elle
n'a pas besoin de preuves ; chacun sçait que sans cet Art
merveilleux, les études, les veilles et les travaux des
grands Hommes auroient esté inutiles à la postérité. C'est
donc à cet Art divin que nous sommes uniquement rede-
vables de la connoissance des ouvrages des anciens.

Mais voici Napoléon Ier qui souffle à nouveau
sur cet enthousiasme. Ecoutons-le, préparant
l'« Organisation de l'Imprimerie et de la Librairie » (1810) :

L'Imprimerie est un arsenal qu'il importe de ne pas
mettre entre les mains de tout le monde... L'Imprimerie
n'est point un commerce ; il ne doit donc pas suffire
d'une simple patente pour s'y livrer ; il s'agit d'un état
qui intéresse la politique, et dès lors la politique doit en
être juge.

L'Imprimerie est une arme terrible qu'il ne faut pas
laisser entre les mains des malheureux.

Il ne faudra rien moins, pour conjurer le mauvais sort, que quelques phrases de Lamartine
appréciant nos camarades les typos :

La Typographie est le vestibule de la littérature ; elle
suppose dans la classe très-lettrée qui l'exerce une instruction assez universelle, car elle suppose la connaissance minutieuse de la langue, et la langue est la clef de
tout savoir.

Les typographes sont par leur art une sorte de noviciat
de la littérature ; ils sont par leur métier les premiers
confidents de l'idée : on pourrait les appeler les secré-

taires intimes de leur siècle. Cette intimité confidentielle dans laquelle ils vivent avec les écrivains, les orateurs, les poètes, les savants, initie forcément ces ouvriers de la pensée à la science, à la politique, aux lettres... C'est la profession la plus rapprochée de celle de l'écrivain, si toutefois penser, sentir et écrire est une profession. C'est du moins la plus intellectuelle des professions manuelles...

(Souvenirs et Portraits, t. II, 1872).

Le bon Imprimeur, l'Imprimeur aimable — mais ne le sont-ils pas tous ? — aura aussi son petit couplet dans ces actions de grâces d'un client satisfait :

BALLADE EN L'HONNEUR DE MON IMPRIMEUR

Je veux chanter sur le mode lyrique
Le dévouement de mon cher Imprimeur,
Qui, dans un siècle où l'on hait la métrique,
A mis sa presse avec sa bonne humeur
A mon service à moi, pauvre rimeur.
D'autres, plongés dans le soin des factures
Et taraudés par mille tablatures,
M'auraient dit non. Un poète ! Oh ! la la !
Mais lui, versé dans les littératures,
M'a composé le livre que voilà.

Il se souvient qu'au temps... préhistorique
Où nos aïeux prisaient fort tout auteur,
Son devancier Sainton dans sa boutique
Réunissait d'un accueil protecteur
Le bon poète avec le prosateur ;
Et, sans trembler, sans craindre mes ratures,
Sur fin papier que zèbrent des vergeures,
Cet homme à qui le ciel inocula
Un faible pour les marchands de césures,
M'a composé le livre que voilà.

Un point, c'est tout pour l'instant. Viens, critique.
Ai-je bien fait mon geste de semeur ?
Restera-t-il un sonnet sympathique
De tous ceux-là qu'en indolent fumeur
J'ai distillés comme un philtre endormeur ?
Dans tous les cas, si, navrés d'aventures,
Tombés des quais dans les boîtes d'ordures,
Mes vers s'en vont de Charybde en Scylla,
Tel est celui qui, narguant les murmures,
M'a composé le livre que voilà.

ENVOI

Prince des vers, toi qu sais les tortures
Qu'il souffre pour placer ses écritures,
Quand sur Pégase un fou caracola,
Bénis l'ami qui par deux cents brochures
M'a composé le livre que voilà.

LUCIEN MOREL.
(Musée intime, 1904).

A présent, une nouvelle série de *Commandements*. Elle est fort drôle par le je m'enfichisme qu'elle feint d'édicter en règle contre les règles mêmes, et sous lequel on devine les « bœuf » d'un typo instruit qui souffre de se voir parfois imposer des dérogations à la logique. Et quel relent de cuisine politique s'évapore de l'annotation qui en accompagne la date ! N'apercevez-vous pas l'épreuve d'une profession de foi surchargée de corrections et de ratures, après son passage sur la table d'opérations d'un comité électoral ?

LES COMMANDEMENTS DU PARFAIT TYPO

De la main dextre tu prendras
Ta lettre sans faux mouvement.

Lapsus, coquille éviteras,
Cacographes pareillement.

Marches, manuels observeras,
Mais toujours opportunément.

En épelant diviseras,
Ou étymologiquement.

Entre les mille tu mettras
Virgule ou point, blanc mêmement.

De capitales n'useras
Que d'après le commandement.

Correctement abrègeras
Sans que ce soit logiquement.

Nombres en lettres changeras,
Vice-versa conséquemment.

Le guillemet supprimeras
Ou remettras patiemment.

Exactement corrigeras
Sans te tourmenter autrement.

EMILE VERLET.

5 mai 1912 (jour d'élections).

Et pour finir — car les meilleures choses doivent avoir une fin — une fantaisie éclose hier sous la plume d'un journaliste facétieux :

GARÇONS, L'ÉDITION !

Les Imprimeurs, avec mystère,
Ouvrent, Pavillon de Marsan,
Un Salon très intéressant
Ayant beaucoup de « caractères ».

Admirant des livres de prix,
Chaque visiteur, dès l'entrée,
Se paye une tranche... dorée,
Ou bien un petit tome gris.

Cela ne va pas sans « tirage »,
Pour hanter ce capharnaüm
Que n'a-t-on un memorandum
Ou bien une table à « ouvrages » ?

Dans cet entassement d'albums,
Il faut une longue pratique
Des règles de l'arithmétique
Pour changer l'ordre des « factums ».

Sur le vélin, l'enlumineur,
Qui prend tout au pied de la Lettre,
Fait sentir comme il est doux d'être
Dans les vignettes du Seigneur.

Un savant a dit, en Sorbonne,
Au cours d'une discussion,
Que la première « impression »
Était presque toujours la bonne.

Las ! cette appréciation
Est une balourdise énorme,
Un prote respectant la « forme »
Mérite la « correction ».

Oyons cette pensée d'un maître
Dont nous gardons le souvenir :
« Avant de chercher à « paraître »
Que d' « épreuves » il faut subir » !

Quel désordre ! Quelle salade !
Tassés des planchers aux plafonds,
Combien de vieux lexiques ont
Leurs pages de garde, malades !

Sur de pauvres tapis de reps,
Les bouquins gisent pêle-mêle,
(Cette exposition modèle
Se fait aux frais de la « Princeps »).

Que sans tarder, livres minables,
On vous envoie, loin des brutals,
A Laënnec, cet hôpital
Où l'on soigne les incunables.

Michel Herbert.
(Le Merle Blanc, 14 avril 1923)

*
* *

Nous voici arrivé au terme de notre agréable mission, n'ayant certes pas épuisé le sujet, mais ayant donné, analysé ou pour le moins indiqué tout ce qui méritait de l'être, à l'exception des pièces que nous n'avons pas rencontrées.

Ceux de nos lecteurs qui voudraient en connaître davantage n'auront, s'ils le peuvent, qu'à parcourir les techniques professionnels, volontiers accueillants pour nos rimes, pendant les interrègnes des périodiques littéraires de la corporation : *La Musette* de Georges Delavande, *Les Coquelicots* de Georges Nicolas, *Le Myosotis* de Aymé le Sarpiaïré, *Le Siècle Typographique* de Junius Joyeux, *La Sorte* du « Gutenberg » de Marseille, *Le Cassetin aux Apostrophes*, *Le Bœuf illustré* de Jean de Baets, de Bruxelles (y sont-ils bien tous) ? ; puis de déguster comme il convient les recueils de nos poètes qui ont eu la chance de pouvoir se faire éditer.

On s'étonnera de n'avoir rencontré dans cette anthologie aucune pièce adressée à Hégésippe Moreau. Ce n'était point notre but. L'auteur de l'*Épître à M. Firmin Didot* est célèbre comme poète, comme poète malheureux surtout, comme poète frondeur encore, non comme typographe. Et puis, il possède une « littérature » tellement vaste qu'à lui seul il eût et au-delà rempli notre nombre de pages. Il n'est pas oublié, qu'on se rassure. Sa bibliographie se dresse petit à petit, même en partie double : elle éclora quelque jour. Si le sort lui fut cruel, la postérité lui est douce, si douce qu'elle exagère, ce qui est le propre des caresses.

Quels que soient leur nombre, leur ampleur, leur valeur, les hommages dont la langue humaine, bornée dans ses moyens et dans ses formules, cherche à glorifier l'Imprimerie, restent bien au-dessous de la tâche, de même que toute prière est infime en regard de la divinité à laquelle elle s'adresse.

Et de cette impuissance, de cette insuffisance dans la gratitude, nous nous doutons à peine.

La lecture est devenue tellement banale qu'elle fait partie de notre vie comme le manger, le boire ou le dormir ; elle est un prolongement, fixé par l'habitude, aux sens de la vue et de l'ouïe, ou plutôt elle nous est un sixième sens qui, comme la pensée et d'une façon plus durable qu'elle, embrasse toutes choses, ne connaît pas de limites, assure l'immortalité aux œuvres auxquelles elle donne l'être.

Ce sens merveilleux fait pénétrer l'univers en nous ; il nous assiste dans nos joies et dans nos peines, dans nos besoins et dans nos caprices ; il pourvoit à nos intérêts, va au-devant de nos aspirations ; il éveille en nous les passions dont il est le dépositaire et le véhicule, les passions qui sont les moteurs de nos actions ; il précise à notre esprit les sentiments qui attendaient une clarté pour se révéler ; il nourrit nos croyances, perpétue nos efforts, les fait valoir et fructifier.

Rien donc ne saurait être trop beau pour magnifier un art devenu indispensable et grâce auquel le moindre des humains, perdu dans un coin quelconque du monde, vibre et communie chaque jour avec l'âme universelle.

LOUIS MORIN.

TABLE DES CHAPITRES

TABLE DES AUTEURS CITÉS

G. DE MALHERBE ET Cie, IMPRIMEURS, PARIS.
Cet ouvrage a été imprimé avec les couleurs de CH. LORILLEUX et Cie.